西安外国语大学学术著作出版专项资助

转型增长：中国经济演进的形成机制与数字趋势

王津津 著

西安交通大学出版社
XI'AN JIAOTONG UNIVERSITY PRESS

图书在版编目(CIP)数据

转型增长 ：中国经济演进的形成机制与数字趋势 / 王津津著. -- 西安：西安交通大学出版社，2024. 12.
ISBN 978-7-5693-1898-2
Ⅰ. ①F123.9
中国国家版本馆 CIP 数据核字第 2024L60B59 号

书　　名　转型增长:中国经济演进的形成机制与数字趋势
ZHUANXING ZENGZHANG:ZHONGGUO JINGJI YANJIN DE XINGCHENG JIZHI YU SHUZI QUSHI
著　　者　王津津
责任编辑　韦鸽鸽
责任校对　刘莉萍
封面设计　任加盟

出版发行　西安交通大学出版社
(西安市兴庆南路 1 号　邮政编码 710048)
网　　址　http://www.xjtupress.com
电　　话　(029)82668357　82667874(市场营销中心)
(029)82668315(总编办)
传　　真　(029)82668280
印　　刷　西安五星印刷有限公司

开　　本　700 mm×1000 mm　1/16　**印张**　13.625　**字数**　296 千字
版次印次　2024 年 12 月第 1 版　2025 年 1 月第 1 次印刷
书　　号　ISBN 978-7-5693-1898-2
定　　价　89.00 元

如发现印装质量问题，请与本社市场营销中心联系。
订购热线:(029)82665248　(029)82667874
投稿热线:(029)82665249
读者信箱:1431440292@qq.com

前　言

中国经济的长期表现，是沿着一系列具有逻辑递进关系的重大转型增长过程展开的，属于众多“常态”不断继承与转化的结果，需要秉承历史与逻辑相一致的分析方法，透过大历史的整体观、系统观与演进观，回到“增长、转型与发展”不可分割的历史过程中，才能够把握经济兴衰转化的深层次原因。沿着这一思路，本书将中国经济转型增长的历史演进，拆分为四个命题：一是“传统经济式微”命题：从农业经济向早期工业经济的转型增长；二是“经济复兴之路重启”命题：从近代市场经济向计划经济的转型增长；三是“经济奇迹创造”命题。从计划经济向社会主义市场经济的转型增长；四是“经济新常态反思”命题：从高速数量型经济向相对高速质量型经济的转型增长。

本书在反思现有研究成果的基础上，构建“制度变迁—技术进步—结构转变”的理论解释框架，着重解读相互串联的三次重大转型增长过程，是如何生发于特定的历史条件下，又是如何在形成与演进的过程中催生出历史大趋势下的“衰落、异化迷思”与“复兴加速度”，并从价值判断维度，明晰了发展取向下中国经济转型增长的路径演化，特别是异质性、必然性与不可分割性。具体来说：(1)东西方对照场景下的中国“传统经济式微”命题，作为制度分叉、科技分化和经济分流的链式反应，是农业经济向早期工业经济转型增长过程中，时间错位与路径选择差异带来的必然结果。(2)理解“经济复兴之路重启”命题的关键，在于将计划经济视为经济复兴重启的必要阶段，而非全面推进阶段。既要合理认知计划经济的“承前”功绩，即“制度变迁—技术进步—结构转变”历史合力的形成及其在短时间内激发出的增长效应；也要中肯评价计划经济的历史局限性，特别是理性计划经济“兴、衰、变”传递出的失衡基因和封闭惯性。(3)解读“经济奇迹创造”命题的范畴，不应局限在改革开放契机下经济转型增长的形成机制阐释，还应该将“经济新常态反思”命题下的转型增长取向探索，视为书写奇迹新篇章的理论贡献，从转型增长历史接续的逻辑继承关系，来理解主动迈入高质量发展新时代的内在动力。

与此同时，本书在尝试讲好中国故事这一初衷之外，立足于动态历史比较和经验启示总结，展望了“旧邦新命”在转型增长逻辑继承与开新下的实践新取向。研究发现：一是超长期视域下的三次重大转型增长，描绘出了一个具有内在关联的中国式曲折进化轨迹，表现为整体绩效的螺旋式上升，以及质量发展内在动力的不断积聚。二是中国奇迹新篇章的书写信心，源自历史教训反思基础上的新矛盾识别能力，以及发展新机遇下的制度韧性、技术创新与结构优化自信，而合理认知转型增长内在逻辑，上下联动凝聚转型增长共识，以转型增长推动质量、效益提升，坚持改革创新和推动全面开放新格局，是经济转型增长实践纵深过程，为中华民族经济复兴提供了启示性指引。三是新时代下中国经济的复兴实践，生发于工业化、全球化、现代化、常态化背景的梯次转换过程，同时面临着外部环境、发展阶段、要素禀赋、内在动因的新约束，需要借助结构调整性转型增长，来实现数量扩张向质量发展的并轨。基于此，本书通过识别当下中国经济演进的背景转换与约束变化，厘清经济发展新常态增长速度演化规律，明晰数字趋势对于减速治理的突破性意义，面向高质量发展新优势培育的紧迫问题，阐释数字经济赋能的理论逻辑与系统实践。

本书坚持“理论、历史、实践”逻辑有机统一，立足演进过程回溯，阐释中国经济转型增长形成机制，聚焦数字趋势外推，探索面向高质量发展的赋能逻辑与系统实践。核心观点包括：在形成机制阐释维度，“转型、增长、发展”不可分割，中国经济演进的盛衰转化，是重大转型增长逻辑继承与创新的外在反映。“制度变迁—技术进步—结构转变”的差异化形成机制，驱动不同“常态”顺次转换。在数字趋势识别维度，数字经济承载“文明创探、治理升级、优势塑造”任务，面向“共同富裕、产业体系、人本价值”实现全域式赋能，遵循演化发展的政治经济学逻辑，通过机制设计、路径建构等系统实践，推动高质量发展新优势培育。尝试性创新涉及视角上体现大历史与跨学科相结合。透过系统演进观，整合经济史、演化经济学以及数字经济学等前沿理论，分析中国经济转型增长的形成机制与数字趋势。内容上建立转型增长理论分析框架。创新解释“李约瑟之谜”“经济新常态”等重要命题，探索“数字经济赋能高质量发展”学理规律。方法创新上兼顾历史回溯与服务未来。总结经验，观照现实，立足高质量发展问题牵引，提供数字经济全域式赋能的系统实践指引。

本书受到西安外国语大学学术著作出版专项资助的经费支持，部分研究内容是陕西省教育厅专项科研计划项目（编号：22JK0160）、陕西省哲学社会科学重大理论与现实问题研究项目（编号：2022HZ1244）“组态演化视角下陕西省传统外贸数字化转型的高质量发展路径研究”的理论分析基础。从博士论文的拓展研究到学术专著的正式出版，感谢我的导师南京大学数字经济与管理学院任保平教授的悉心指导，感谢西安外国语大学经济金融学院、“一带一路”经贸合作研究创新团队给予的支持，感谢西安交通大学出版社韦鸽鸽编辑的辛勤工作。

本书撰写过程中参考诸多宝贵的文献资料，在此对相关作者表示诚挚的谢意。
由于笔者水平有限，书中不当和疏漏之处在所难免，恳请广大读者批评指正。

王津津

2024 年 7 月

目 录

第1章 导 论

1.1 选题背景与意义

1.1.1 选题背景

经济增长，一直是经济学领域中令人着迷的问题，一个国家在长时期内的经济表现是繁荣还是衰退？能够实现经济长期增长的原因是什么？又有哪些因素导致了经济的衰退？经济复兴的终极动力来自哪里？进入数字经济时代该如何实现高质量运行？对于长期经济增长形成机制及其未来趋势的有力阐释，成为理论学界不断努力攻克的重大课题，也是国家政府、企业社会关注的焦点内容。无论是从横向维度对国家间贫富差异生成及其趋同机制的探讨，还是从纵向维度对增长源泉与贫困根源的追溯，世界经济发展多样化、不平衡的演进路径，总能为其提供丰富的案例资源与理论修正契机。而中国经济的盛衰转化故事，则是能够牵动世界目光的经典样本之一。

重新回到世界增长史的范畴，去审视中国经济的长期表现，会发现一个"V"字形的演进轨迹（图 1－1）。早在公元 10 世纪，中国的人均收入水平、工业化程度、科学技术水平、市场规模等各项社会经济指标，就已经处于领先地位，这种优势一直持续到 17 世纪。甚至到了 19 世纪中叶，中国江南地区的经济发展水平，也完全能够和欧洲抗衡。但是，随后席卷整个欧洲大陆的工业革命，拉动了经济飞速增长的引擎，促使欧洲顺利转入经济增长的快车道，而正值鼎盛时期的中国，却未能维持"康乾盛世"的繁荣景象，毫无预警地进入了沉睡状态。这场农业文明与工业文明之间的较量，最终引发了中西方的历史大分流，20 世纪初期的中国，已经沦落为世界上较贫穷的国家之一。鸦片战争之后，尽管西方列强的洋枪大炮打开了中国的国门，但是世界贸易的迅猛发展、科学技术的不断革新以及资本的汹涌流动，多以强权掠夺的方式将中国纳入世界经济体系，未能带来主动、平等、有效的跨越式增长契机。到了 20 世纪中后期，为了实现救亡图存和国家复兴，仁人志士发起了一系列改良、维新甚至革命，促使中国迈进了工业化时代，也为经济复苏带来了一丝转机。但是，这些举措的先天缺陷及其背后的利益交织，致使整个工业化道路只是徒有其名，中国的衰落局势并未得到彻底扭转。从 1750 年至 1949 年，中国经历了领先到落后、繁荣到贫穷、强大到衰退的历史过程，但是在经过 1949 年大规模重启工业化、现代化之后，经济开始不断复苏，特别是1978年改革开放以来，中国创造了令人震惊的增长奇迹，在世界格局中所处的地位不断上升，重新实现了从衰退到复苏、从贫穷到小康、从落后到进步的历史遗愿。即使是在2008年全球经济陷入次贷危机泥潭、2020年新冠疫情冲击大考突临等多重挑战下，均呈现出巨大的韧性特征，在快速实现恢复式增长的同时，积极发挥世界稳定器的重要作用。中国GDP与中国人均GDP占世界比重的长期变化趋势如图1-1所示。

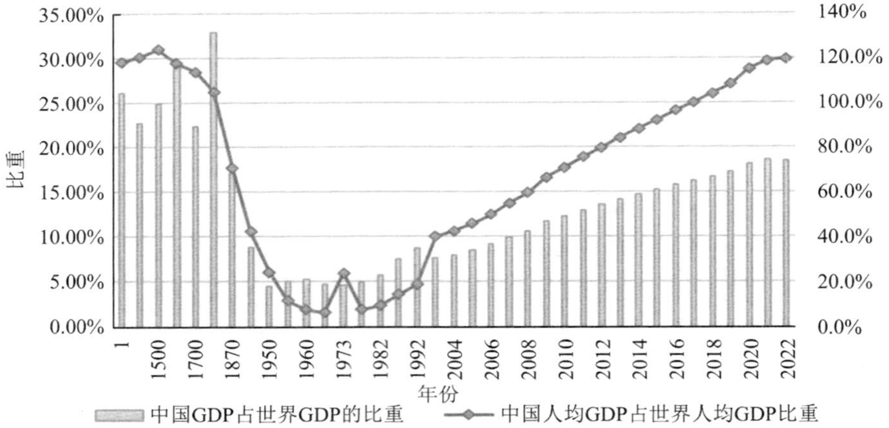

图1-1 中国GDP与中国人均GDP占世界比重的长期变化趋势

（注：1—2003年的数据来源于安格斯·麦迪森的《世界经济千年统计》；2004—2022年的数据来源于世界银行WDI(world development indication, WDI)数据库。其中，左侧坐标反映中国GDP占世界GDP的比重，右侧坐标反映中国人均GDP占世界人均GDP比重）

就整个变化轨迹来看，中国经济的长期表现，不仅是一个几经沉浮的动态变迁过程，而且是一个不断借助转型实现增长进化的过程。从农业经济向工业经济的转型、从封闭经济向开放经济的转型、从计划经济向现代市场经济的转型，一系列多层次、大规模、不均衡的转型，构成了整个中国经济长期演进过程中的大转型。与此同时，中国经济的长期转型增长，在世界范畴内创造出了足以载入人类发展史册的成就。一方面，在西欧国家引领世界经济跨越"贫困陷阱"的历史大趋势下，中国经济的"衰落迷思"与"异化趋势"，诉说着"李约瑟之谜"东方样本的悲情。另一方面，在"近代裂变困境突围—新中国成立经济复兴重启—改革开放奇迹创造"的历史脉络下，凭借成功转型赢得了追赶式增长的加速度，书写出奋力坚守、主动完善社会主义道路的中国故事，成为超越苏联、东欧式转轨的历史镜像。

然而，与中国经济快速崛起相呼应的，却是世界经济大稳定光环的退却之势。随之而来的世界"新平庸"和中国"新常态"相互并行，不断触碰着国际社会的敏感神经。站在历史新起点的十字路口，中国经济能否在继承与创新转型增长逻辑的过程中，协调增速换挡降级的表象与质量发展实质的增进之间的内在关系，已成为全球关注的时代新课题。毕竟，中国这艘巨轮在全球经济艰难复苏之时，表现出的巨大定力、勇气与担当，值得世界对中国“方案”“经验”“智慧”予以肯定和期盼。不同于迈克尔·斯宾塞(2011)、Pritchett(2014)等学者从趋同视角作出的预测性判断，自2008年至今，中国经济的走势，并未在收敛趋势与向均值回归的作用下出现断崖式下滑。如表1-1所示，除去“十三五”期间2020年的实际增速出现大幅波动以外，其他区间均延续了实际年均增速高于政府预期、建议性速度的特点，持续领跑全球主要经济体。考虑到疫情冲击影响以及中国经济回弹韧性，国际货币基金组织、亚洲开发银行等世界机构，将2023年中国的增速预期调高至5.2%，认为中国对世界增长的主引擎态势仍将持续，贡献率超过三分之一。

表1-1 “五年计划”的建议增速、实际增速以及对世界的年均贡献率表现

时间	建议增速	实际增速	对世界的年均贡献率
“十一五”期间	7.5%	11.2%	14.2%*
“十二五”期间	7.0%	8.0%	30.5%*
“十三五”期间	6.5%	5.7%	31.0%*
“十四五”期间	保持在合理区间	5.5%**	27.5%

注：* 为五年规划期间的年均数值；** 为2021年、2022年平均数值。

客观来看，世界经济体系演进伴随的权益格局变化，已经暗示了国际社会的态度，即对于中国奇迹续篇书写的期盼，会附带些许猜疑与隐忧。无论是毫无理由的“修昔底德”陷阱之虑，还是轮番登台的“捧杀论”“唱衰论”和“威胁论”，都在佐证中国力量不容忽视的同时，指向一个新的命题：世界需要一个什么样的中国，而中国又会以什么样的姿态融入世界。2017年、2018年达沃斯论坛接连发出的中国声音，为上述命题提供了可行性的解答：“分化中的世界”需要相互尊重、公平正义、合作共赢的新型国际关系，而以推进高质量发展为总要求，以供给侧改革为主线，以化解重大风险、精准脱贫、污染防治为三大攻坚战的顶层设计，将探索开放发展新模式，推进中国经济行稳致远和贡献全球化中国方案，上升至“构建人类命运共同体”的高度①。2022年习近平总书记提出的“携手合作，聚力战胜疫情”“化解各类风险，促进世界经济稳定复苏”“跨越发展鸿沟，重振全球发展事业”“摒弃冷战思维，实现和平共处、互利共赢”的发展倡议，体现出中国强大动能提供的发展能力、

①引自习近平、刘鹤分别在2017年、2018年达沃斯论坛的发言：《共担时代责任，共促全球发展》和《推动高质量发展共同促进全球经济繁荣稳定》。

坚定全球化的开放态度以及面向数字时代的主动作为[①]。2023年李强总理的特别致辞进一步指明行动路径，由企业家精神生发的创新创业创造行动，切实转化为更加普惠、更有韧性、更可持续的世界经济引领力量。从上述声音来看，中国经济奇迹新篇章的开启，于世界有益。

在上述大背景下，本书的行文目的在于讲好中国故事，从经济长期转型增长的演进轨迹还原、形成机制阐释和经验规律总结中，明晰新时代下“将改革开放进行到底”的勇气来自何处？跨越“新常态”并迈向质量发展新轨道的“进势”信心如何体现？全面“维稳”以引领世界走出“新平庸”的系统路径又该如何选择？如何抢抓数字经济赋能效应并主动建构系统化的实践体系？

1.1.2　选题意义

1. 理论意义

内嵌于中国长期经济增长过程中的数次重大转型，不仅在世界增长史范畴，描绘出了备受瞩目的经济表现兴衰轨迹，其承袭的内在逻辑与经验规律，同样构成经济学研究无法回避的“经验样本”。尽管国内外学者从未停止对中国故事的解读，但是鲜少有学者直接从转型式增长的纵深过程，去把握重大历史时期中国经济表现的形成机制。而理论解释框架构建的单要素选取偏好与静态考察惯性，又难以反映转型增长阶段性演进的内在规律与复杂特征。加之主流经济学对历史分析方法的忽视，中国经济转型增长的理论研究呈现出明显的视域局限以及单一价值导向下的人文属性缺失。因此，本书选题的理论意义在于以下三个方面。

一是在理论层面，期望形成有助于弥补现代经济增长研究缺乏历史观的研究新视野与新思路。其中，新视野涉及文明转换、动态比较与系统演化多维度大历史观的重建。新思路是指重回到经济转型增长的整体、长期过程，在历史的延续与断裂中，理解数次重大转型增长的形成机制与特殊意义，以及不同转型增长相互串联的内在逻辑与必然趋势，据此形成兼顾特殊情景、考虑基本国情、尊重历史事实、符合一般规律的新解读与新评价。

二是明晰中国经济转型增长的理论定位，利用初步构建的“制度变迁—技术进步—结构转变”理论分析框架，为转型增长非线性演化过程的历史形成机制研究提供新解释与新导向。前者力求从整体发展的一般趋势与诸多转型增长国别案例的现实材料入手，科学探寻能够突出中国特征并且符合历史事实的关键性、深层次驱动机制。后者试图将历史形成机制分析上升至具有现实针对性与理论指导性的研究范畴，从数次重大转型增长接续过程表现出的继承性与创新性，抽象出隐藏在历史基因中的积极因素与消极因素，并完成三重理论任务，即中国特色社会主义经济

---

①引自习近平在2022年达沃斯论坛的发言：《坚定信心　勇毅前行　共创后疫情时代美好世界》。

转型增长道路的自信重建、深刻反思与方向探索。

三是总结中国经济历次转型增长的得失，为十八大提出的“两个一百年”奋斗目标与中华民族伟大复兴梦想，十九大提出的质量发展战略部署和新时代“三步走”强国路线，以及二十大提出的“高质量发展是全面建设社会主义现代化国家的首要任务”等重要指示，作出理论新探索与新贡献。一方面，识别经济运行机制不规则更新释放出的转型增长新机遇以及累积、转化而成的新矛盾；另一方面，从新时代的整体发展战略出发，判断增长通道转换与质量发展推进任务的重点、难点，围绕数字经济赋能高质量发展的理论与实践问题，作出方向指引，提供破解思路。

2.现实意义

中国经济长期转型增长过程的实现，得益于全国人民追求独立、统一与现代化发展而不断倾注的尝试性努力，既是客观约束条件、双向历史遗产与主观能动性共同作用的产物，也是探索中国特色社会主义发展道路的重要组成部分。本书的现实意义在于：从中国长期经济转型增长的历史过程、现实状态、未来趋势，来认知并检验发展道路的演化特征。

一方面，秉承“问题导向—理论探索—现实应用”的研究路线，从一系列重大转折点的逻辑递进关系入手，重新审视中国经济转型增长的新阶段，以此增强现实状态判断、未来趋势认知的历史纵深感与精准程度。新常态作为数量型经济增长向质量型增长转型的过渡阶段，交织涌现出了诸多经验、机遇以及矛盾、挑战，致使学术界对未来中国经济增长的走势判断产生了一定的分歧。本书拟从中国经济转型增长演进的长期趋势、动力体系的转换规律以及路径选择的异质性特征，抽象出能够解释新常态背景形成机制、识别约束条件变化的实际应用材料，据此探寻新常态下经济转型增长方向认知、价值判断与战略推进的新共识，立足高质量发展的竞争优势培育问题，从中国式现代化情景的基准出发，提供数字经济赋能逻辑阐释与系统实践新思路。

另一方面，从经济转型增长的历史语境，辩证认知中国道路的特殊价值与世界意义，在经验总结与教训反思的基础上，探寻道路自信、理论自信、制度自信、文化自信的实践依据。西方主流经济学认知中国道路的惯性思维，表现在三个方面：一是人为后移中国道路的历史逻辑起点；二是以极端视角认知中国道路的世界价值；三是将中国道路的形成逻辑局限在经济转轨的实现过程中。因此，本书的现实意义在于，提供一种探索中国道路世界价值实践依据的新思路与新范式，即沿着一系列阶段性命题展开的中国长期经济转型增长进程，是中国道路的重要组成部分，它绝不仅仅是简单的私有化实现问题，而是在生产力与生产关系的矛盾运动中，不断解放、发展生产力的历史创举，其逻辑脉络，隐藏在“制度变迁—技术进步—结构转变”的链式演化机制中。需要回到传统农业经济向现代工业经济转型增长的经济复兴历史逻辑起点，去弄清中国经济转型增长道路“如何来”，并在社会、经济范畴着重凸显的制度研究范式之外,融入历史、哲学范畴的价值维度探讨,才能够在“去向何处”的趋势认知中,驳斥关于中国道路命题的“唱衰论”“责任论”与“威胁论”。

1.2 研究思路与方法

1.2.1 研究思路

本书主要研究中国经济长期转型增长的历史形成机制与数字发展趋势,在对相关文献进行归纳、述评的基础上,确定如下研究思路:理论框架建立—历史演进追溯—形成机制阐释—比较分析总结—数字趋势把握。

第一,理论框架建立。对经济转型增长分析进行理论界定及特征归纳,明确经济转型增长分析的基本思路是要透过大历史观与系统观,对中国经济长期转型增长的动态演进过程及逻辑机理进行还原与解释,从历次转型增长的得失中分析教训、总结经验。因此,应该秉承“以理论史”与“论从史出”相结合的研究方法,搭建“制度变迁—技术进步—结构转化”的研究框架,作为经济转型增长分析的理论基础。

第二,历史演进追溯。将中国经济的长期转型增长过程,按照1840年鸦片战争、1949年中华人民共和国成立、1978年改革开放以及2008年国际金融危机四大重要历史节点,划分为四次相互串联的阶段性转型增长过程:从农业经济向工业经济的转型增长、从近代市场经济向计划经济的转型增长、从计划经济向社会主义市场经济的转型增长,以及从高速数量型经济向相对高速质量型经济的转型增长。通过还原、描述历次转型增长来反映中国经济长期转型增长的大脉络,做到“论从史出”。

第三,形成机制阐释。中国经济增长既是一个大规模、多层次、不均衡的转型增长过程,又是在不同历史背景下多种力量相互作用与碰撞的结果。要想理解长期经济增长为什么会出现“传统经济衰微—复兴经济重启—经济奇迹创造”阶段性转换,就需要利用构建的理论研究框架来阐释经济表现的内源动力,即三次重大转型增长的历史形成机制,做到“以理论史”。

第四,比较分析总结。在总结中国经济长期转型增长经验与历史启示的基础上,理论联系实际,立足二十大提出的“以中国式现代化全面推进中华民族伟大复兴”的时代任务,为未来中国经济高质量发展提供方向性的指引。

第五,数字趋势把握。通过识别未来中国经济演进的背景转换与约束变化,厘清经济发展新常态增长速度演化规律,明晰数字趋势对减速治理的突破性意义,面向高质量发展新优势培育的紧迫问题,阐释数字经济赋能的理论逻辑与系统实践。

1.2.2 研究方法

一是历史分析方法。本书采用的历史分析方法可以细分为三个部分:其一,非线性的历史分析方法[①]。在尊重中国经济转型增长历史过程阶段性差异的基础上,我们借助多维视角、多重线索、多样标准,来识别、还原并把握历史形成机制的主要线条,并且针对具体阶段的世情与国情,重组其他线条进行佐证,力求研究结果尽可能逼近真实、丰富的历史总体情况。其二,科学的历史分析方法。在世界增长史范畴扬弃典型案例提供的现象材料,并上升到本质层面,完成规律性理论分析框架的构建,再以扬弃的形式应用在转型增长的"多样性"研究过程中,实现逻辑与历史的统一。其三,溯因与前瞻相互结合的历史分析方法。前者将研究对象置于特定的历史时期,在资料取舍的基础上,提炼出有待研究的特征事实与重要命题,着重归纳三次重大转型的历史形成机制;后者旨在完成历史史实的抽象演绎与趋势外推,进而为未来中国经济转型增长的机制路径作出方向性的指引与政策性的建议。

二是归纳推理与逻辑演绎相结合的分析方法。中国经济长期转型增长的历史形成机制研究,需要回归到逻辑意义上的时间序列以及经验意义上的历史规律中去。一方面,从繁杂、浩瀚的研究成果与历史史料中,梳理"完全不同条件下工作的成就",识别"当时留下的痕迹"并恢复"隐含的历史背景"(熊彼特,2001),进而完成理论体系综述及研究思路提取与视角、方法、内容的再创新。另一方面,通过追踪并归纳那些能够刻画不同转型增长阶段,并反映逻辑递进关系的现象、特征与规律,来验证已构建的理论解释框架是否具有外在形态上的适应性,以及内在结构上的合理性。与此同时,本书采用一些概念、范畴,来刻画中国经济长期转型增长的历史过程,建立"制度变迁—技术进步—结构转化"的理论分析框架,对中国经济长期转型增长的历史形成机制进行考察。在"以理论史"的过程中,尊重认知实践的系统性、历史性与动态性,尽可能调和"个别(正题)—普遍(反题)—特殊(合题)"形式逻辑演绎框架与真实辩证过程的矛盾。

三是比较分析方法。考虑到经济转型增长过程在空间、时间上的双重不平衡性,本书采用大问题导向下的现代比较分析方法,将中国经济的长期转型增长过程,拆解为涉及文明背景转换与现代世界经济体系演进的大问题,例如"古代衰落之谜""近代停滞之困""复兴之路"和"开放崛起之道"等。以问题为导向,对相似、迥异的历史形成过程进行比较分析。该方法具有重视时间过程、关注内在逻辑以及兼容一般系统化与特殊情景化的三大特征,能够克服传统比较方法容易脱离历

①传统的线性历史分析方法,是一种必然性思维下的因果分析方法,它通常无力解释非线性而又复杂多变的历史事实。

史背景、忽视演进脉络、孤立特征事件等缺点。一方面，承认转型增长过程的连续性与动态性，将中国经济长期转型增长过程置于世界增长史的范畴，进行国别维度与时间维度的比较，系统揭示中国经济长期转型增长演进的内在逻辑。另一方面，实践现代比较分析方法的迭代思路，将理论新观点，放在一般系统化与特殊情况化的转型增长历史案例中进行验证，梳理重要变量发挥异质性影响的具体机制，进而形成“观点提出—历史比较—发现问题—理论优化”的良性互动过程。

四是制度分析方法。为了规避主流经济分析方法可能存在的个人主义倾向，以及历史感匮乏、研究范畴狭窄等缺陷，使用制度分析方法一方面可以观察动态、复杂的制度变迁过程，包括其依存的政治、经济、文化、社会土壤，以及具有互动关系的技术、结构变化，特别是三者在不同时期的相互牵制；另一方面可以识别并透过历史、文化等隐性、非经济因素，去阐释长期制度变迁、国别差异的深层次原因。与此同时，采用马克思主义制度分析所强调的整体、本质分析方法，将制度、技术作为观察生产关系、生产力变化的主要因素，通过还原两者的互动关系，来规避经济转型增长研究容易出现的单因素、单向度决定论。具体来说：①考虑制度形成与变迁动机的社会、现实属性；②灵活选择制度分析的基本单元；③注重实践在制度分析中的作用。

五是统计分析方法。熊彼特在《经济分析史》中强调，经济学分析的“技术可以分为三类：历史、统计和理论，三者合起来构成经济分析”。因此，本书采用统计学的分析方法，在细致考查历史数据可靠性与有效性的基础上，以增长核算为目的，对相关历史数据资料进行统计学处理，不仅包括建立在对比、筛选经典鸟瞰式估算结果基础上的直接描述性统计，还包括对历史佐证数据资料进行精加工的间接推断性统计。

1.3 可能的创新之处

在理论上，经济学被视为对历史学贡献最大的社会学科；在实践中，经济因素被认为是能够撬动历史变革的重要力量。但这并不意味着经济学可以凌驾于历史学之上，成为研究视角、方法与内容的唯一来源。不论是对经济理论历史背景的还原，还是对实践过程的追溯，都需要参考、借鉴并运用其他社会科学的研究模式与研究成果，而不应否定经济学的历史、社会属性。毕竟，“变化着的世界把各种变化的问题”带给了这样一个具有生命力的学科。因此，本书在研究经济转型增长历史形成机制的过程中，试图通过视角创新、方法创新与内容创新，来规避用“整合、回归与时间变量”替代思考过程可能出现的脱离历史实际、人为缩小理论视野的研究倾向。

1.3.1　研究视角的可能创新

经济转型增长的历史过程，兼具复杂性、动态性与多样性等特征，无法用特征事件排列组合、因果关系单线还原与局部均衡分析推演来阐释其形成机理，更不能站在相互错位、单一狭窄的视角上，进行创新研究与交流对话。研究视角在时空范畴与学科范畴的拓展，是避免研究成果陷入"用现象解释现象，用理论批判理论、用逻辑攻击逻辑"无解困境的重要前提。因此，本书在研究视角上可能的创新包括以下两个方面。

其一，透过大历史的整体观、系统观与演进观，回到世界经济增长史的视角，来研究中国经济长期转型增长的历史形成机制。重点考察不同历史时期中国与代表性地区、国家转型增长过程的生成逻辑以及其隐含的演进脉络，特别是转型增长在历史遗产继承、演进路径选择、经济盛衰表现等方面遵从的共同规律以及存在的异质性特征，旨在更加完整、系统地揭示转型增长驱动中国经济，在世界范围内实现"繁荣—衰退—复兴"阶段性演进表现的历史合理性与必然性。

其二，采用跨学科研究的视角。承认转型增长历史形成机制问题的社会与自然科学属性，从相关学科提供的研究视角，去找寻更为适宜的研究思路、模式与方法。具体来说，融合人口学、地理学、历史学、环境学的多方面研究成果，既有助于保证指标确立、赋权过程以及数据筛选、估算的科学性、合理性，也能提升对特定历史时期经济转型增长阶段性演进绩效判断的准确性和可能性；也能够有效避免传统经济转型增长研究视角过于单一的缺陷，从而为中国经济长期转型增长历史形成机制问题提供更大的包容性及更强的解释力。

1.3.2　研究方法的可能创新

本书认为，中国经济的长期转型增长过程，是不同历史背景下多种力量相互作用与碰撞的结果，涉及重大历史事件的偶发性冲击与长期积累，理性认知演进的局限与突破，生产力、生产关系的错位与复归等众多复杂矛盾的运动过程。对其历史形成机制的追溯与阐释，既属于经济学范畴的经典命题，也是一个宏大、复杂的历史命题，它离不开对经济史研究方法的继承与创新。毕竟，任何方法都有其局限性，不存在一种超越时空的万能分析途径。将经济学方法等同于统计、计量方法，势必陷入"过度追求一致性而压缩具体经过"的困境，只突出传统史学方法中的现象分析与史料考据，意味着"徒知史学，而不知史学与其他学之联系"（吴承明，1992）。

因此，本书在研究方法上可能的创新之处表现在：遵从"史无定法"的原则，采取"论从史出"与"以理论史"相结合的研究方法，将经济理论与历史事实紧密联系在一起，做到有理有据。

一方面，尊重历史，言必有证。在继承并运用传统史学方法中的现象描述法与史料考证法的同时，积极采用新史学中"系统与结构""典型与一般""时间与空间""前瞻与回顾"相互融合的分析方法来还原经济转型的实践过程，提炼重大特征事实，并论证其内在的逻辑关系。将中国经济转型增长历史过程的"再现与理解"研究，拓展至前瞻可能性的探索，我们据此寻求崭新历史条件下未来中国经济转型增长的具体路径。

另一方面，突出经济学方法的思维构想与科学量化功能。前者体现在：将增长经济学、制度经济学以及转型经济学等相关理论有机结合在一起，依据经济学原理对中国经济长期转型增长历史发展演进过程的内在逻辑机理，作出解释与分析。后者表现为：运用必要、适宜的量化分析方法，还原并探寻中国长期经济转型增长的动态演进特征与基本规律，对于数据不丰、质量欠缺的特殊历史阶段，采取制度分析、动态比较等经济学方法进行替代。

1.3.3 研究内容的可能创新

从研究内容的理论归属、时空属性与价值来看，无论是对增长、发展过程的评判，还是对转型过程的思考，均不能否定三者之间的关联性，更不应局限于对某一个国家当前经济现状与未来发展趋势的研究。因为长期转型增长过程作为一般规律与异质性特征共同作用的产物，是由一系列相互串联的代表性转型增长集合组成的。任何时期的经济转型增长，都不意味着对历史的否定，而是历史演进过程中一个必不可少的环节，既包括对过去历史遗产的继承，又包括对未来发展可能产生的影响。无论是中心命题的确立，还是子命题的提取与验证，都需要依托动态化且具有对比效应的观测样本集合。而转型增长历史命题的理论价值，在于总结、吸收经验，并将其转化为新一轮实践过程中可供借鉴的规律性启示。因此，本书在研究内容上可能的创新之处包括以下两点。

其一，将中国版本的转型增长问题，重置于长期、连续、动态且不可分割的经济演进历史过程进行分析，据此找寻不同时期经济繁荣、衰退阶段性转化的历史原因，并从经济转型增长的大历史视角，提供"李约瑟之谜""复兴重启""奇迹创造""经济新常态"等重大理论命题的可能解释。

其二，将中国长期经济增长过程视为一个不断转型的过程，在解释不同时期经济转型增长历史生发机制的基础上，从历次转型的得失中分析教训、总结经验。一方面，对未来中国经济增长的数字经济赋能效应进行激发，作出某种指引与建议；另一方面，积极探索转型增长衍生出的"发展状态跃迁""增长速度转换""数字趋势生成"等时代新问题。

第 2 章　文献述评

在漫长的人类发展历史中，从人均产出几乎停留在原点的马尔萨斯时代，到以技术创新与产业升级不断推进、人均收入高速增长为特征的现代经济增长时代，经济学家试图通过各种理论、模型，来刻画、解释经济增长的长期表现。从古典马尔萨斯理论，到以 Solow 模型（又称索洛增长模型）为代表的新古典模型、内生增长理论，再到新兴古典经济学，每一种理论或者模型，都较好地解释了特定时期的经济增长现象，但是对于长期经济增长的解释力却十分有限。按照汤因比的划分，物质、文化和制度是体现文明社会完整程度的重要特征，新制度经济学同样认为政治、经济和社会因素，共同影响着长期经济增长中的重大问题。为了更加精确地解释长期经济增长的复杂过程，本章旨在从制度、技术与结构的视角，梳理、评述长期经济增长的研究文献，并依据所得的启示提出研究视角。

2.1　文献综述

2.1.1　制度视角的研究综述

探索长期经济增长的历史形成机制，不同于特定时段内的经济增长问题研究。一个无法回避的事实在于：经济增长的历史过程，蕴含在动态变化的制度环境中。经济史学家提供的研究思路，逐渐唤醒了学界对传统古典经济学将制度视为外生、中性变量草率做法的反思，越来越多的学者开始关注制度如何生成、演化，并成为真实、复杂经济世界运转的组成部分。由此形成的研究共识，可以表述为：技术水平或者生产力的变化，是决定经济增长本身的重要因素，但是透过制度，我们能够从更深的层次来理解经济增长的生成逻辑。在具体的影响机制上，制度可以通过干预资本形成或者作用于技术进步，来影响经济增长；制度安排的横向差异与时序变化，是造成国家间贫富差距，乃至一国兴衰表现的根本原因。随后的研究集中从有效制度、制度变迁、政治制度与经济制度互动三个层面，来探索制度对长期经济增长真实过程的可能影响。

1. 有效制度视角下的长期经济增长研究

制度对于经济增长来说是重要的，那么什么是有效制度？有效制度是指能够在资源相对稀缺的条件下激励经济主体，使之能够更加高效地利用资源，并推动经济增长的一系列制度。Levine（2004）认为，有利于界定产权、规制并引导经济行为、促进宏观经济稳定的有效制度,可以通过约束政府行为、促进技术进步或者加速资本积累,来推动经济增长。Acemoglu(2004)等将不同国家的政治制度与经济制度,区分为包容性制度与攫取性制度,他认为能够尊重民众政治权利的包容性政治制度,以及能够保障自由竞争、实现生产性激励的包容性经济制度,是保障经济长期增长的关键。然而,在精英阶层特殊经济政策偏好的干预下,无效、低效的制度也有可能产生并维持。

从有效制度的角度直接探讨中国长期经济增长问题的研究文献相对较少,已有成果基本是沿着三条线索深化而成的。

其一,考虑到历史路径的重要性、不确定性,以及重大事件冲击可能产生的影响,研究的重点转向了还原复杂、非线性的制度演化过程,并拓展至有效制度影响经济绩效表现具体机制的分析与比较。研究成果既包括从经济制度的历史变迁来探索金砖五国(杜焱,2014)、中日(王庭东,2015)、中俄(景维民 等,2011)等经济增长绩效国别差异生成的根本原因,也涉及从制度的路径演化过程来解释世界经济格局涌现出的诸多财富逆转历史现象(陈宇峰 等,2011)。

其二,从有效制度的供给程度、创新能力,以及实践手段的特殊性,来阐释有效制度对中国不同历史阶段经济增长表现的影响机制。杨君、龚玉池(2001)将中国经济增长的制约因素,归结为供需缺口下的制度"瓶颈"。政府作为服务主体,其职能定位、能力体现(王海龙,2004),以及内外竞争压力(程承坪 等,2009),均会影响有效制度的相对供给状态。姚贱苟、刘素霞(2015)认为能否实现逻辑一致、细分共性与整体协调的有效制度创新,是调整制度供给、需求脱节现象的前提。组织实验环境的供给,是有效制度得以实践的重要手段(Sachs et al.,2003)。

其三,考虑到衡量标准的动态特性以及研究对象所处的基本国情,有效制度研究的侧重点会有所差异。此时既涌现出了从制度适宜性标准层面,依据治理结构与发展阶段的具体特征,来理解中国经济增长形成机制与改革绩效的研究文献(韩忠亮,2015;王强 等,2015);也有提出从制度包容性标准层面,特别是权力结构与可持续发展,来理解中国经济兴衰表现的相关成果(范世涛,2013;何瑞文 等,2015)。

2. 制度变迁视角下的长期经济增长研究

在区分有效率的制度与无效率的制度之后,国内外学者开始从动态的制度变迁过程进一步深入研究经济增长。道格拉斯·诺思、罗伯特·托马斯(2009)在《西方世界的兴起》一书中探讨了制度变迁与长期经济增长的关系,认为产权制度与法律制度等组织结构变革,在西方世界长期经济演进中起到了关键性的作用。Davis(1970)指出价格的变化及制度创新的预期收益,会诱发制度变迁行为,进而为变迁主体带来潜在收入,促进经济增长。

从制度变迁视角研究中国长期经济增长的文献,主要集中在解释中国历史上不同时期经济衰退与复兴的原因。韦森(2006)通过区分制度变迁中革命、演进与内卷三种不同的路径力量,分析了西欧国家通过持续、多样化的制度变迁实现分工深化与市场扩展,进而引发科技革命,推动形成经济增长的历史机制。他认为清代的中国缺乏制度演化方面的根本性变革,特别是制度内卷的出现,造成了中国近代经济有增长而无发展的历史困境。刘文波、柯华(2013)认为近代中国宏观上的正式制度与非正式制度的变迁,均对经济增长起着巨大的作用,但也造成了近代中国经济发展的混乱。霍影(2010)将集中计划经济到市场经济的经济体制改革归纳为四个阶段:1949 年至 1957 年的前改革阶段、1958 至 1978 年的行政性分权改革阶段、1979 年至 1993 年的增量改革阶段,以及 1994 年之后的整体推进深化改革阶段。他认为改革开放以来,中国经济的快速增长,主要源于学习演进式的经济体制改革。任崇强等(2015)也提出,制度变迁过程有可能在经济系统中生成并积累脆弱性特征,即结构层面的不稳定性,进而压缩下一轮制度变迁的预期收益,而自 1978 年以后,中国经济脆弱程度的下降,是得益于一系列制度性障碍相继被攻破的结果。除此以外,以傅晓霞、吴利雪(2003)、刘文革等(2008)为代表的学者,侧重研究度量制度变迁在中国经济增长中的实际贡献,认为改革开放前后的制度变迁对经济增长作用显著。王军等(2013)将制度变迁特征引入增长模型,并进行 VaR (Value at Risk, VaR)检验,特别强调经济制度与外部环境匹配调整引发的制度变迁过程,不仅会对经济增长产生长期影响效应,而且还可以改变对外部冲击的吸收程度。而林毅夫(1994)、黄少安等(2005)、乔榛等(2006)通过研究土地产权改革以及农村经济体制改革对中国农村产出的影响,证明了制度变迁在农业领域的突出贡献。

3. 政治制度与经济制度互动视角下的长期经济增长研究

一方面,政治制度与经济制度的互动,会对经济增长产生影响。Bhalla (1997)、Barro(1997)均从民主程度出发,研究了政治制度与经济制度的互动关系,认为政治制度内生于经济制度,能够有效约束权力的政治制度可以促进良好经济制度的产生。克里斯托夫·克拉格(2006)将具体的影响机制归结为:政治体制可以通过影响产权保护制度作用于经济增长过程。Acemoglu(2008),Persson 等(2009)学者通过国别比较与计量分析,证实了稳定的政治民主能够降低进入壁垒的扭曲程度,创造民主资本的数量优势,进而驱动经济增长。

不少研究中国历史上经济增长表现的学者认为,官僚制度是造成明清时期中国经济增长停滞的重要原因。张宇燕、高程(2005)和皮建才(2009)将中国官僚制度中固有的产权保护因素,以及官僚体制在政府与民众之间造成的形式权威不均等分配,归结为中国 15 世纪出现经济增长停滞的根本原因。在探索改革开放以来中国经济表现逆转原因的文献中,单豪杰、沈坤荣(2007)的研究证实了政治、经济制度耦合互动与合力生成的历史作用。杜玉申等(2013)将经济制度变迁视为中性政府与各利益群体，基于特定政治、经济权力分布与变革成本、收益预期作出的复杂博弈的产物，他认为改革进程的开启带领中国迈入帕累托优化阶段，但是政治权力与财富分配的内在关联可能加剧贫富分化，进而将经济制度的变迁引入低效、震荡的困境。

另一方面，好的制度不一定会被选择，不同政治利益集团采取的特定经济制度，也会对经济增长产生影响。奥尔森(1999)指出制度僵化会造成既有利益集团的固化，国家的盛衰表现，取决于能否打破既有利益集团、形成产权保护制度、激励商人阶层合作，并通过立法来规制统治者的行为。在具体的作用机制上，政治利益集团的经济制度偏好，可能会人为压低教育水平，阻碍人力资本积累(Lipset，1959)，设置引进壁垒，延缓技术进步(Parente et al.，1999)，打击远洋贸易、出版印刷等潜在分权活动(Dodgshon，1981)，间接削弱制度的增长效应。

不少阐释中国经济增长形成机制的文献，都对特殊利益集团构成及其经济制度选择偏好所带来的增长效应进行了深入分析。艾德荣(2005)认为传统中国的政治体制，使得统治者更多地依赖拥有土地的地方精英，并为其提供侵犯他人产权、压制潜在竞争者(商人和工厂主)发展的机会与权力，这是导致传统中国经济增长容易出现停滞的根本原因。代谦、别朝霞(2010)认为技术冲击下的经济制度反馈差异，是导致中日传统经济向现代经济转型的终极原因，而由改革先驱者转变为既有利益维护者的洋务派，则是晚清中国现代化转型的最大阻碍。与上述研究结果不同，张杰(1998)将中国历史上经济停滞的终极原因，归结为国家的早熟性介入阻碍了中间阶层的形成。他认为这一原因使得儒教伦理代替中间阶层，来行使产权与法律制度安排的职能，从而形成了区别于西欧式稳定三重社会结构的二重社会结构。反观改革开放三十年取得的历史成就，姚洋(2009)认为社会结构的平等化演进，催生出了具有泛利性特征的中性政府。正是这种既不受商业精英控制，也不畏民粹主义威胁的组织形式，有效推动了经济的快速增长。

2.1.2 技术视角的研究综述

经济增长理论的发展离不开对终极驱动因素的思辨，内生增长理论的出现，有效拓展了古典经济学家“资本至上”的认知范畴。单一推进物质资本积累，不再被视为摆脱低水平贫困状态、迈过临界点乃至跨越经济增长阶段的唯一路径。识别并测算技术进步对长期经济增长的作用机制与贡献程度，逐渐成为学界关注的热点命题。现有文献正是基于上述研究思路，从技术需求、技术供给，以及技术进步与产业结构互动三大视角切入并持续深化完成的。

1. 技术需求视角下的长期经济增长研究

技术需求视角下的长期经济增长探索，着重还原了现代开放经济状态这一现实背景，关注于国家间经济增长的互动关系。研究发现，技术进步作为经济增长的重要动力，可以用来阐释发达国家持续繁荣的原因（Grossman et al.，1994）。同时，它也被视作解读后发国家追赶式经济增长的关键，特别是在生成动因、实际效果与趋势判断方面。Chung（1998）根据发达与欠发达国家的国情差异，提出了由不对称贸易行为伴生的知识溢出效应，能够触发技术需求这一理论机制。他认为技术所能实现的经济增长效果，依赖于技术水平的相对差距。考虑到等级贸易关系所隐含的利益剥削风险，以及等级自我强化趋势可能引发的比较优势固化现象（Matsuyama，1992），现实中难以稳定维持的技术差距，甚至决定了后发国家最终追赶效果所能达到的理论上限。然而，上述理论所暗含的悲观情绪，在后续的研究中得到了修正，技术进步方式的多样化，意味着发展中国家可以选择引进、模仿或者通过资本投资、引进技术等低成本途径，来破除技术差距的绝对上限，重新激发技术的经济增长效应。

根据探讨中国长期经济增长形成机制的现有文献，并结合研究对象的时间定位与动态特征，可以将技术需求生成的驱动因素，归结为人地矛盾与经济开放程度之间的矛盾，据此展开的研究如下。

其一，认为考察人地矛盾催生出的技术需求，能够解释近代中国经济增长的形成逻辑。在有关明清近代农业经济表现的评估研究中，增长论与衰退论分歧的核心，在于该时期江南地区的技术表现，赵冈（1995）、周立群和张红星（2010）等学者认为，人口压力仅仅催生出了土地节约型技术进步的需求，并未产生李伯重（2013）、彭慕兰（2008）所提及的劳动节约型技术需求。两类观点所关注的技术需求差异，被视为反映江南地区经济增长技术动力转换与否的证据，以及评估经济发展水平是否陷入“持续贫困化陷阱”的前提。除此以外，Elvin（1975）和姚洋（2003）还从技术需求的可持续性角度，分析了中国未走上工业革命道路而是陷入停滞状态的原因。前者侧重于考察资源禀赋约束，认为人口持续增长的压力成为农业技术进步的动因，而工业技术进步则受到资源条件的阻碍，最终形成“高人口增长、高农业水平、低工业水平”的“高水平陷阱”；后者倾向于从土地与工业差异化的投资回报率进行研究，认为工业的规模经济特征导致土地具有更高的资本回报率，可以保证人口增长引发的农业技术进步积累不会发生逆转，而工业由于缺乏资金投入不得不面对衰退的可能。

其二，认为识别并满足开放经济条件下的技术需求，是改革开放以后中国实现追赶式经济增长历史进程的重要原因。简泽（2011）的研究发现，国际贸易的知识溢出效应与市场替代效应，共同构成传统生产技术向现代工业生产技术变迁的需求拉力，而中国从传统农业经济向现代经济的迈进，是技术变迁、工业革命与经济起飞正反馈效应的结果。Basu 等（1998），Acemoglu 等（2001），林毅夫、张鹏飞（2006）则针对技术进步的主体差异，重点考察了技术需求的有效性标准，认为能够对经济增长产生影响的技术需求，是指与资本水平、人力资本结构以及要素禀赋结构都相匹配的适宜技术需求。李飞跃(2012)认为偏向相对丰裕要素的技术需求，能够产生加速技术进步、改善经济结构的双重效应。因此，落后国家从先进国家甄别、引进适宜技术，是实现经济快速增长的关键。相反，技术选择偏差带来的无效需求，会阻断增长差距的缩小进程，甚至使原有差距趋于扩大(徐朝阳 等，2010；刘亚琳 等，2022)。

2.技术供给视角下的长期经济增长研究

技术供给视角下的长期经济增长研究，着重强调技术进步与资本积累环节融合过程可能释放出的巨大效应。在资本及其可实现价值之间凸显资本技术特征的观点，可以追溯至马克思的资本有机构成理论。随着研究的不断深入，不同学者就“技术进步能否在资本积累环节中得以顺利体现”“不同的体现程度是否会带来差异化的经济增长效果”等问题，展开了激烈争论。一个可能的和解方向在于：承认资本积累与技术进步在经济增长过程中的不可分割性(Aghion et al.，1998)，进而从两者动态融合的视角，来理解长期经济增长的形成机制。

具体的研究思路已经细化到：通过考察人口、制度因素对技术进步供给的实际影响，来理解不同经济增长状态产生的深层次原因。前者继承并运用贝克尔、伊斯特林等学者提出的内生生育理论研究思路，通过追踪人口数量向质量转型，在技术进步、收入分配等环节产生的链式驱动效应，来解释经济增长进程的重大历史事件，例如工业革命爆发、马尔萨斯陷阱突破等(Galor et al.，2000；Galor，2011)。后者跳脱出传统文献惯用的研究思路，即通过甄别产权保护能力来探析技术进步供给行为，分析制度背景差异对技术创新、扩散方式，乃至技术代际传承可能产生的影响(Clark et al.，1997)。上述两种思路均可被视为对人力资本与技术进步融合这一核心环节的后向拓展。

反观从技术供给视角探讨中国经济增长形成机制的文献，由于其涉及的研究对象、时段与内容更为明确，其机制设计也相对精细。而研究思路的展开，依旧遵循上述两条线索。

一方面，从人口影响技术供给的角度进行研究。贾雷德·戴蒙德(2006)在《枪炮、病菌与钢铁：人类社会的命运》中，将技术创新的主体归结为少数“英雄”，而英雄的数量与技术创新的供给，是由人口数量与技术创新的困难程度决定的。李约瑟认为中西方人口的思维方式差异，是造成工业革命无法在中国产生的根本原因。林毅夫(2007)从技术创新的视角提出如下结论：工业革命之前，巨大的人口资源优势，是中国能够通过“经验试错—技术发明—经济增长”机制，在世界范围实现长期领先的前提；但是，随着西欧科学实验技术供给模式的出现，中国科举制度无法激励实验型人力资本的形成，致使技术供给相对匮乏，最终引发了经济的持续衰退。代谦、李唐(2010)通过模型推演与史料验证相结合的方式，解释了明清时期有效技术供给不足引发经济停滞的具体机制。他们认为以大规模家族为媒介的传统技术传承方式，在人口资源压力的作用下，逐渐丧失了横向技术扩散与纵向代际传承的优势。

另一方面，从制度影响技术供给的角度进行研究。左峰(2010)的研究认为，制度空缺以及对私人资本的过度控制，是造成近代技术供给不足与工业二元特殊状态的深层次原因。赵彦云和刘思明(2011)、王斌(2013)均认为专利保护制度的产生，促使技术供给方式由模仿转向原创，有效加速了改革开放以来中国经济增长方式的更新。而王冬、孔庆峰(2013)倾向于将李约瑟之谜暗含的中西方差异，归结为制度创新冲击带来的不同技术反馈效应，认为产权制度变迁速度会影响技术进步的速度，进而左右经济增长的实际表现。

此外，国内学者还通过对全要素生产率(total factor productivity, TFP)的测算，从经济增长源泉的角度，来探讨技术对长期经济增长的影响，主要得出两类不同的观点。张军和施少华(2003)、杨万平与赵金凯(2018)等学者的研究认为，TFP对改革开放以后的贡献十分有限，技术进步不是长期经济持续增长的原因，但确实是引起波动的关键；林毅夫和任若恩(2007)、舒元和才国伟(2007)等持相反观点，认为改革开放后TFP总体上是增长的，并且是由技术进步引起的。而在技术进步类型的识别方面，特别是资本积累与技术进步融合程度的测算方面，始终存在对“中国高投入增长模式是否低效”命题的激辩。总体来看，随着资本测算对象的细化，质量测度方法的引入，以及特定历史背景的还原，研究的精准性与包容性得到了极大的提升，更加注重把握融合动态演进过程的阶段性特征、中国特殊路径及其存在的历史合理性。比如，针对TFP的提升滞缓现象，以叶初升与孙薇(2023)等为代表的研究，倾向于从技术创新的质量视角出发，识别企业、行业与区域层面资源错配困境引发的增长分化，进而提出精准化的施策思路。

3. 技术进步与产业结构互动视角下的长期经济增长研究

沿袭有效技术的观点，适宜标准的满足依赖于特定的开放经济环境，并且暗含着产业在技术吸收过程中可能表现出的异质性特征。在世界经济增长的历史进程中，相关学者既能够观察到国际贸易行为驱动产业结构转型所伴生的技术进步，有效撬动发展中国家的工业化进程与特殊增长道路(Teignier, 2017)，也可以通过考察不同贸易条件下，实现生产技术进步的难易程度，来解释差异化产业结构效应对出口能力与工业化水平的影响(Kohli, 2004)。与此同时，经济总量与结构变化不可分割的特征，意味着技术进步能力、水平的部门差异，会通过产业结构传导至总量环节。而在长期经济增长的过程中，产业结构战略性调整释放出的数量比例、兴衰转换指引信号，也会通过影响技术进步路径的选择，再次作用于经济总量环节，成为新一轮技术进步驱动经济增长的逻辑起点(韩波 等，2007)。具体来说，技术进步与产业结构是通过以下两个层次，共同作用于长期经济增长的过程。

其一，技术进步与产业结构在中国经济增长阶段性演进过程中，具有动态化的功能定位与主导关系。刘伟、张辉(2008)在分解要素生产率的过程中发现，1998年之后技术进步效应的上升，以及市场化改革驱动产业结构升级实际收益的衰减，既肯定了中国经济增长方式转变的阶段性成果，也明晰了完善市场机制与激发技术创新潜能的发展重任。田友春等(2021)的研究认为，技术效率与技术进步之间的动态转换传导至产业引发了红利生成，未来应该通过劳动力的产业转移，破除技术效应提升的结构桎梏。

其二，技术进步与产业结构互动机制的方向差异，能够催生出不同的经济增长表现。从技术进步释放的产业结构转换效应来看，管汉晖和李稻葵(2010)的研究发现，明代大规模技术进步的匮乏和经济结构(农业部门占总产值比重)的固化，是造成社会经济仍滞留在低水平、稳态农业状态的原因。彭南生(2007)、代谦和李唐(2010)等学者，重点探讨了中国近代经济史上产业部门的二元技术现象，认为落后国家产业部门会根据比较优势的强与弱，分别选择渐进过渡式与整体移植式的技术进步路径，进而造成了产业后续发展表现的逆转。董智勇(2010)通过追溯多层级技术进步的产业结构优化效应及其对企业市场份额产生的进一步影响，来解释近代天津工业化发展的形成逻辑。改革开放以来，高速增长通常被解读为中国式技术进步与产业转型升级的产物，但是其伴生的诸多结构性矛盾也饱受诟病。陈璋、黄彪(2013)将其归结为引进式技术进步方式所产生的不平衡结构转换效应，而改变生产力不平衡结构的关键，在于摒弃原有单一化的技术进步引进方式。从产业结构演进引发的技术进步效应来看，陈爱珍、刘志彪(2015)认为在中国长期坚持高强度、单一化出口的导向下，产业结构调整释放出的技术进步效应相对有限，重建进口驱动战略，进而激发产业结构调整的知识转化、研发学习、资本积累等效应，是产业升级驱动技术进步以优化经济增长外向动能的重要渠道。宋丽萍、杨大威(2016)指出，未来创新驱动与可持续增长战略的实现，需要以高层次经济开放为基点，充分发挥产业结构升级引致技能偏向性技术进步方式的作用。除此以外，不少学者分别从双碳约束下的产业结构调整过程(傅芳宁 等，2023；王晋立，2023)，来识别并估算其释放出的技术进步效应，以及引发的经济增长时序、区域差异。此类研究也肯定了产业结构调整导向，能够释放出技术进步的倒逼效应，进而对经济增长表现产生影响。

2.1.3 结构视角的研究综述

从描述经济平衡式增长的卡尔多事实，到突出产业结构、就业结构的库兹涅茨事实，再到整合总量平衡增长路径与部门结构变迁过程的统一增长框架，主流经济增长理论逐渐将结构变迁纳入经济总量增长的研究范畴，从单一刻画经济增长结构性伴生现象，转向识别结构变迁对长期经济增长的影响机理。

1. 供给、需求因素推动结构变迁视角下的长期经济增长研究

早期认识到结构转变可能对长期经济增长产生影响的理论，可以追溯至钱纳里的结构红利说和罗斯托的五阶段论。其中，钱纳里认为不同产业部门具有差异化的生产率与增长率，基础要素投入从低生产率向高生产率部门的流动，会引起总生产率的增长，进而带来工业化阶段性演进的结构红利。罗斯托根据各个国家经济增长的历史轨迹与阶段特征，建立了理解经济发展路径的一般化序列，由传统社会、起飞准备、起飞、走向成熟、大众高消费时代五个阶段组成。从部门层级结构动态演进过程，来探索结构性因素在经济增长阶段性转换过程中起到的实质作用。但是 Gerschenkron (1962)认为真实的经济增长是一个动态连续的过程，罗斯托机械式的分段，掩盖了国家要素禀赋、技术水平与产业结构等方面呈现出的根本性变化。随后，结构视角对长期经济增长问题的研究，转向以内生增长理论为基础，探讨供给、需求单一要素或者共同推动的结构转变，可能对长期经济增长产生的影响。

(1)供给、需求单一视角下结构变化对长期经济转型增长产生的影响。

从需求、供给单一视角切入的外国文献，分别沿着消费份额变动或者生产率差异引发结构变迁，进而对经济增长产生影响的分析思路，形成了一系列旨在破解“结构变迁过程与总量平衡增长过程不相一致”难题的研究成果。

①需求视角下的努力性尝试，集中于改进偏好函数的设定，以及提高需求结构变迁与总量平衡增长的兼容程度。前者将偏好明确设定为非齐次效用函数，以此还原恩格尔曲线非线性形式的基本事实，进而检验两部门或多部门模型中需求因素(收入弹性)对部门产出变化的拉动作用(Matsuyama,2002)，以及可能引发的经济增长率变化(Echevarria,1997;Blundell et al.,2003)。后者弥补了将已改造函数的应用局限在农业向工业部门的结构变迁无法保证总量平衡的困境，在区分产业复杂程度(Buera et al.,2006)、引入消费“需求等级”(Foellmi et al.,2002)的基础上，建立多部门模型，完成对技术与偏好参数设定限制条件的替代，以此协调结构变迁与总量平衡增长的双重过程(Kongsamut et al.,2001)。

②供给视角下的研究文献涉及两个方面:识别结构变迁的具体诱发因素，以及提高供给结构变迁与总量平衡的协调程度。前者通过考察部门、产业内外生产率差异的生成机制，来识别供给层面结构变迁的诱发因素。研究范畴已经从封闭条件下的技术进步内因(Gollin et al.,2002;Hansen et al.,2002)，拓展至开放条件下的贸易联系外因(Yuki,2008)。后者试图协调上述供给层面诱发的结构变迁与总量平衡增长过程。通过外生化 TFP 的部门差异(Ngai et al.,2007)、引入资本深化(Acemoglu et al.,2008)，来适度修正鲍莫尔的“成本病”模型，以此提高结构变迁与总量平衡增长的兼容程度。

从需求、供给方面的结构性表现探析长期经济增长问题的思路，同样引起了国

内学者的广泛关注。

需求视角下的研究重点主要集中在两个方面。其一，需求结构失衡状态的判定。较为成熟的判定方法是依据“钱纳里工业化阶段标准”的框架，对消费量、投资率与两者之比进行国际经验比较，据此判定需求结构是否陷入失衡状态。但是这种判定方法缺乏对文化习惯、制度演进等历史基因的考察，也未考虑净出口需求的表现，受到了部分学者的质疑。纪明等(2014)提出将需求结构的判定标准，细分为能够反映样本经济发展历史特征的合理化标准，以及演进特征的高级化标准。张四灿、张云(2018)倾向从利率管制与政府干预的联动过程，来识别总需求结构阶段性失衡的加速器效应。其二，需求结构性动力优化及其对长期经济增长的影响。尽管学界对最优消费率标准、过度投资现象存在与否等问题持有争议，但是大家普遍认为有效提高消费率、抑制过度投资以及优化社会资源在消费、储蓄方面的分配，是破除改革开放以来“低消费、高投资、双顺差”表象下，需求失衡式增长惯性约束的重中之重。而从供给视角识别结构变迁及其对中国长期经济增长表现影响机制的尝试性努力，则是对传统“重需求、轻供给”研究惯性的扭转。

一方面，着重刻画供给结构失衡现象对经济增长表现的影响。谢琪从产出结构与投入结构两个维度的变化，来识别 1978 年以来中国经济增长模式转型的结构特征，认为供给结构失衡积累的深层次矛盾是特定经济增长阶段形成的基础。徐宏潇(2016)认为，新常态下的供给结构失衡表现在生产力与生产关系两个维度，即物质产品供给结构与制度供给结构的双重失衡。

另一方面，从要素供给、公共品供给视角切入，研究供给因素驱动结构转变进而影响长期经济增长的发展。一是要素供给视角的研究。袁富华等认为人力资本结构升级的“壅塞”趋势，阻碍了产业结构升级，以及中国经济增长效率的改善，致使转型增长陷入迟滞。范志勇、赵晓男(2014)的研究发现，劳动人口数量与资本存量的相对丰裕程度，将引起总供给结构在产品供给、要素收入份额与就业弹性的转变。除此以外，以知识部门、绿色产业为代表的新要素供给，被认为具有明显的外溢特征，能够在优化产业结构的同时，实现重新激发增长动力、促进增长转型(张平等，2019；中国经济增长前沿课题组 等，2022)，而制度供给同样被认为是能够驱动资源优化配置，进而缩小增长差距、实现经济转型的要素之一(田国强 等，2022)。二是公共产品供给视角的研究。相对早期的研究，主要是从中国式财政分权造成的公共品供给扭曲来解释地方政府竞争导向下的特殊增长模式与代价(袁渊 等，2011)。现阶段的研究更加注重探讨新常态(李燕凌，2016)、城市化(赵领娣 等，2013)等特定转型背景下，公共品供给扭曲所引发的区域经济增长分化现象、收敛趋势，乃至未来的改革取向。

(2)从供需因素共同推动的结构变化来理解长期经济增长。

从单一视角考察结构变化对长期经济增长产生影响的研究思路，并不符合需求与供给成分同时变动的现实情况。致力于改造偏好函数的研究，需要我们摒弃偏好与技术相互独立的基本假说条件，这构成了引入供给因素分析的现实拉力，而关注于供给因素驱动结构转变进而诱发非平衡增长表现这一理论机制的研究，同样无法彻底回避需求因素的现实影响力。因此，随后的研究沿着如下两个方向进行了优化。

方向一：建立能够同时容纳供给与需求因素的逻辑框架。Rogerson(2008)认识到结构转变的生成机制，既可能源自特定偏好函数带来的收入效应，也可能源自生产率差异诱发的替代效应。Bonatti and Felice(2008)将以生产者投资调整成本为核心的供给因素和以消费者非奇序偏好为核心的需求因素，同时引入两个部门模型，即代表技术进步的制造业部门与反映技术停滞的服务业部门，据此解释发达国家结构变迁和总量平衡增长之间的关系，证实了长期经济增长过程能够同时容纳需求、供给两方面因素驱动的结构变迁。

方向二：引入能够更好模拟现实情境的变量，来提高供需因素的协调性。基于精细化变量的考察包括：对劳动时间分配的追踪(Ngai et al.，2008)、人力资本与技术进步结合方式的探讨(Kaboski，2008)以及经济开放度的提高(Matsuyama，2002)。上述文献的主旨虽然各有侧重，但却为提高供需因素协调性的研究，提供了极具借鉴意义的研究视角。

不少学者也从供、需双侧结构变化来阐释中国的长期经济增长表现。对于中华人民共和国成立以后中国成功实现经济快速增长的解读，张斌、茅锐(2016)认为工业化赶超战略的作用功不可没，但是政府之手借助特殊政策，对工业部门与非工业部门分别形成的“推、拉”力量，通过干预要素供给流向、扭曲消费需求、压低资本边际回报率三大渠道，诱发了平衡增长路径上的结构失衡困境。

2.基于系统演化观来理解结构变迁过程对长期经济增长产生的影响

从系统演化视角切入的文献，通过重新定义结构转变与经济增长来刻画两者之间的动态关系，有效规避了主流经济学研究框架构建需要面对的供、需兼容难题。

(1)结构变迁、经济增长及其相互关系：基于系统演化视角的再阐释。

该类文献依据复杂种群思维(complex population thinking)与演化增长观，前者将经济系统的结构变化，重新抽象为层级内外互动关系的产物，重点探寻关联机制的生成逻辑及其引发的系统性结果；后者将经济增长视为具有复杂自组织特征的系统演化过程，旨在回答“知识是如何被创造、应用并驱动财富的增长”(Northover，1999)。系统演化视角下的文献更加强调结构变迁与经济增长之间的互动关系，认为经济增长作为系统性演化过程，本身就具有结构变迁的动力，表现为系统内多样性的变化；而结构变迁也能够通过特定机制，进一步改变系统多样性来驱动经济增长的再次演化，通过追踪经济系统在数量与质量上的双重动态表现，可以识别经济演化增长呈现出的阶段性结构变迁特征，以及再造出的结构性变迁动力。

(2)从系统演化视角重新认识结构变迁在长期经济增长过程中的特殊作用。

较主流经济学而言，系统演化视角下的研究更加关注结构变迁在长期经济增长过程中的以下功能，但是从该视角解释中国问题的文献相对较少。

其一，更新经济增长的性质判定。承认多创新涌现并改变系统组成的可能性，即经济非均衡动态增长的现实特征，并将偶然出现的均衡点，视为长期经济增长非均衡演进路径上的特殊状态(Foster et al.,2009)。

其二，丰富经济增长的动力认知。关注内生于系统演化过程的结构性动力，即多样性特征增强与减弱的生成、扩散机制。试图通过追溯特定历史阶段系统层级生产率差异诱发资源重置的具体机制，来识别特殊经济增长表现的结构性动力。这一思路源自纳尔逊和温特(1997)提出的 NW 模型(Newman-Watts 小世界网络模型)。而 Pier Paolo Saviotti and Andreas Pyka 提出的演化增长模型，将单个部门的结构化变迁过程，拓展到整个经济系统。后经 Saviotti and Pyka(2004,2008)的模拟检验，进一步识别了技术机会涌现、学习速度、搜寻效率等变量，是经济系统结构化演进的具体机制。杨虎涛、陈国涛(2010)认为 SP 模型研究的深化，有助于理解发展中国家追赶进程中的产业演进路径，以及需求、就业等变量驱动的经济发展表现。郑维伟等(2023)建立“动力—效率—质量”理论框架，阐释循环因果关系引起的区域发展质量演化规律。

其三，增强经济增长一般规律与特殊现象的现实解释力。主要研究围绕结构性动力的协调演化关系、网络化载体的创新建构以及基于特殊情景的表现方式展开，代表观点包括：时晓虹等(2014)认为考察网络结构形态演进内生出的关联机制，有助于阐释特殊反馈循环及其诱发的路径偏离、锁定、突破等特殊状态出现的合理性与必然性。黄凯南(2016)通过考察供给、需求两侧的结构变迁及其协同演化，来理解制度、技术变量影响长期经济增长阶段性演进的一般逻辑机理。在载体上，周建等(2022)从创新结构的视角出发，针对基础与应用的差异化导向，指明两者在创新政策中互馈关系的建立对于演化增长具有积极作用。张平(2020)从经济与非经济的结构性因素出发，提出人的发展的福利目标导向与意识形态的正向反馈机制，对于中国经济增长路径向高质量发展转换至关重要。

2.2 现有研究的评价

2.2.1 有关制度视角研究文献的评价

对中国长期经济增长过程进行制度思考的文献数量众多，刻画并阐释经济增长轨迹的生成逻辑，构成了此类研究的基础命题。据此衍生出了增长动能识别、模式差异探讨、具体路径选择，以及经验教训总结等诸多热点问题。

从研究对象涉及的范畴来看，能够从制度框架的一般性整体跃迁过程，来理解经济增长的阶段性差异，但是其中存在将经济转型局限于体制转轨的层级分割式研究惯性，致使增长范畴与转型范畴的研究，在制度变迁的理论选择、过程刻画等方面难以达成共识。对于这一问题，张建辉、靳涛(2011b)的观点颇具启发意义，即增长与转型本就是同一硬币的正反面，中国经济的转型问题在本质上等同于增长问题。因此，无论是从长期经济增长中，识别特殊化制度变迁效果诱发的转型特征，还是将经济增长看作是一般性制度变迁累积效应带来的阶段性转型成果，都需要重新明确研究对象及其层级归属，才能建构起一般化且具有延展潜能的理论体系。

从研究深化依托的共识来看，此类文献普遍认同：相较于要素禀赋与技术水平，制度因素对中国经济盛衰转化的作用更为重要，沿着制度变迁的轨迹，可以探明国别增长属性差异的生成机理。但是制度变迁与增长演进可能存在的反向作用关系，这意味着经济增长的阶段性表现，构成下一轮制度变迁的逻辑起点，而现有研究多集中于探讨一次性制度变迁的影响，普遍缺乏对“制度变迁—增长演进”反复、链式作用过程的追踪。如果说剔除上述反向因果关系的工作，是复杂且重要的。那么，还原增长阶段性演进生发出的制度继承、创新与替代力量，则是更加接近并把握真实经济增长趋势性特征的前提。

从研究框架构建的偏好来看，过于凸显制度重要性的做法，容易出现强行剥离要素、技术等增长影响因素的倾向，不仅削减了制度激励约束作用的实施对象，也容易陷入一元制度决定论的批判泥沼。与此同时，未能追踪制度构架内部各组成部分“主导—从属”动态关系的研究文献，难以回答制度构架中的哪些部分对中国经济的阶段性表现更为重要，也容易在国别研究中出现经验应用的普适倾向，丧失对“制度移植”可行性的判断意识。

2.2.2　有关技术视角研究文献的评价

从现有文献来看，刻画中国经济增长技术动力的研究，涌现出了许多新观点与新思路，其核心变化与深化空间表现在以下三个方面。

其一，摒弃静态思维束缚，反思中国技术内涵的历史、动态特征。其旨在阐释不同历史阶段技术因素与经济增长关联效应的文献，对于技术内涵的界定以及动态特征的刻画，均存在明显差异。这说明技术变量的时序属性与变化环境逐渐受到学界的重视。但是缺乏从长期、连续的宏大历史视域，来理解特定时期下中国技术内涵界定、阶段性表现的合理性与必然性，特别是技术进步链式反应机制及其对经济转型增长历史作用的整体性探讨，致使古代与近现代技术进步的增长或者转型效应刻画出现了明显脱节。

其二，重视技术因素与其他因素的相互关联。现有文献越来越趋向于接受这样的观点，即技术进步的生产力作用会受到技术以外多重因素的影响，特别是技术变量与资源约束、资本积累、贸易行为以及制度环境等变量的协调匹配程度，会直接影响经济增长效果的实现。但是从超长期视域追溯中国技术进步生发机制的研究实属凤毛麟角，与之相关联且急需解答的问题是，什么样的技术进步及其生成环境对中国经济增长是有效的？特定历史时期转型增长进程终止、滞后或者推进，是单一技术因素造成的，还是技术与其他因素共同作用的结果？

其三，突出技术进步的非线性作用。无论是追溯技术演进的规律，还是从增长源泉的分解来测算技术的实际贡献，都需要符合不同历史背景下的基本国情。中国作为发展中大国，自鸦片战争时期就萌生出了追赶的意愿。尽管现有研究已经关注到开放条件下技术差距对技术进步的重要性，以及不同路径可能引发的差异化增长效果。但是单一收敛或者发散的认知惯性，意味着技术进步的非线性作用并未得到有效体现。因此，技术进步视角下的中国经济转型增长研究，至少要能够刻画并解释技术进步路径，对时间维度下经济增长非线性表现的作用。

2.2.3　有关结构视角研究文献的评价

结构视角下的研究文献，突破了传统经济增长理论单一关注数量变化的“狭隘”视域，特别是增长质量观念的引入，不仅能够反映经济增长的阶段性特征，而且更加接近从经济发展视角来审视转型增长的历史价值。与此同时，演化增长理论的出现，也为回归古典经济学宏大分析视角回归作出了尝试性的努力。

一方面，现有文献为结构变迁研究提供了多样化的切入视角，既有集中在宏观层面的“需求—供给”结构分析，也有重点反映发展中国家特殊性的二元经济结构变迁过程追踪，还有着重刻画增长演进特征的“系统—结构”考察视角。但是较少从经济转型增长视域，来考察结构变迁特征及其形成机理，也缺乏直接探析结构变迁过程可能引发转型增长效果的研究。本书认为，结构变迁过程不仅是经济增长范畴的重要命题，将其直接定位在中国经济转型式增长进程，有助于识别结构变迁在特定经济增长背景、约束、动力、理念形成过程中，释放出的转型效果，同时避免对增长阶段之间结构转变特征与作用差异的忽视。与此同时，从结构层面对经济转型增长过程的考察，不应局限在产业结构范畴，而要根据不同历史时期的具体情况，选择能够突出结构转型主要特征的动态化指标予以反映。

另一方面，从现有研究思路的启示意义与拓展空间来看，此类文献突出了结构因素在经济增长阶段性演进中的动力作用，并将经济在数量比例与质量兴衰上的变化表现同时纳入演进程度的考察范畴，为观察转型前后差异与国别特殊表现的研究提供了新的视角与评判标准。而在结构转变的动力认知上，突出了偏好分布、政策选择、技术创新等因素的作用，这种做法无疑是承认了转型增长动力的多元性以及过程的系统性。但是在实际的应用过程中，却鲜少构建动态、多元化的理论框架，也缺乏阶段性的比较分析，致使研究能够体现增长转型过程中总量变化以外的结构特征，但是难以回答这种结构镜像是如何转化为转型增长动力，或者说结构性动力形成的深层次、长时期根源是什么。

2.3　研究启示与分析视角提出

在回顾并评述国内外解读长期经济增长一般形成机制，以及中国版本特殊表现的研究文献之后，依据所得启示提出本书的研究视角（图 2－1），即以“多元主义精神”为指导、以历史大转型为基础、以系统演化为认知、以现实指引为目的的研究视角。

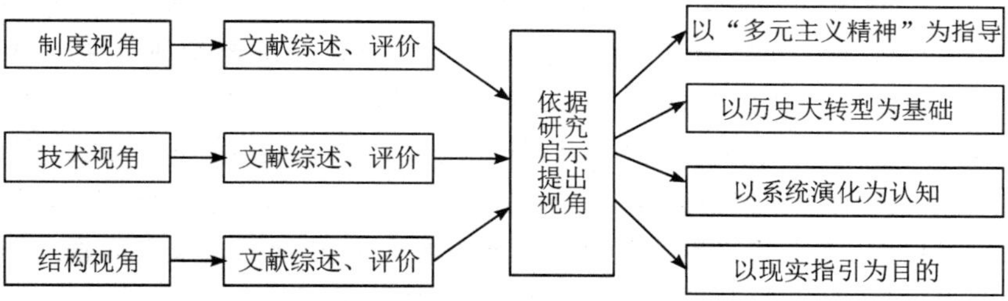

图 2－1　研究视角提出的文献述评依据

其一，国内外在长期经济增长研究过程中涌现出的制度、技术与结构维度阐释成果，或是各有侧重，或是互为补充，当然也有碰撞、驳斥的情况，这为本书理论框架的构建以及研究过程的开展，提供了宝贵的经验、丰富的材料以及进一步思考的空间，也充分证明了长期经济增长形成机制命题的跨学科属性与复杂特征。因此，本书研究视角的确立，尽可能广泛地从现有成果中筛选可供借鉴的成分，摒弃传统学科壁垒下故步自封的研究倾向，以“多元主义精神”为指导，从思想竞争与对话中，尽可能靠近并理解真实的中国经济长期转型增长过程。

其二，长期视角下的经济探索多被局限在经济史的范畴，采用理论与历史相互结合的研究思路，来理解中国经济增长过程的成果相对薄弱[①]。与此同时，现有文献多采用增长与转型相互割裂、分别考察的做法，鲜有从转型视角对中国长期经济增长直接进行性质定位的研究。本书认为，经济增长表现中国版本的刻画与阐释，应该采用考虑历史情境的“故事叙事方式”，以及符合中国转型增长性质定位事实

①究其原因，长时段的研究通常难以符合主流经济学“叙述方式”所倡导的逻辑自洽、模型构建、计量检验等常规化研究流程，而以历史比较、逻辑思辨为核心的定性分析，又难以摆脱“无根据推断”的认知烙印。

的认知思维。而历史大转型视角的建立，有助于从超长期理解并判断中国经济增长形成机制的特殊性与历史价值。毕竟，任何一个国家都不存在普适性的“锦囊”，去应对转型增长过程的不确定性。

其三，现有研究多是将制度、技术或者结构的某一个维度，作为阐释中国经济长期增长表现的立论主体，缺乏能够有效统一并融合三大动力的理论框架，因而难以协调转型增长的整体过程把握与阶段性特征考察。因此，本书试图从系统演进的视角，来理解制度适宜性变迁、技术进步框架跳跃、经济结构转变三大过程，与中国经济长期转型增长的动态关联效应，以期从历史事实中探寻转型增长阶段性动力切换的逻辑依据。

其四，受制于本体、认知与方法的局限，致力于历史分析、现实刻画与趋势预测的转型、增长研究文献之间，难以形成有效借鉴，而经济史研究的疏离特征最为明显。但是从近期的评述性文献中可以看出，越来越多的学者试图强化这样的观点：经济史层面研究不仅需要钩沉索隐，追溯“往古的迹象”；更要发现贯穿历史进程中的基本规律，探寻“当代的鉴戒与后世的启示”。因此，本书采用以现实指引为目的的研究视角，试图突显历史研究本应具备的两大社会功能：第一，将经验性规律的总结与应用上升到中国经济转型增长道路自信与历史反思的范畴，以期形成具有借鉴意义的启示。第二，立足于经济转型增长阶段性转换的历史新阶段，以经济发展新常态为逻辑起点，探寻质量发展新时代宏观情景下诸多表象、特征、趋势的长期形成逻辑，以期形成具有创新意义的新认知。

第3章　经济转型增长分析的逻辑机理

如果说具有实践指向性质的理论模型，能够彰显逻辑演绎的美感，那么历史分析的初衷，在于规避真实属性与有用价值两难抉择下的工具主义滥觞。从这一角度来看，经济转型增长理论研究的展开，不仅需要尊重并立足于历史事实，而且要将历史与逻辑作以统一。以此为基点，本章作出的努力在于：一方面，从现有研究的差异化认知入手，在全面反思的基础上提出拓展思路，认为经济转型增长问题的研究，应该回到真实的“增长、转型、发展”的历史过程；另一方面，在“理论界定—特征识别—框架构建”环节，承认理性构建与自发演进的作用，同时凸显经济转型增长历史过程实现的系统复杂属性，并尽可能兼顾不同时期中国元素在理论框架中的特殊表达。

3.1　经济转型增长分析的界定

3.1.1　现有争论的反思

基于差异化认知产生的经济转型增长理论争论，主要集中在以下三个方面。

其一，理论归属差异引发研究内涵争论，即经济转型增长是“经济增长”还是“经济转型”的概念。前者将经济转型看作长期经济增长过程中的特征事件，侧重于研究转型前后增长本质的差异，衍生出特定转型背景下“经济增长模式转变”“经济增长动力切换”“经济增长数量与形态演进”等一系列命题；后者以长期经济增长过程为背景，着重刻画转型特征的阶段性演进过程，不仅包括“转型”与“过渡”“改革”“转轨”等一系列相近概念的区分，也涉及经济转型阶段性划分、驱动因素提取、评估指标构建与演进趋势识别等内容的争论。

其二，学科归属差异引发研究层次争论，即经济转型增长研究是否涉及文明转型、社会转型、政治转型等层面的内容。根据现有研究者的学科背景差异，可以将经济转型增长研究划分为三个层次：一是文明转换层面，倾向将经济转型增长置于世界文明演进的大背景之下进行研究；二是社会变迁层面，特别重视从政治转型、经济转型、文化转型等多维度、复合化的社会动态变迁过程，来研究经济转型增长；三是经济演进层面，从经济的非均衡演进过程入手，探讨经济转型增长在资源约束条件、经济体制、技术进步动力等方面呈现出的动态特征。

其三，认识论差异引发研究范畴争论，即经济转型增长是现象范畴的研究还是理论范畴的研究。其中，具体现象范畴的研究，强调研究对象的选取应有明显的时空界定，侧重分析经济转型增长驱动因素的触发机制、交互影响与作用强度及其在特定时段、地区的具体表现，认为经济转型增长过程的追溯与经验规律的总结，不具有普适价值。抽象理论范畴的研究，突出长期经济转型增长阶段性演进过程的根本性差异与逻辑递进关系，认为历史时空下各个组成阶段的“异质性”特征，并不妨碍阶段之间“相关性”与“继承性”的表达，诸多新、旧驱动因素在时间、空间上的继起与并存，是理解经济转型增长在演进方向、实现过程与最终结果等环节呈现根本性差异的认知基础，相较于现象范畴的研究，更能揭示转型增长过程的共性特征与一般性规律，也有助于在案例分析过程中建立具有可比性的评估标准。

上述争论固然有助于经济转型增长探索冲破狭隘的理论、学科与认知界限，但是也反映出现有研究的缺陷。

首先，大历史观欠缺。经济转型增长作为连续、动态历史演进过程不断积累、继承与修正的产物，无论是一般理论框架的构建，还是案例分析层面的比较研究，都需要还原其依存的历史背景与社会特征。而现有研究或是忽略长期转型增长与历史环境的相互牵制，或是割裂转型历史过程与增长历史过程的相互联系，抑或在解构历史与还原历史的过程中急于施以道德论断，人为放大某一次转型增长的历史价值，消解长期转型增长的逻辑递进关系，致使不少成果出现缺乏历史观念、割裂历史演进、对立历史阶段的倾向（贺新元，2013）。

其次，学科融合不足。尽管转型增长研究的学科化倾向有利于提高纵深研究的效率与精细化程度，但却容易陷入概念混淆、方法单一、思路雷同、论点分散的研究困境。特别是在经济学学科范畴内，已开展的研究大多倾向从模型化、标准化的角度，进行内涵界定、资料取舍与逻辑推演。据此提出的各类研究假说、构建的理论框架以及设计的量化思路，对其他学科研究成果的吸收与借鉴极其有限。这不仅有悖于转型增长内涵宏大、复杂的特征，而且降低了演进过程中时空共存规律与多样化路径的实际解释力。

最后，理论之间的协调性有限。一方面，现有研究多集中于转型、增长或者发展的某一方面，既无法从经济发展状态阶段性演进的大趋势，去理解特定转型增长过程出现的合理性与必然性，也无法辨识特定历史阶段转型、增长与发展互动逻辑下的矛盾演化关系。另一方面，以逻辑演绎为基础的经济转型增长理论较为匮乏，且未能与国别层面的案例比较研究形成协调、互补之势（周冰，2004），急需构建一般化、规律化的经济转型增长理论体系和具有信服力的比较研究理论框架。

3.1.2 研究思路的拓展

只有将经济的转型过程与增长过程视为相互交织、协同演进的整体，从更为广阔的历史视角予以全面回顾，才能够厘清历次转型增长形成的内在逻辑关系，把握某一次转型在长期经济增长过程中的必然趋势与特殊意义。

聚焦于历史过程的经济转型增长分析，能够识别转型过程和增长过程在长期转型增长大趋势中的相互影响与实际效果。经济转型与经济增长的阶段性演进过程，彼此交织且不可分割，两者共同汇集成的大趋势，也具有阶段性演进的特征。无论是把握某一次经济转型在长期增长过程中所起到的作用，还是识别长期增长过程中历次转型生成的内在逻辑，抑或从转型增长的大趋势中勾勒演化轨迹、厘清形成机制、总结经验教训，都需要从一般化的历史过程中入手，才能够以逻辑一致为前提，有效识别不同阶段转型过程与增长过程的特殊关系，合理评价历次转型增长在长期历史过程中的作用。

聚焦于历史过程的经济转型增长分析，能够整合现有假说，并形成基于历史事实解释与批判的理论体系。从大历史观的视角来看，经济转型增长既内含于文明背景动态转换的社会发展过程，也受到世界经济体系持续重组的影响，绝非生产力变革、经济组织演进等单一因素推动的结果，而是"作为一个有机整体不断进行次序变化"的阶段性表现。因此，将经济转型增长重置于连续、动态的历史过程，既是整合现有假说并完成逻辑抽象的前提条件，也是检验理论体系历史解释程度、现实观照能力与趋势判断功能的实践基础。

聚焦于历史过程的经济转型增长分析，能够凸显一般理论框架构建与特殊现象观察两种研究思路的互补性。前者有助于从转型发生与演进的本质属性出发，构建其历史分析的解释框架，理解经济增长过程中不断偏离的量变累积是如何引起质变飞跃并借助转型予以表达的；后者有助于刻画经济转型增长随时间、地域维度变化涌现出的异质性特征，追溯游离于一般规律之外的特殊现象、过程与路径的历史形成机制。

3.1.3 基本概念的界定

1. 经济转型增长分析的理论内涵

经济转型增长是一个长期的历史过程，符合社会历史问题的共有特征，即转型增长逻辑再现历史演进过程，而历史演进过程不断生成新的转型增长逻辑。从历史唯物主义的视域来看，历史过程中的事件涌现及其先后顺序具有偶然性，但是支配某种先后顺序重复显现的历史规律却具有必然性。因此，经济转型增长的历史分析，不仅需要借助实证主义、解构主义来完成现象识别与解读，还需要依托多维度的大历史观、秉承"逻辑与历史相统一"的分析方法，对其进行规律性研究。据此破除一般性理论构建与历史特征现象解读之间的两难抉择困境（霍奇逊，2008）。其内核在于：构建能够融合共性规律与异质性特征的理论解释框架，还原、阐释并总结"转型、增长、发展"这一不可分割历史过程，特别是演进表现、形成逻辑与经验规律，具体包括以下四方面的内容。

其一，经济转型增长分析，依托于多维度的大历史观。经济转型增长作为进程、趋势和特定共时结构下的具体表现集合，其历史分析需要立足于时间的连续性与整体的独立性，来辨识并理解经济转型增长过程在现象、规律以及状态层面的新旧界限与演进趋势。黄仁宇(2001)推崇的大历史观，可以追溯至法国年鉴学派提出的“整体史观”①。“整体史观”不仅能够将宏观视野和微小细节辩证统一于历史过程，而且更加注重对大历史轮廓的延展、研究视野的拓宽，以及历史趋势中“大环节”作用的考察，体现了萨伊德在东方历史问题研究中，所强调的“从精神上产生的疏离与慷慨”(spiritual detachment and generosity)。经济转型增长分析依托的大历史观，可以划分为三个维度：反映大历史轮廓中文明趋势演进刚性界限的文明转换历史观，破除研究视野时空束缚的动态比较历史观，以及体现“大环节”与大趋势复杂作用关系的系统演化历史观。

其二，经济转型增长分析，是对转型、增长与发展不可分割历史过程的理论反思、实践探索与经验总结。首先，要追溯转型增长的初始条件与逻辑起点，即不同国家在特定发展阶段所处的外部环境、呈现出的基本国情以及面临的资源环境约束；其次，要识别长期经济增长过程中的转型特征，并立足于路径依赖与理性建构的互动过程，以阐释转型特征生成的动力机制；最后，要厘清转型动力机制促进新一轮经济非均衡增长的实现路径与发展意义。而上述过程，既涉及对经济转型增长形成机制、一般规律以及阶段性特征的理论探索，也包括对不同国家或者地区转型增长多样化实现路径的回顾与反思，同时也是中国经济转型增长历史价值判断、现实状态认知以及未来趋势预测的经验基础。

其三，经济转型增长分析，旨在识别转型增长阶段性演进的驱动因素、具体构成及其非线性作用机制。经济转型增长是一个系统性的概念，涉及转型、增长与发展范畴的诸多变量及其互动关系，传统新古典增长理论使用的线性、均衡分析方法，无法有效解释这一长期历史过程的生成逻辑与现象差异。经济转型增长分析作为对现有理论缺陷的反思以及研究思路的拓展，认为转型增长理论体系的完善，离不开历史维度的补缺，既要识别“制度—技术—结构”动力系统在转型增长阶段性演进过程中起到的非线性、非定向反馈作用，也要厘清上述反馈过程与经济发展状态转换之间的逻辑递进关系。

其四，经济转型增长分析，同时突出全球视角与中国元素在一般规律性研究中的重要性。全球视角的运用，有助于观察国际秩序变动、经济长周期演进过程及其伴生的观念性机制、资源配置导向与基本分工格局，进而识别上述内容可能对中国经济转型增长产生的阶段性影响。而中国元素的体现，需要同时建立在逻辑抽象与历史例证的基础之上，前者旨在构建能够解释“中国特色现象”的弹性理论体系，

①“整体史观”更为关注宏观视野、结构意识与整体思维在历史研究中的统一。

后者需要从中国经济转型增长的长期动态演进趋势与运行细节中，识别历次转型增长的逻辑起点，验证历史多样性下“中国道路”的合理性与必然性。两者的融合，既要合理判断中国元素在全球经济转型增长演进重大命题中释放出的规模力量，又要避免过度强调中国特色而忽视转型增长规律性研究的一般意义（钱颖一，2015）。

2. 经济转型增长分析的研究层次

经济转型增长不是单一的转型问题，或者增长问题，其形成过程，既要符合世界文明演进与经济体系变动的大趋势，也要以特定历史背景下发展程度判断、驱动因素识别等转型实践为基础。因此，从总体上来看，经济转型增长分析既是大转型分析，涉及不同时期的重大特征历史事件与内容广泛、类型多样、规模不一的诸多转型；也是演化增长分析，需要探讨多层次转型因素驱动经济非均衡演进的内在逻辑。其研究层次包括以下三个方面。

其一，演进背景追溯层次的文明转型与世界经济体系转型。从世界文明形态的历史演进来看，无论是主导文明的转换，还是“多元现代性”文明的出现，都会创造出特定的社会、经济、文化交往范围，进而影响生产力的发展，即马克思在其经典著作《德意志意识形态》中，强调的“交往与生产力”的互动关系。世界经济体系作为特殊的研究单位，能够反映建立在多样文明碰撞、冲突与融合基础上的“民族分工”及其演进特征。相对缓慢、渐进的世界文明与经济体系阶段性转型，共同构成制约人类行为与认知演进的趋势性因素，也是经济转型增长历时性与共识性研究相统一的基础。

其二，发展程度判断层次的社会转型。考虑到不同国家在现代化进程中，真实存在的初始禀赋、具体国情与战略目标差异，我们既需要对不同时期经济转型增长依托的社会发展阶段进行定位，也需要考察其暗含的两大发展意义。即在传统社会向现代化社会转型过程中，自身在世界范围内“隶属层级位置”的变化，以及特殊发展逻辑在多样化社会转型路径中的意义。从这个角度来看，发展程度判断层次的研究，能够同时反映转型增长的约束条件与最终诉求。

其三，驱动因素识别层次的制度、技术与结构“三重系统性转型”。其中，制度层面的转型，关注于多元制度体系的互动变迁过程，旨在探寻特定时期政治、经济、文化体制的形成逻辑及其衍生出的资本积累动力；技术层面的转型，重点考察技术进步框架的整体、不规则跳跃，旨在追溯经济增长方式转变的技术动力基础；结构层面的转型，集中于经济演化增长伴生的数量比例与经济形态变化，旨在发现转型增长非均衡演进的结构性动力。上述三重动力的互动与耦合，共同构成驱动因素识别层次的研究重点。

3. 经济转型增长分析的研究范畴

经济转型增长是一个历时性与共时性并重的问题。其中，历时性说明通过串联历次转型增长阶段,能够还原、阐释并识别经济转型增长的具体过程、形成机制与长期趋势,共时性意味着特定时期内不同转型增长的影响因素、驱动力量与实现路径,存在共存或者消解、协调或者对抗、趋同或者分化的可能。历时性与共时性的调和,不仅需要明晰研究涉及的时空范畴,诚如恩格斯所说,"历史从哪里开始,思想进程也应当从哪里开始"①,还需要借助显性历史现象与隐形逻辑实质相统一的分析方法,对转型增长历史分析的现象范畴与本质范畴重新作以界定。

从时间范畴来看,经济转型增长分析涉及的时间范畴,有别于传统经济史研究的认知共识,需要将农业革命之前零散的"生产、经济活动"纳入研究范畴,据此追溯在传统社会向现代社会演进的大趋势下,具有高度相似性的社会基础是如何孕育出经济转型增长,又是如何在差异化的路径演进过程中走向分化的。因此,具有分水岭意义的诸多转折点,不能被视为经济转型增长历史过程的起始点②。与此同时,为突破经济史研究历史化倾向远离现实的思维惯性,本书将时间范畴向后延伸至新常态时期,目的在于增强理论框架对当前情景的解释力。毕竟任何已经发生的经济事实,不仅构成了过去的历史,也造成了当前的事实。

从空间范畴来看,经济转型增长分析,旨在摒弃"中心论"与"泛化"转型增长研究的倾向。以文明转换背景下世界经济格局的动态演进为参照系,根据历次转型增长的实质与特征,灵活选择具有代表性的转型增长演进路径进行对比分析。在提取转型增长阶段性演进一般规律的同时,从国别、类别角度,探寻转型增长多样性的触发机制、相互影响与继承表达,通过追溯世界范围内转型增长的扩散机制及其诱发的核心、边缘经济形态转换结果,来辨识历次中国经济转型增长的进化程度及世界价值。

从现象范畴来看,经济转型增长作为一般性与特殊性、普遍性与多样性相统一的历史过程,其暗含的共性特征和个性差异,构成了经济转型增长分析现象范畴的两大任务。其一,从纵向维度识别不同历史阶段经济转型增长特定驱动因素的自身演化特征,以及不同因素在具体构成、相互作用方面呈现出的共性特征与个性差异,据此解释这些具有逻辑继承关系的阶段性现象如何汇集成为转型增长的大趋势;其二,从横向维度识别处于相似转型增长阶段的国家或者地区,在战略选择、推进手段、实现路径等方面呈现出的共性特征与个性差异,据此探寻转型增长绩效表现的决定因素、长期趋势以及优化空间。

从实质范畴来看,经济转型增长贯穿整个历史进程,但是不同阶段的共性特征、具体现象与突出问题有所差异,这意味着使用单一因素,或者线性思维进行研

①《马克思恩格斯文集》(第2卷),北京:人民出版社,2009年版,第603页。

②无论是世界经济史研究还是国别经济史研究都倾向于将1500年视为研究的起始点,既是因为这一世纪之交承载着众多历史重大事件,也是由于在此之前的人类还未能形成大规模、有组织的生产活动,相比之下,本书更重视这一时间节点具有的分界功能。

究,既无法克服用现象解释现象的困境,也可能落入相互证伪的争议怪圈。因此,经济转型增长分析必须能够触及问题的本质,通过构建多变量、非线性理论解释框架,厘清经济增长演进过程中各驱动因素之间的继起顺序,解释量变累积引起质变飞跃的形成逻辑,并探寻隐藏在转型增长多样化演进路径与经济兴衰表现下的一般规律。

3.2　经济转型增长分析的特征

3.2.1　长期比较特征

经济转型增长作为经济系统在时间维度上发生的复杂、不规则变化过程,显化为增长数量、效率、趋势等统计指标的相对变化,以及既有经济形态、资源配置方式、制度架构等多层次内容的瓦解与重构。这既凸显了区别于既有经济增长过程的新规律与新特征,也构成了国家、地区层面经济长期转型增长历史趋势的重要组成部分。因此,经济转型增长分析,需要借助长期、比较的研究视角,重新审视时空维度下增长机制形成与转换的历史过程。

一方面,承认经济转型增长过程的系统性与复杂性,借助长期比较分析方法,还原并描述特定时期经济增长机制的具体构成与特征表现。经济转型增长作为一个由多种因素共同驱动的连续、不平衡变化过程,其依托的经济系统,不断与社会、政治、文化等系统产生交互作用,需要借助长期分析,从多元系统组成中,抽象出经济转型增长的具体影响变量。在区分特定时期经济转型增长驱动因素与抑制因素的基础上,追溯这些变量如何通过相互博弈驱动特定增长机制的形成,并显化为多样性的构成与特征。比较分析有助于理解经济转型增长呈现出的不平衡特征,特别是在转型速度、规模、绩效等方面呈现出的差异性,以及机制构建、路径选择的多样性。

另一方面,承认经济转型增长过程的相对性与历史继承性,借助长期比较分析,识别并理解增长机制动态转换的背景条件变化与历史形成逻辑。不同阶段的经济转型增长共存于长期且具有内在联系的历史过程中,不存在明显的时间、地域界限,其内含的逻辑递进关系,体现在转型增长目标演进、战略形成与路径选择等众多方面的历史继承与实践创新过程中。长期分析不仅有助于把握特定时空维度下增长机制动态转换诱发因素的相互作用与继起关系,也有助于厘清经济系统性转型过程中的众多渐进与突变趋势是如何驱动经济转型增长顺利实现的。而不同样本层面的横向比较,以及转型增长阶段性演进的纵向比较,有助于理解时空维度下新旧增长机制并存或者继起的深层次原因,进而区分经济转型增长的一般性规律与属于中国经济转型增长的独有规律。

3.2.2 动态演进特征

经济转型增长作为社会连续、非均衡发展过程在经济系统的集中反映，是外部环境不规则变化、历史依赖趋势和行为主体理性认知构建共同作用的结果，具有动态演进的特征。

从经济转型增长的触发条件与驱动因素来看，前者既可能来源于经济系统内、外压力的消解、累积与转化过程，也可能来源于重大特征事件的不规则催化作用。触发因素的动态演进特征，构成了既有经济增长过程脱离历史轨道、发生转换的重要契机。后者反映了经济转型增长过程的复杂性，涉及政治、经济、文化等领域的众多变量。这些变量本身的动态特征及其非线性作用关系，构成了经济转型增长过程非均衡演进的动力源。

从驱动经济转型增长的主体构成、实现方式与路径选择来看，经济增长的阶段性转换，可以理解为行为主体在降低历史沉淀成本与理性认知构建两大过程中，作出的一系列权衡，并选择特定的实现方式与路径进行适应性调整。其演进特征体现在三个方面：其一，驱动主体的构成随认知分布与利益结构发生变化；其二，实现方式在平滑与突变之间不断反复；其三，路径选择受到理论探索与经验实践的共同影响。

从经济转型增长的绩效评价与经验规律来看，一方面，世界文明“连续、缓慢而又剧烈变化”的扬弃、融合与重构过程，能够制造出文明趋势演进的刚性界限，不断冲击与影响国别经济转型增长绩效评价的价值判断内核，以及经验规律的认知程度；另一方面，资源禀赋、制度环境、社会阶层等国别差异的动态演进，会赋予时间、地域维度下的经济转型增长以特定的社会、政治、经济历史意义，从而引导价值判断内核与经验认知不断瓦解、更新与重构。

因此，经济转型增长分析是动态演进分析，需要在识别经济转型增长触发条件、驱动因素的基础上，探寻经济增长过程的转换逻辑。借助全球经济秩序变化与中国历史大转型相结合的动态演进视角，重新认识不同经济转型增长阶段的历史价值与经验规律。

3.2.3 制度变迁特征

制度作为一种能够影响经济主体行为选择的稀缺资源，具有历史继承性与实践创造性。其具体结构的累积变化，既可能在特定时期激发或者创造出区别于原始经济增长过程的转型机会，也可能对经济转型的目标演进、过程控制、路径选择、绩效变化等内容，产生直接或者间接影响。

首先，制度变迁初始点的敏感性特征，会对经济转型增长的目标演进与战略选择产生特定影响。任何经济转型增长过程的开启，都势必受到制度构架初始状态的约束。作为历史沉淀物与思想模型理性修正的表现，制度变迁初始点的敏感性有所差异(Acemoglu et al.，2005)。它能够通过内生出多样化的主体行为规则体系，来影响转型增长"共有信念"的形成和表现形式的选择。这种"共有信念"，反映了行为主体在经济转型增长不同阶段，对转型目标的具体认知、开启方式，乃至推进战略选择上的一致性程度。

其次，制度变迁内含的激励、约束机制的变化，会对经济转型增长自发演进与理性构建之间的力量博弈产生特定导向。转型增长的推进，既是一个旧制度构架不断瓦解、新制度构架不断形成的动态过程，也是制度功能不断再造并发生作用的过程。这些功能会通过特定的激励、约束机制予以显现，进而改变转型自发演进与理性构建的力量博弈格局，放大或者消解转型增长过程中累积的矛盾。

最后，制度变迁的累积效应，构成经济转型增长路径演化的动力源泉。经济转型增长范畴下的制度变迁，是一个制度构架大规模、深层次、系统性的转换过程，其突变、渐进等多样化方式背后的累积效应，构成了经济增长阶段性演进的内在动力。它不仅能够为经济转型增长路径的生成、转折点的跨越，提供契机与动力；还可以在影响经济转型增长过程稳定性与可持续性的同时，催生出多样化的转型增长演化路径。

因此，制度变迁内嵌于经济转型增长的阶段性演进过程，两者互为依存、相互推动。而经济转型增长分析，作为制度变迁分析的一种，需要在考察特定时期内整个制度构架的更替、创新等演化过程及其表达形式的基础上[①]，厘清阶段性变迁所蕴含的路径依赖与路径创造效应如何转变为结构性变化的抑制与强化机制，进而对长期经济转型增长过程产生影响。

3.2.4 技术进步特征

经典分析范式下，通过技术因素解释长期经济增长的思路，不断被拓展与延伸。这既体现在通过丰富技术进步的内涵、细化技术进步的方式，来解释国别经济增长差异的众多典型事实；也体现在对引起经济增长时序变化的技术进步路径进行深入分析与追踪，从而寻找技术进步路径选择与经济增长演进之间呈现出的规律性特征。上述研究均有力地佐证了一个事实：技术进步的演进，内嵌于长期经济增长的转型过程之中，其发生领域、具体方式、作用程度与实现路径的不断变化，能够充分反映经济转型增长非线性、多样化演进的特征，并且构成了经济增长阶段性转换的动力源泉。

一方面，文明背景转换下，社会、政治、经济、文化维度的国别、历史差异，赋予了技术进步不同的内涵与外延。特定技术进步的发生领域与作用程度，会受到不

①涉及整体或者局部的变革、改革、革新、革命等具体形式。

同经济增长阶段战略选择、模式取向的约束，其方式与路径反映了技术水平变化与经济增长阶段性演进之间适应性匹配过程的具体实现渠道。因此，对经济转型增长过程的分析，离不开对技术进步发生机制、演进路径等内容的梳理与回顾，需要在合理辨别技术进步内涵与外延历史差异的基础上，厘清经济转型增长过程如何促进、抑制特定技术进步方式的形成与成长，而技术进步的自我强化、更新与消亡又如何反映经济增长的阶段性特征。

另一方面，从理论演进与历史事实来看，技术进步驱动经济增长的途径并无定式。他们既可以通过无意识的"干中学"途径，也可以通过有意识地"分化资源进行知识创造"的行为，乃至激发微观主体的"创造性毁灭"功能的方式，来驱动内生经济增长；抑或在耗费必要成本的前提下，借助模仿、引进的途径完成技术的延时扩散，以驱动一定技术差距下的增长赶超。从上述思路来看，经济增长的转型过程，也是技术进步框架与增长动力不断更新的过程。而经济转型增长分析，就是要将技术进步的阶段性演进特征与多样化表现，同时纳入研究范畴。重点分析长期技术进步过程呈现出的规律性特征，以及该过程如何与其他变量相互作用，进而驱动经济增长的阶段性转换。

3.2.5 结构转变特征

经济转型增长作为经济系统在数量比例与形态演进方面发生的一种不规则、持续变化过程，能够反映特定时期经济增长结构效应的即时结果，而长期视角下，结构转变效应的不断累积与抵消，又构成了经济增长过程非均衡演进与阶段性转换的驱动力量。

一方面，结构转变作为经济增长的附属品，在时间、地域维度下，显化为产业份额、生产要素组成、进出口比例等多样化指标变动的一般性规律与异质化现象。它既可能由经济增长过程直接诱发，也可能需要组织、制度变迁的间接催化。鉴于经济增长数量变动与形态演进的动态性、非均衡特征，内嵌于长期转型增长过程的结构转变，还具备历史主义、结构主义双重思辨方式下的反映功能。即为特定时期的经济系统性特征"提供描述性蓝图"，以及反映经济系统"回应某些变化的具体途径"（皮亚杰，1984）。因此，经济转型增长分析，不仅要追溯能够直观反映结构动态转变的数量指标变动趋势，还需要将社会生产与再生产过程中，由生产关系总和变动主导，且能够反映经济增长形态演进规律的社会经济结构转变的宏观过程，纳入经济转型增长分析的研究范畴。

另一方面，经济结构转变内含的逻辑递进关系，构成了新一轮经济转型增长的动力机制。不论是部门生产率变动与需求扩张的共同作用，还是主导部门兴起、衰亡所释放出的扩散效应，均构成了不同时期经济增长的核心引擎。经济增长运行机制的瓦解、更新与重建过程，也是经济结构在平衡与失衡、协调与冲突之间反复变动的体现。经济系统内各组成部分差异化的减弱、迂回、强化趋势，在特定的继起顺序与博弈力量作用下，能够通过抵消效应与累积效应，转化为经济结构主导状态演进的长期趋势，间接驱动经济增长实现方式、路径选择的动态转换，并引起经济增长的非平稳表现①。

因此，经济转型增长分析本质上是结构转变分析，它需要借助短期与长期、数量与质量、诱因与结果等多维度相结合的视角，以全面把握内嵌于转型增长历史过程中的结构转变效应。立足于结构转变的逻辑递进关系，我们就能够深入理解特定时期经济转型增长的形成逻辑。

3.3 经济转型增长分析的理论框架

3.3.1 理论框架构建

从长期、动态、演化视角来探析经济转型增长的历史形成机制，需要将历次重大转型增长视为三个环节相互继起，且具有"制度变迁—技术进步—结构转变"多向度作用机制的动态演进过程，见图 3-1。具体来说：一是制度适宜性变迁驱动资本积累激励机制更新的准备、启动阶段②；二是技术进步框架跳跃促使增长主导

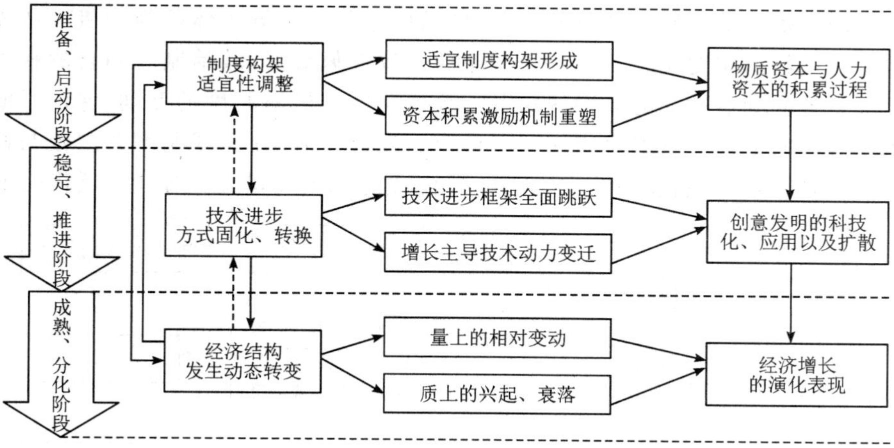

图 3-1 经济转型增长分析的理论框架

---

①结构转变对经济增长的非平稳影响，表现为长期与短期、总量与结构的不一致，即长期增长与短期萧条、总体增长与结构性萧条特征的共存。

②适宜制度(appropriate institution)的提出，既承认了时空维度下制度差异的合理性，也证明了制度变迁与经济发展阶段性演进之间的互动关系，而适宜制度的形成过程，被称为制度适宜性变迁，详见 Gerschenkron(1962)。

技术动力转换的稳定、推进阶段；三是结构转变加剧增长表现、形态发展非均衡演化的成熟、分化阶段。上述三个环节组成的差异化作用机制，共同驱动众多相对稳定状态不断过渡、转化。其时间的连续性，促使不同“常态”[①]得以继承与延续；转型增长的递进逻辑，构成不同“常态”之间的转换动力。但是稳定状态的过渡与转化，并不存在明显的继起界限，可能出现时间上的重叠。

1.经济转型增长的准备、启动阶段：制度适宜性变迁驱动资本积累激励机制更新

经济转型增长的开启，可以看作是行为主体对既有制度构架的适应性调整过程，前期准备涉及“共有信念”的生成与转型增长目标的确立，顺利启动需要制度偏离达到根本性变迁的临界点，并完成资本积累激励机制的更新。

首先，政治制度和经济制度是制度构架中影响经济转型增长非均衡演进最为重要的部分。从制度的基本功能与具体构成来看（图 3－2），制度构架是国家以资源环境变化隐含的要素回报率差异为现实约束条件，对不同主体作出旨在规范动机与行为的安排集合。其中，政治制度是国家在治理过程中，所采用的政府形式及其代理人（政治精英）合法的权力分布（埃塞姆格鲁 等，2006）。特定的政府形式及权力分布，暗含了国家各项事务的治理权以及控制经济资源背后的收益权，这种效率与分配的不可分割性，决定了权力拥有者有动机与能力确立相应的政治发展战略。经济制度是国家为了实现一定的经济目标对不同主体作出的规范性安排，既包括控制要素资源分配方式与界定产权归属，也包括引导主体行为动机和压缩交易费用。当经济制度无法满足行为个体的一致性偏好时，政治制度内含的权力分布会成为各种利益冲突的最终仲裁者。政治制度与经济制度的互动，保证了既定政治发展战略下经济发展模式的顺利形成。除此以外，在正式制度的规范与修正下，政治制度与经济制度中的主流意识形态、思想文化等非正式制度，还将衍生出

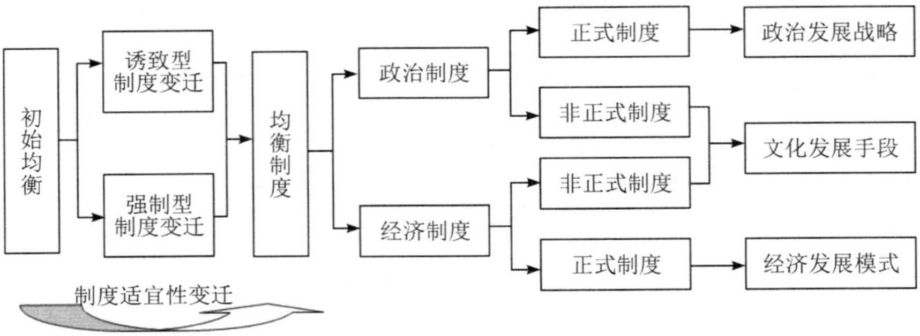

图 3－2　经济转型增长分析涉及的制度架构形成过程

①金碚认为“常态”是一定时期内“大概率”现象与特征事实的集中反映。

特定的文化发展手段，充当各项正式制度之间的向心力与黏合剂，有效降低了制度运行的操作成本，进一步巩固与加强现存制度架构的地位与权威。

其次，制度适宜性变迁的主体与触发因素具有多样性特征。在不考虑政治市场与特殊动机（公平目标、物本理念）的前提下（卢现祥，2004）。制度构架是兼具“掠夺者”与“扶持者”双重身份的国家及其代理人，基于成本收益原则供给的制度资源，具有公共品的性质。它反映了供给者在剥削与服务、租金与税收之间作出的理性权衡，符合相对最优的标准。但是“潜在利润”预期的变化，可能诱发制度供给与需求之间的错位。不规则外部冲击下微小差异的累积效应，也可能触发不可逆的“自然淘汰”过程（哈耶克，1997）。理性建构主义下不同群体的多重秩序行为，同样存在诱发制度变迁的可能。因此，国家及其代理人以外的其他行为主体，也构成了制度调整的动力源。

再次，制度适宜性变迁是多元行为主体路径创造力量与路径依赖力量相互博弈、共同作用的结果，其变迁的偏离程度关系到经济转型增长路径能否顺利生成。多元化的制度变迁主体，既可能通过原始制度构架内的“非遍历性”选择，完成“历史依赖”下的无意识回应，也可能基于有限理性，主动改变原始制度构架的选择集，进行“策略构建”下的有意识创造。在上述两种适应性调整动力的作用下，即使是处于相对稳定状态的制度构架内部，也存在众多不同规模的适宜性调整过程①。但是，这些调整过程仅仅构成转型增长开启的必要条件，只有在短暂、混乱而又有所反复的制度实验之后，完成以信念系统、扩散机制构建为基础的主观认知模型修正，制度偏离才有可能达到根本性制度变迁的临界点，促使经济转型增长路径得以顺利生成。

最后，制度的适宜性变迁还将重塑资本积累的激励、约束机制。其中，制度构架的偏离式变迁，会诱发资本积累激励、约束机制的局部更新；而根本性变迁则会提高更新的强度、范围与可持续性。就制度构架组成要素发挥的具体功能来看，政治正式制度、经济正式制度的变迁，会加速政治发展战略、经济发展模式的转换，进而改变资本积累环节的合法性机会窗口与行为决策导向；政治、经济非正式制度的变迁，将会衍生出多样化的文化发展手段，重塑资本积累的适应性预期。因此，不同类型的制度适宜性变迁，会对资本积累环节的偏好形成、行为选择与实现途径，产生不同程度的激励与约束导向。

综上所述，经济转型增长路径的准备、启动阶段，既是新一轮制度构架进行适宜性调整的开始，也是经济增长资本积累激励机制重塑的契机。而转型增长路径是否能够顺利生成，取决于制度变迁能否在自增强机制的作用下，完成偏离积累并跨过“临界”锁定均衡状态。

---

①例如，既定制度框架下统治层更迭所伴生的政治改革与经济改革多有时效性和地域性。

2. 经济转型增长的稳定、推进阶段：技术进步框架跳跃促使增长主导技术动力转换

经济转型增长已生成路径的稳定与推进，既是一个量变积累引起质变飞跃的过程，也是一个不断修正认知、消解矛盾、调整战略的过程。其关键在于：制度变迁与技术进步的协同演化能否生成驱动技术进步框架发生根本性跳跃的匹配合力，并引起增长主导技术动力的转换。任何的“制度真空、滞后与锁定”以及“技术固化、脱节与失衡”，均有可能引发混乱并阻断转型增长的推进。

在制度适宜性变迁的作用下，资本积累激励、约束机制的更新，能够加速生产创意源泉与创造发明载体的重塑、修正与积累，但是上述过程，仅仅构成了创造发明向科学技术转化的必要条件。与此同时，历史演进视角下技术进步的包容性体现在：它不仅局限于机器、工具的革新，也包括构建主体体系、提升技术管理水平等内容，是一个具有广泛内涵与渐变特征的概念。因此，本书采用技术进步框架跳跃这一术语来反映资本积累环节之后，技术创新、扩散与反馈链式作用的系统化选择过程，并突出这一过程在文明转换、社会演进历史大背景下，呈现出的停滞、反复与跃迁等不规则特征，其核心在于能否完成常规型技术进步方式向突破型技术方式的转换，常规与突破的界限，在不同的历史背景下具有差异化的内涵。

首先，制度变迁与技术进步的协同演化，构成了技术进步框架不规则跳跃的动力源泉。从制度变迁的演化过程来看，多样化主体顺利识别互动场景、更新共同知识、完成相互学习并形成系统规则，是制度构架不断被瓦解与重建的内在实质与根本动力，上述环节的相互加强，促使既有制度构架在自增强机制作用下进入锁定状态。只有当“策略嵌入”行为的参与主体人数、谈判能力达到一定阈值，才有可能诱发新一轮的偏离式变迁，并实现自我解锁。上述制度变迁演化过程内含的“锁定”趋势与“解锁”机会，将会抑制或者激发技术层面的路径构建力量，进而阻碍或者加速技术进步框架的阶段性跳跃。从技术进步的演化过程来看，在蛮横力量直接构造、经济奖惩间接诱致，以及共同演化调整三种方式的作用下（Rip et al.，2001），技术进步层面涌现出的路径构建机会，也可能传导至上层制度，促使趋于稳定的制度构架，在适宜性变迁的作用下出现偏离，并形成匹配制度，这种自下而上的驱动力量，将促使既有技术进步框架发生跳跃。只有当制度变迁与技术进步演化过程中的路径构建力量形成匹配合力时，技术进步框架才有可能发生根本性跳跃。

其次，技术进步框架的不规则跳跃，既是制度变迁与技术进步协同演化的过程，也是转换效应与抵制效应被触发并表达的过程，见表 3－1。当制度适宜性变迁在路径依赖的作用下落入锁定状态，抑或是技术层面的路径构建力量，不足以驱动制度构架发生偏离式变迁并完成自我解锁时，技术进步框架跳跃过程中的抵制效应就会被触发。其中，政治锁定内含的抵制效应将改变机会窗口，影响技

术的合法性程度，阻碍政治发展战略非匹配技术的形成、扩散与反馈；经济锁定释放的抵制效应，会通过控制资源配置、修正利润预期等途径，压缩经济发展模式非匹配技术的转化、应用与扩散空间；认知锁定引发的抵制效应，凭借多样性的文化发展手段，创造、修正或者固化有利于维持既有制度的科技筛选共识。当制度构建力量的"策略嵌入"行为不断汇集，抑或是技术层面路径构建力量创造的盈利新机会、积累的共同新知识与形成的认知新模式，能够吸引上层制度变迁主体不断参与，政治解锁、经济解锁与认知解锁释放出的转换效应，就有可能被触发。具体表现为：在政治发展战略修正过程中，非匹配科技向匹配科技过渡的政治转换效应；在经济发展模式转变过程中，技术进步各环节资源配置优化、预期利润调整引起的经济转换效应；在文化发展手段更新过程中，科技筛选范围重组释放出的认知转换效应。

表 3-1　触发抵制效应与转换效应的不同组合

层面	路径依赖	路径构建力量
制度层面	抵制效应	抵制效应与转换效应相互博弈
技术层面	抵制效应与转换效应相互博弈	转换效应

最后，相互博弈的抵制效应与转换效应共同驱动经济增长主导技术动力体系的转换。从经济增长主导技术动力体系的长期演进来看，突破性技术能否顺利产生并扩张，技术主体、层次与结构是否趋于多元化、复杂化与合理化，以及技术创新、扩散与反馈能否吸收资源环境、国际贸易等外界正向扰动并实现良性循环，共同构成主导技术动力体系优化程度的评判标准。而技术进步框架不规则跳跃释放出的抵制效应与转换效应，会在反复稀释、互相抵消的过程中，直接施力于主导技术动力体系转换的核心环节，并为其提供新的契机以及方向上的指引。

3. 经济转型增长的成熟、分化阶段：结构转变加剧增长表现、形态发展的非均衡演化

伴随着制度的适宜性变迁与技术进步框架的不规则跳跃，趋于稳定的经济转型增长路径，在不断推进的过程中会发生结构层面的转变，既包括能够体现经济系统组成特征的数量比例变动，也包括能够反映经济系统性质特征的形态衰亡或者创生。上述结构层面的变化，构成经济转型增长过程持续深化并走向成熟的逻辑起点与驱动力量。与此同时，考虑到历史背景、地缘政治、宗教文化等经济转型增长诸多依托系统呈现出的国别差异，结构转变力量在引起组成特征与性质变化的同时，有可能触发经济系统内部的选择机制与创新机制，促使经济转型增长在趋于成熟的过程中出现分化。通过路径消解、路径突破以及路径背离，脱离暂时的均衡状态（Sydow et al.，2009）。

首先，结构转变与经济转型增长具有双向互动的演化关系。一方面，结构转变是长期经济转型增长过程中的伴生现象。具体表现为：由战争、灾害、其他社会入侵等不规则冲击，引发的既有经济结构解体；生产率革命性变革、产品收入弹性重新分布等供需因素，共同诱发经济系统内部的结构性转变，即个别组成部分的急剧扩张或者收缩（罗斯托，2001）。另一方面，结构转变构成经济转型增长非均衡演进的驱动力量。区别于新古典增长理论提出的平衡式增长路径，真实的经济转型增长过程，不仅是一个经济系统内多样性成分不断累积与消散的非均衡动态演化过程，也是一个由多方经济主体构成的复杂系统实现自组织的过程，其伴生的结构性转变，能够在选择机制与创新机制的作用下，汇集成为足以驱动经济系统完成新一轮非均衡演化的驱动力量。

其次，经济系统内选择机制与创新机制的触发，能够加速多样性成分的累积、淘汰。经济转型增长作为一种增长状态，其在向另一种增长状态的系统性转变，是多样性成分增强或者减弱到一定程度的产物。而转型增长步入成熟阶段，意味着经济系统内的创新机制与选择机制已经形成，前者能够不断创造出区别于“旧常态”的多样性成分，后者能够将符合特定适宜性标准的多样性成分扩散至经济系统的不同层级。只有当两者形成匹配合力时，多样性成分的创造与累积过程才能够形成良性互动。然而，如果多样性成分的创造目标不符合选择机制依据的适应性标准时，即使是已经被创造出来的多样性成分，也会在多层级扩散过程中被淘汰，其淘汰速度取决于偏离适应性标准的程度。

最后，多样性成分的改变有可能引发经济转型增长的进一步分化。考虑到多方经济主体认知演进的差异，适宜性标准与变革方式的选择，能够影响多样性成分改变的最终结果，见表 3 - 2。当系统内选择机制依据的适宜性标准与创新计划相左时，高强度的选择机制，就会自发剔除新创造出的多样性成分，完成对不符合“历史趋势”适应性标准经济形态的功能性替代，这种建立在传统增长路径自然消解基础上的转型增长较为缓慢，反映的是经济系统生命周期终结的大趋势；然而，低强度的选择机制，往往来源于行为主体为破除路径依赖低效率锁定而采取的修补式变革，多样性成分在割裂的创造、扩散过程中，有可能引起既有经济形态的异化，这种建立在背离传统增长路径基础上的转型增长，能够在短时间内出现，但是容易被累积矛盾干扰、打断。除此以外，如果行为主体能够不断突破认知刚性，采取根本性变革以持续供给出作用方向一致的创新机制与选择机制，多样性成分就能够在创造、扩散的良性互动过程中，累积至既有经济形态的容纳上限，完成既有经济转型增长的过程，并孕育出新一轮的突破性转型增长机会。

表3-2　路径分化类型的比较

分化类型	主导力量	基本特征	数量比例表现	既有经济形态表现
路径消散	筛选机制	自然、缓慢	多样性成分反复生成、消散	趋于衰落
路径背离	创新机制	不可持续	多样性成分占比无法累积至临界点	出现异化
路径创新	创新机制	突破、开新	多样性成分占比越过临界点	彻底转型

3.3.2　中国元素体现

1.制度构架的因素构成及其内部相对主导关系的中国特殊性

中国长期经济转型增长涉及的制度因子，不仅包括能够影响资本积累与技术投资的经济制度，还涉及有助于实现环境、秩序、政权稳定的政治制度。前者的动态属性与后者的稳定属性，可能会引起制度因子变迁方向与程度的错位，从这个层面来看，制度均衡是相对且短暂的。那中国长期经济转型增长进程中的制度变迁，究竟是由政治制度还是经济制度引起的？

本书在理论框架的构建过程中试图体现中国经济史演进的特殊性，即长期转型增长历史过程的形成，不仅是由经济制度及其变迁推动的，政治制度同样起到了不可忽视的作用，对于两者的“主导—从属”关系不愿妄加揣测。而是遵从侯家驹(2008)提出的“正—反—合”辩证分析思路，来识别相对主导关系在长期、整体制度变迁中的动态特征。简而言之，就是将政治制度与经济制度相匹配的“静态”称为“正”，一方出现偏离的“动态”谓之“反”，两者经过适宜性调整再次实现匹配的“静态”即为“合”，同时也是下一阶段制度整体性跃迁初始“正”状态的开始。

诚然，马克思认为经济制度先于政治制度变动引起的“反”，经由“量”的累积会带来“质”变的结果，即上层建筑被动作出适宜性调整，以匹配经济基础来实现“合”。但是对于中国古代，特别是致力于建构的封建专制大国而言，经济制度“量”变到“质”变的累积过程，有可能被过于强大的政治制度纠偏或者打断，此时“合”的实现，就有可能不是上层建筑适应经济基础，而是经济基础被动作出适宜性调整的结果。

除此以外，本书也十分重视意识形态、风俗习惯等非正式制度构建、实施、变迁的作用，重点突出非正式制度的自发特征与自律作用。特别是其在中国经济转型增长过程中可能诱发的“道德判断”，以及衍生出的实施手段选择偏好①，并从范围、程度与时效等方面，进一步考察制度构架各组成部分变迁的协调性。据此解释特殊时期非正式制度变迁滞后、超前可能引起的矛盾冲突，或者改革开放以后，非

①青木彦昌在《比较制度分析》中指出，产权关系与隐性习俗或者显性律文的不一致，均会激发行为主体产生内疚、羞耻和焦虑等“消极的道德感”。

正式制度主动创新、成功嵌入带来的正向激励（Williamson，2009）。

2.技术进步历史内涵及其发生机制的中国特殊性

中国经济长期转型增长进程中的技术进步表现至少应该从三个维度来考察。

其一，技术发明涌现环节的整体性回顾。技术发明受到人口数量、知识累积、意识形态等多种因素的影响，需要对其依托的基础环境、分布的重点领域以及生成的具体方式进行追踪，才能够完整刻画涌现环节的基本特征，而长期视角下的技术进步，作为技术发明及其后续环节的总称，涉及创新、扩散等多个方面。将两者等同起来进而解释技术进步差异形成原因的做法，势必存在随意放大技术发明实质性影响的倾向。特别是对于被认为在耕种、灌溉工具与劳作技能等方面，具有明显优势的中国古代农业大国来说，重新考察技术发明涌现环节的性质，及其在革新、应用与扩散环节的潜能，有助于合理判定特殊历史时期的技术进步水平。

其二，技术革新内容的拓展。重点考察零散涌现出的技术发明是否能够获得必要激励并顺利进入生产环节，涉及生产技术的革新以及技术管理能力的革新。中国历史上不乏创造发明涌现的案例，但是并非所有的创造发明，都能够顺利转化为应用于生产环节的工具技术与操作技术，并实现进一步的革新。主观条件的制约，特别是管理技术及其变革潜力构成了上述过程不可或缺的催化剂。陈勇勤（2012）认为，只有当先进的管理技术能力与先进的生产技术相互组合，才能够发挥最佳的技术力量。前者的落后属性，暗含了主观能动性激发所能够释放的生产技术推动潜力；而后者的相对匮乏，需要破除客观约束条件的制约。

其三，技术应用、扩散环节的追踪。顺利生成并完成革新的技术，不一定会“理所当然”地进入扩散环节，这构成了理解特殊历史时期技术进步与经济增长必然联系被阻断这一假设的重要前提。而技术应用与扩散环节的追踪，有助于客观评估明清时期中国江南地区的技术进步水平，理解相似技术进步条件下经济转型增长的国别发展差异现象，并从重大历史阶段，去识别技术进步框架根本性跳跃产生的革命性经济效果。

3.结构转变历史内涵及其生发机制的中国特殊性

经济转型增长分析需要凸显的中国结构转变特殊性，包括以下两个方面。

一方面，中国经济长期转型增长过程涉及的结构转变内容，具有动态性、多样性。受到特定国情与历史条件的双重约束，工业化与城市化贯穿于中国经济的长期转型增长过程，使得结构转变的内涵由单一的经济范畴拓展至社会经济范畴。特别是二元经济社会结构的出现，不仅遵从发展中国家的共性规律，同时还能够反映出中国经济转型增长的特殊性与合理性。例如，近代社会列强入侵、外资渗入在社会经济层面的历史烙印，极大影响了中华人民共和国成立后中国经济转型增长在结构层面的初始约束、调节偏好以及发展程度。因此，分析框架拟从系统层面入手，对经济转型增长不同阶段的主导结构转变过程进行考察，并且在“需求—供给”

的传统划分方法之外，纳入发展视角更为关注的“多元”经济社会结构转变过程，以及突出社会分工细化程度的产业结构转变过程。

另一方面，需要通过追踪不同状态下多样性成分的变化，来还原复杂的结构转变生发机制。中国长期经济增长过程是一种转型增长，需要从发展视角识别历次转型增长前后状态的根本差异，进而判断其内在属性。多样性成分作为演化视角下结构转变的重要指标，其改变过程的延缓或者加速、扭曲或者修正，不仅反映了结构转变生发机制的复杂性，而且间接影响着中国经济转型增长成熟、分化阶段的具体表现。因此，分析框架拟从创新机制与筛选机制的相互作用，来还原“制度变迁—技术进步”与结构转变之间的复杂互动关系。

第 4 章　中国经济长期转型增长的历史演进描述

超长期视域下的中国经济兴衰转化，是在一系列转型增长过程的驱动下实现的。无论是经济增长的生发背景、约束条件，还是动力变迁、理念形成，都留有转型逻辑继承和开新的印记，并且遵从于历史大趋势下的曲折发展指向。本章将中国长期经济增长视为转型增长，禀承“背景追溯—过程描述—结果判断”的研究思路，着重明晰“传统经济式微”“经济复兴之路重启”“经济奇迹创造”以及“经济新常态反思”命题的时代方位，从时间的连续性出发，梳理转型增长引起相对稳定状态实现转化的具体线索。

4.1　中国长期经济增长的内在实质

中国长期经济增长的实质，就是在“多重转型”背景下①，以阶段性转型特征为现实约束条件，借助转型契机更新增长理念、重塑增长动力，不断谋求新发展的历史实践过程。不论是对特定时期经济增长背景的识别，还是对既定约束条件的突破，抑或是对动力体系的构建和增长理念的更新，都离不开对中国经济“增长、转型、发展”协调互动过程的考察。

如果将上述问题重置于世界增长史的范畴，我们就会发现所谓的转型，不仅是中国长期经济增长阶段性演进的逻辑起点，也为世界经济增长提供了中国实践样本，包括主动融入发展视野，实现工具理性与价值理性的统一，以及促进增长命题向发展命题转化三个方面（图 4－1）。转型增长的理论定位，符合多维度视角下中国长期经济增长普遍性与特殊性相统一的历史事实和规律认知。

（1）从全球比较的视角来看，中国长期经济增长依存的“多重转型”背景具有特殊性。一方面，历时维度下的“多重转型”背景相互嵌套，不存在明确的继起关系与时间界限。伴随着主导文明背景的转换与世界经济体系的演进，由工业化过程驱动的技术转型、结构转型，以及市场化、全球化导向下的制度转型，均应被视为中国

---

①现有研究多从单一维度审视新中国成立以来中国经济增长依存的转型背景。例如，周振华（1999）从制度层面出发，将其归结为计划经济向市场经济转型、二元经济向现代经济转型的“双重背景”；潘珊、龚六堂、李尚骜（2017）从结构层面入手，将其归结为农业向非农业部门转型、国有向非国有部门转型的“双重背景”。本书是对中国经济长期演化增长历史过程的考察，认为其依存的转型背景是诸多相互交织转型过程的集合，具有多重性、阶段性与复杂性。

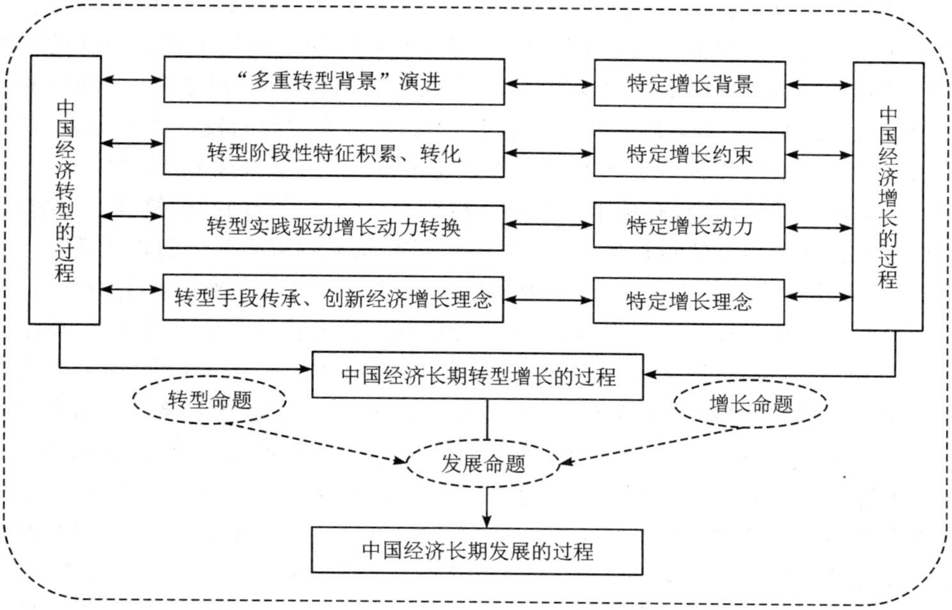

图 4-1　中国经济转型增长的理论定位与发展指向

追赶式增长战略阶段性演进的组成部分。其释放出的转型效应，贯穿于传统经济向现代经济全面过渡的整体进程，任何阶段的中国经济增长，都无法从相互交织且复杂多变的转型背景中剥离出来。姚震宇(2011)认为只有认清"多重转型"背景的特殊性，才能够理解中国经济增长的"特殊表现"及其在世界增长史范畴的合理性。另一方面，共时维度下"多重转型"背景的具体构成以及作用层次有所差异。中国经济增长依存的"多重转型"背景具有明显的阶段性特征，其涉及的领域由经济逐渐延伸至社会、文化、政治等诸多方面，其包含的内容取决于最终目标的分解、修正与转换，其作用的层次能够反映特定时期的中心任务与推进逻辑。因此，"多重转型"背景的阶段性演进，意味着影响中国经济增长的激励机制、结构动力和认知观念既不可能复归，也不可能与任何国家完全一致。

(2)从动态演进的视角来看，中国长期经济增长不断创造出的阶段性转型特征，能够转化为新的增长约束条件。中国的经济增长进程，是由数次重大转型相互串联的历史过程，转型所具有的矛盾消解能力，体现在"控制过程"对"实际过程"的有效干预程度。前者表现为技术进步、制度建设、结构协调等系统化的战略导向与政策选择，后者具有连续性、复杂性等特征，并且容易受到特殊国情与初始状态的影响，任何"认知误区""手段缺位"，都可能导致长期被掩盖的深层次矛盾转变为新的矛盾。伴随着中国经济运行矛盾消解目标的不断转换，在社会分工、资源环境、要素供给等诸方面涌现出的转型新特征，共同构成了新一轮增长效率改进、增长方式选择以及增长空间拓展的现实制约。因此，不同时期中国经济增长面临的约束条件是阶段性转型特征不断积累的产物，表现为长期趋势下“增长时态”转换的惯性约束（吕捷 等，2013），特定“增长时态”内不确定转型过程引发的风险约束，以及因制度、技术、结构等转型驱动因素冲击产生的间接约束（张建辉 等，2011a）。增长约束条件的准确识别，有赖于中国经济转型增长演进过程的特征梳理与归纳；而合理判断特征积累下的新趋势、新机遇与新风险，构成约束破解的前提条件。

（3）从社会动因的视角来看，中国长期经济增长过程是一种以转型为动力、发展为导向的实践过程。一方面，经济转型为中国经济增长动力体系的构建、重组与优化，提供了重要契机。中国长期经济增长是由“制度—技术—结构”动力要素协同演化、共同驱动的系统性结果，特定目标下的经济转型，能够引导增长动力要素的生成与演化，修正增长动力体系转换过程中可能出现的渐进与突变趋势、锁定与失衡困境。而在中国经济增长的不同阶段，转型驱动下的制度适宜性变迁、工业化技术动力形成以及现代经济结构成长三大过程，共同构成了增长旧动力优化、新动力生成的系统性转换契机。因此，中国长期经济增长过程是转型驱动的增长过程，其驱动功能体现在增长动力体系的系统性转换。另一方面，全面发展是中国长期经济转型增长的最终目标。中国的经济转型是一种全面发展导向下的转型，而转型的最终目的，在于有效破除后发国家普遍存在的增长显著而发展欠缺的现实困境。就政治、经济、文化与社会发展转型的演进内核而言，基本遵循传统发展模式向现代发展模式转变、再向中国特色发展模式的顺次转变的逻辑，其目的在于不断将转型契机作为“新的历史起点”，进而探寻发展中大国定位下的中国经济增长道路，实践特征体现在“重塑共识—改革试验—经验反馈”的链式调整过程。

（4）从理性认知的视角来看，中国长期经济增长理念的更新，需要借助特定的转型方式予以表达。中国经济增长理念的传承与超越，是一个工具理性与价值理性相互博弈的过程。其先后经历了由功利主义驱动的“过程至上”阶段，价值主义萌芽带来的“结果反思”阶段，以及工具理性与价值理性相融通的“诉求回应”阶段。不同阶段经济增长理念的更新，不仅受制于“社会人”与“经济人”身份差异下认知矛盾的冲突与调和。也要考虑中国经济增长历史过程中创造主体的本质身份，即“一切社会关系的总和”，对于转型增长的目的、诉求、手段与结果等诸多内容认知的一致性程度，进而借助特定的转型方式予以表达。具体来说，激进的转型方式有助于在短时间内以较低成本更新增长理念，但是容易形成冲突、出现反复的情况。例如，中华人民共和国成立初期由政府主导、自上而下的激进转型方式，加速了物本经济增长理念的觉醒与爆发，但又在数次陷入高代价、非均衡、低效率增长泥潭的现实情况下，不得不借助政治斗争修正过于冒进的物本经济增长理念。与之相反的是，渐进式转型方式在更新经济增长理念的过程中耗时较长、成本较高，但是更新结果相对稳定，并且容易引致增长理念的再次创新。改革开放以后人本经济增长理念的萌芽、壮大与拓展，就依赖于渐进式转型方式提供的示范效应与“互动性学习”契机，以及由此产生的“反思性”“批判性”与“创造性”理性。

4.2　中国经济长期转型增长的历史演进描述

4.2.1　传统农业经济向工业经济转型增长

1.演进背景回顾：主导文明转换孕育出现代世界经济体系

早期世界经济增长的意义，在于不断突破人口扩张与预期寿命的极限，而“最初愿景”的历史实践，提供了一种被布罗代尔称之为“马尔萨斯陷阱”的经验性判断。即自然资源约束与食物滞后供给的双重压力，共同催生出早期世界人口与经济增长的自动萎缩机制，周期性爆发的战争、灾荒与疾病，构成上述萎缩机制的触发契机，促使人口体系“被困在一个几乎不可捉摸的圈子里”。尽管这种建立在食物线性增长与人口指数增长不可调和矛盾上的悲观论调并不符合历史事实，但其引发的学术争论，却衍生出发展经济学范畴的重要命题：资源约束条件下“贫困陷阱”跨越的“临界点效应”及其伴生的增长分化现象①。

从共性角度来看，未开时代、野蛮时代向文明时代的顺次演进，依赖于人类对自然界认知范围的拓展以及驾驭能力的提升，生存目标与人地矛盾之间的冲突与协调，构成了农耕文明产生、发展并成为世界主导文明的基础。但是随着主导文明的筛选标准由自然挑战应对能力转变为社会挑战应对能力时，文明构成中的经济、政治与文化功能就会被放大（汤因比，2000），而并存于1500年前后的中华文明、印度文明、中东文明、欧洲文明乃至诸多边缘文明，既是文明进化的结果，也是转型增长研究文明参照系彻底更新后的组成部分。尽管弗兰克、亨廷顿等反“欧洲中心论”者认为，全球视野的运用能够更加公正地评估东方，特别是亚洲在西方兴起过程中的历史价值。但他们也承认，作为对文明演进的延续而非割裂，1500年之后暂时胜出的西方文明，不仅代表着一种政治形态优势，也是一种涉及制度、观念、技术，乃至生活方式的现代性发展模式。其“加入世界体系而非兼并形成世界体系”的过程，显化为以荷兰为主导的商业现代性、以英国为主导的工业现代性以及以美国为主导的消费现代性，借助“中心—边缘”结构顺次扩张，其成功“爬上亚洲肩膀”

①长期视角下的中国经济历史分析，通常选择具有转折特征的19世纪作为切入点，这种剥离早期经济表现的做法，固然有助于识别并阐释经济新特征，特别是并行于资本主义世界经济大扩张时期呈现出的诸多差异。但是转折时期的确定，有可能掩盖经济新现象生成的长期根源，甚至出现人为消解主导文明背景转换、世界经济体系演进等结构性动力的倾向。因此，站在更为遥远的地平线重新审视中国传统经济，不仅是对历史演进阶段的补缺，也是还原经济转型增长系统性动力的前提。

的深层次原因，在于现代世界经济体系扩张进程中，亚洲诸国内部原有政治经济优势的衰落。因此，即便对于16—18世纪依旧维持经济扩张的中国来说，只要未完成现代世界经济体系驱动下的转型增长，都将落入Lippit(1978)所说的“低度发展”或者间接性失序的状态。

2.演进过程描述：“西方兴起”与“东方衰落”对照场景下的中国经济式微

第一个千年的世界经济增长不仅缓慢，而且极易被霸权争夺下的战争惯性打断，即使是建立在地中海广阔空间载体上的古典文明，也从未形成以自由劳动为基础的有效社会分工。受累于战争导向下的阶级分工，趋于裂变的古典文明，不仅暗含了罗马帝国庞大政治实体瓦解的历史线索，而且在加速“都市文明向自给自足乡村社会倒退”的同时，引发数次增长危机。这一地区性文明衰落的历史过程，最终孕育出了建立在西方文明、拜占庭文明与伊斯兰文明基础上的新地中海文明体系，以及能够突破“马尔萨斯制约”的商业革命路径。但是当“马尔萨斯制约”由食物供给滞后转变为受不可再生资源约束时，虽然能够优化社会财富空间配置，却使得实际产出的单一商业贸易通道逐渐失效，而借助商业贸易通道实现工业化发展的国家，创造出了复利式的增长空间与动力，表现为第二个千年里欧洲内部(以英国与荷兰为代表)的增长分化。

反观平行时间维度下的东方社会，拥有丰富资源、专制政体与深厚文化的印度与中国凭借其独特优势，即同时存在突破“马尔萨斯陷阱”的商业贸易通道以及农业集约化增长通道，共同主导着第一个千年的世界人口与经济增长，特别是能够实现官僚行政体系与农业技术进步良性互动的中华文明，更容易供给并利用农业集约化增长通道，以实现人均农业产出的“长期自我维持”，而饱受农奴冲突困扰，且无法有效抵抗外族势力入侵的印度河文明，在第二个千年里先行衰落。张新建的研究发现，这一状态一直持续到世界经济体系演进迈入新的均衡，即西方国家群体性崛起与东方国家群体性衰落，共同引发东、西方地位的逆转。

马尔萨斯制约下迥异的东、西方突破路径相伴而生，率先开启农业经济向工业经济转型增长的西方社会，先后实现了“贫困陷阱”跨越与罗斯托经济起飞。然而，将商业贸易通道视为官僚行政体系巩固手段的中国，始终未能建立起商业贸易与工业化发展之间的良性互动关系，致使工业经济成分“萌而不发”，而农业集约化增长导向下的对内扩张惯性，既无法有效解决18世纪人口激增带来的生存压力，也无法满足世界经济体系的扩张需求，再加上政府财政支撑匮乏、运营效率低下，趋于瓦解的封建帝国体制见证了传统农业经济的衰落，后续涌现出的零散工业化浪潮拉开了转型增长的序幕，这一间断、被动而又不断反复的工业化萌芽过程，持续贯穿整个近代时期，直至中华人民共和国成立以后才迈入全面推进阶段，加速了农业经济向工业经济的转型增长。

3. 演进结果判断：在盛衰转化中孕育出工业经济萌芽

从历史演进的一般规律来看，农业文明主导下的经济繁荣，得益于庞大的人口数量与相对发达的农业支撑体系之间的良性互动关系，其评判标准取决于 GDP (gross domestic product，国内生产总值)总量支撑人口规模增长的能力。

在第一个千年，根据安格斯·麦迪森的统计，印度与中国作为传统农业大国，始终保持着共同占据世界 GDP 总量与人口总规模半数以上的绝对主导地位。反观世界其他地区，伴随着罗马帝国的分崩离析，西欧及西方衍生国的 GDP 总量及人口规模仅占世界水平的 10%左右，甚至在 1000 年陷入了人均 GDP 水平的历史最低点，而非洲、拉丁美洲等地区创造出的 GDP，或是无法支撑其人口增长，或是停滞不前，完全无法与亚洲抗衡。而在第二个千年中叶，反超印度的中国开始呈现出与世界经济增长趋异的状态，先后开启并推进工业化历程的西欧、西方衍生国、日本等国家与地区突然加速发展，迈入转型萌芽期的中国，却不得不面对 GDP 增长率急速下滑、人口数量激增而人均 GDP 甚至停滞的衰落状态。特别是在 1840 年至 1927 年主权挑战加剧、帝国体制瓦解与政权重建的混乱期，我国 GDP 总量与人均 GDP 水平分别占世界份额的比重，由 1820 年的 32.9%、89.9%下降至 1913 年的 8.9%、36.2%。与相继迎来经济起飞机遇的西欧、美国、日本相比，1820 年的中国人均 GDP 开始落后于日本，其差距持续拉大；较 1913 年人均 GDP 就已经迈过 3000 国际元门槛的欧洲主要工业化国家来说，中国依旧维持在 552 国际元的水平，仅为同期美国的 10.41%。

随着世界技术革命的积累效应趋于弱化，资本主义经济于 1912 年相继步入大萧条时期。而此时的中国在政策层面放松了与世界经济联系的限制，以被动参与者的身份吸收世界资本与科学技术，并孕育出三次工业化浪潮。

一是“原工业化”优势衰减与工业化成果涌现并行不悖。根据法国学者贝洛克的估计，18 世纪下半叶中国占有世界制造业总量的近 1/3，19 世纪开始呈现的衰减趋势一直延续至 20 世纪上半叶，1860 年、1900 年和 1950 年，顺次下降为 19.7%、6.2%与 3.6%，有效佐证了中国作为传统农业大国拥有的“原工业化”优势在不断衰减。与此同时，小规模工业化成果的涌现过程，集中在 1912 年至 1936 年的黄金增长时期。Dwight and Perkins(1975)认为 1914 年至 1931 年的制造业实际产出增长率维持在 8%；而 Chang(1969)在低估制造业产值的前提下，认为 1912 年至 1936 年间工业生产指数的年均增长率高达 9.4%。

二是产业结构演进的现代化特征显现，但是发生范围与强度有限。工业结构中新工业比重的上升，借助需求渠道间接促进了农业、手工业的优化调整；银行金融业的发展，增强了中国传统农业经济的商业化程度，并提高了冲击抵御能力；交通、通信业的改革，在极大降低交易成本的同时，创造了新的增长机遇。根据麦迪森(2011)、刘大中和叶孔嘉、罗斯基(2001)等人的估算，1890 年至 1933 年间，具有现代特征的新式产业产值占 GDP 的比重，由 0.7%上升至 5.3%，而在 1920 年至 1949 年间，这一指标由 7.37%进一步攀升至 17%。

三是世界经济贸易的参与度明显下降。中国商品出口额占世界总额的比重由 2.49%下降至 1.78%。按照当年价格和汇率计算的 1913 年人均出口额仅为 0.7 美元，而同期印度与日本的出口额分别为 2.49 美元和 6.1 美元。

从较长视域辩证地看，转型增长诱发的伴生现象尽管具有现代化指向，但是过于依赖战后市场与国外资本，并且多发生于城市工业、军事、交通等领域，无法形成独立的工业体系以及合理的经济结构，更无法真正参与世界经济体系演进，并从根本上转变为现代工业国，整个近代中国的经济依旧处于衰退状态。从巫宝三(2011)对 1933 年工业统计数据的估算来看，近代工业产值占工农业总产值的 12.3%，而手工业占工业总量的比值高达 72.02%，工厂工业仅占 27.98%。1936 年的工厂生产规模指数约为同期德国、英国、美国的 1/20、1/19 与 1/62。

4.2.2　近代市场经济向计划经济转型增长

1. 演进背景回顾：工业文明力量勃发加速现代世界经济体系扩张

农业文明缓慢而冗长的发展过程，提供了开发、改造自然“原始经验”积累的重要契机，促使人类在面对“异己的、神秘的、超越一切的东西”时，不再心存畏惧、盲目顺从，而是通过有目的的行为干预人类与自然界之间的物质变换，由怯懦“引导”转向主动“调整”，甚至不计代价地“控制”。这种努力促使作为工业革命序幕的农业革命，在 18 世纪晚期的西欧(以英格兰起源)被大规模推行。当然，农作物的革新只能算作生活水准危机性下降的维持机制，“人化自然”的过程并未冲破“贫穷的逻辑”，直至一个累进的、自我维持的变化过程被创造出来，即工业革命带来的发明涌现、组织创新与资本扩散之间的链式反应。至此，工业文明改造并控制自然的特征，彻底唤醒了人们追求物质财富与精神享受的冲动，并汇集成为不可逆转的工业文明崛起力量，驱动着整个现代世界经济体系的扩张。

现代世界经济体系的正常运转，需要建立在霸权地位转换机制之上，地位维持周期的存在，构成了世界经济体系动态演进的内在冲动。沃勒斯坦(1998)认为内在冲动的源泉，在于资本主义经济中心的扩张压力，借助“半边缘—边缘”结构下等级化的劳动分工渠道予以释放。而弗兰克(2000)将其归结为贸易运转过程中，亚洲危机引发的中心地位空缺以及体系演进契机，借此批判滥觞于欧洲优越论、东方停滞论的诸多观念。从工业文明萌芽、勃发的整个历史时期来看，世界经济体系作为一个非均衡的动态演进过程，确实出现了中心移位。但它不是由欧洲创造出来的，而是主导文明转换、扩张背景下，制度、技术与结构层面的根本性差异，引起了以国家、地区为单位，以扩散、仿效机制为核心的转型增长契机。东西大分野仅仅构成这种差异累积效应在高度关联世界经济演进中的阶段性表现。

需要注意的是，世界经济体系演进并未止步于西方霸权的局部更替。二战后苏联主导的非西方力量开始崛起，不断冲击并挑战美国主导下的西方政治、经济秩序。但是平行于西方力量的社会主义阵营，作为政治驱动型系统，无法延续计划经济体制创造出的经济恢复神话，也未能撬动世界经济体系的根本性变革，而是拉开了东西方均势演进的序幕。

2. 演进过程描述：游离于世界经济体系之外的中国艰难探索复兴之路

沿着制度构建、技术进步与经济结构三条线索，可以在还原近代市场经济向计划经济转型增长演进的基础上，勾勒出中国经济复兴之路的探索历程。

从封建帝制瓦解到民国建立，近代的中国涌现出了一系列"国家重建"零散共识下的制度、技术变革实验。但是以现代化为内核的转型增长多样性路径表明，不论是社会要求进步而统治者相对保守，还是由统治者权贵本位主导的现代化蜕变，变革实验都只能对社会群体产生局部的政治、经济与文化冲击，只有依托于具有化解动荡能力的社会形态，即各群体之间达成理性共识并付诸一致性行动，才能撬动整体范畴的转型增长，实现现代化发展与民族复兴。近代中国由封建帝制向民主共和制的政治制度变革，属于"历史三峡论"的"民治"探索阶段，意义重大但未触及根本。市场经济制度的建立，是外国资本主义入侵、封建官僚资本主义干预、民族资本主义崛起多重过程共同作用的产物，它区别于政治制度的突变特征，是一个长期过程。技术进步与工业化推进具有极强的政治依附性，工业化成分在经济结构中的扩张，取决于"中央政治权力真空"契机提供的合法性机会窗口。因此，中华人民共和国成立前的经济复兴探索，始终充斥着对适应性社会形态的认知差异，多方抵制力量的此消彼长，催生出曲折、割裂而又不断反复的转型增长演进过程。

社会冲突的爆发，不仅是既有制度构架下资源支配权力分布不均，进而诱发利益矛盾产生、积累并被激化的极端反应；也是代表先进生产力的新兴阶级，借助社会革命驱动制度变革，并重建先进生产关系的内在动力。急于摆脱衰退状态的中国，正是借助革命的方式，迅速完成了生产关系与生产力的更新过程，促使落后的近代市场经济转变为由"全能政府"主导的计划经济，可以将其细分为 1949 年至 1957 年间的理性转型增长阶段，以及 1958 年至 1978 年间的非理性转型增长阶段。前者以过渡为导向，通过废除剥削制度、搭建技术进步平台、改造经济结构，来实现"国家重建"与摆脱衰退的历史遗愿，符合中国的基本国情与发展需求。后者以赶超为导向，调整经济结构，旨在破除苏联模式弊端的改革实践。但由于未能协调理性转型增长阶段就已经存在的诸多矛盾关系，例如"计划与市场""农业与工业""国内与国外""宏观控制与微观激励"等，加上对世情、国情、社会主要矛盾以及道路选择等问题的认知分歧不断升级，先后出现了"全面跃进""阶级斗争"与"以战备为主"的非理性导向，致使这一阶段的转型增长反复陷入失范、失序与失衡的危险状态。

3. 演进结果判断：在震荡增长中开启与世界经济趋同的引擎

尽管中华人民共和国成立前的中国，就已经经历了近百年的工业化与现代化探索，但是在性质上，它仍属于工业文明勃发背景下，被动应对传统农业社会出现衰退与边缘化不可逆大趋势的抗争性努力，而非复兴的重启力量。但是中华人民共和国的成立，开启了中国与世界经济趋同的引擎。其中，图 4－2 反映了 1950—1978 年中国 GDP 年度增长率的变化趋势，表 4－1 是对 1953—1977 年主要经济指标增长率表现的汇总。

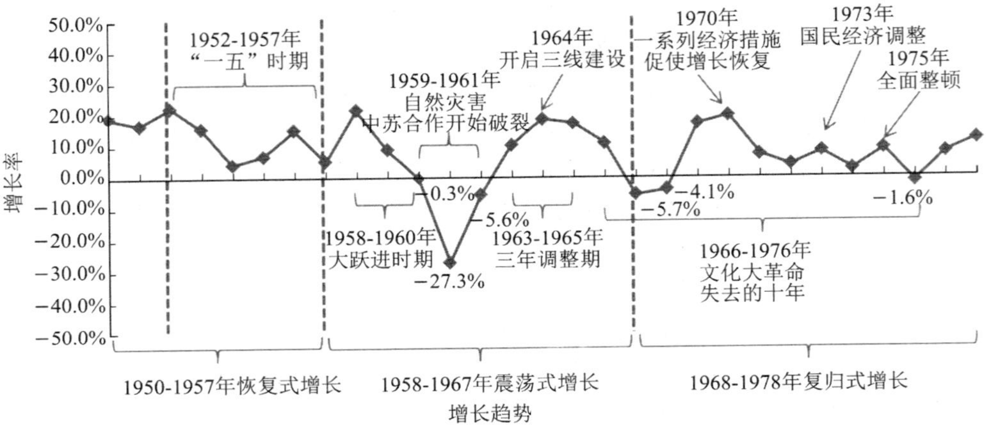

图 4－2　1950—1978 年中国 GDP 年度增长率变化趋势

（注：依据《中国统计年鉴 1983》第 22、23 页的国民收入指数，计算得到 1949—1951 年的 GDP 增长率；1952—1978 年的数据来自《新中国 60 年统计资料汇编：中英文本》，北京：中国统计出版社，2010 年版）

表 4－1　1953—1977 年主要经济指标增长率表现　　（单位：%）

指标	年份	GDP 增长率	第一产业增长率	第二产业增长率	工业增长率	建筑业增长率	第三产业增长率	交通运输仓储及邮电通信增长率	批发和零售贸易餐饮业增长率
均值	1953—1977	6.48	2.21	12.78	13.13	11.09	5.65	8.78	4.27
	1953—1957	9.34	3.86	20.32	20.32	21.96	10.04	13.28	9.42
	1958—1967	4.74	1.70	10.38	10.97	8.20	3.74	6.88	1.51
	1968—1977	6.79	1.90	11.40	11.70	8.54	5.37	8.41	4.46

续表

指标	年份	GDP增长率	第一产业增长率	第二产业增长率	工业增长率	建筑业增长率	第三产业增长率	交通运输仓储及邮电通信增长率	批发和零售贸易餐饮业增长率
标准差	1953—1977	10.27	6.76	19.38	19.19	24.67	2.38	16.68	11.85
	1953—1957	4.94	2.28	12.45	10.71	28.51	9.85	8.35	14.68
	1958—1967	13.99	9.79	25.43	25.54	28.74	13.01	24.25	12.34
	1968—1977	6.96	3.75	13.38	13.37	14.68	3.81	7.67	8.37
波动系数	1953—1977	158.50	305.66	151.71	146.15	222.51	42.06	190.19	277.31
	1953—1957	52.90	59.20	61.29	52.72	129.85	98.06	62.91	155.80
	1958—1967	295.22	576.01	244.95	232.81	350.44	347.85	352.54	817.04
	1968—1977	102.55	197.42	117.41	114.25	171.89	70.95	91.15	187.63

注：根据《新中国 60 年统计资料汇编：中英文本》的相关数据计算而得。

首先，借由近代市场经济向理性计划经济的转型，实现了较为快速的恢复性增长。1950 年至 1952 年，GDP 年均增长率恢复至 20%以上，国有工业产值的增长速度实现翻三番，而“一五”计划的确立，又将中国经济推向了新的黄金增长期，官方发布的 GDP 年均增长率高达 9.2%，工业、农业总产值的年均增长率，也相继恢复至战前最高水平，达到 15.1%与 4.5%，计划涉及的多项指标提前一年超额完成，基本摆脱了近代工业化、现代化初步探索时期的衰退状态。但是，“一五”计划取得的功绩，不仅见证了社会主义道路探索的前进属性，也在更新国家领导人对国情认知与基本经济增长阶段判断的同时，为其展开疾风暴雨式社会主义革命提供了新的经验支持。

其次，随着转型过程的推进，不断增强的非理性成分，表现为大规模的冒险实验，致使增长速度陷入反复震荡的境地。“一五”之后的增长波动，属于“破字当头”“大乱而治”认知导向反复交替的转型增长的代价，其回返特征显化为主要经济指标恢复性增长趋势的数次中断，以及总量波动与结构失衡现象的交织涌现。1958 年至 1977 年的 GDP 增长率极差高达 48.6%，年均增长率仅为 5.77%，较 1950 年至 1957 年 13.08%的高位运行状态下跌了 7.31%，并且出现 6 次滑至负增长的短周期，1958 年至 1967 年、1968 年至 1977 年的波动系数，分别达到 295.22%与 102.55%。非均衡增长导向与反复纠偏行为的交互作用，促使三产增长率出现波动、分化，1958 年至 1977 年间农业、工业增长率的累积差异达到 190.70%，波动系数差由 1958 年至 1967 年的 576.01%、232.81%，下降至 1968 年至 1977 年的 197.42%、114.25%。

最后，封闭、扭曲转型增长取向下缺乏动力再造、优化功能的曲折恢复增速表现，开启了经济增长总量、人均水平与世界趋同的引擎。在改革开放前 30 年的“孤立时代”，中国难以从世界经济体系获取贸易往来、直接投资与技术扩散的增长提速动力。外部多轮“禁运”与援助终止，带来了债务偿还压力，并阻塞了技术定向模仿渠道，主权独立基础上平等对外关系的艰难建构，又将外资注入空间与贸易联系限制在狭小范围①，出口占世界比重一度由 1952 年的 1.0% 下降至 1978 年的 0.8%。而低效的资源配置、失调的比例关系，制造出恢复性增速稳定性、可持续性与均衡性的理论上限，间接抑制了增速转换的前进属性。尽管如此，曲折恢复的增速表现，却达到了世界增长史范畴代表性样本实现经济起飞所必需的初始条件，“一五”时期与后续波动期的人均 GNP(gross national product，国民生产总值)年增长率分别达到 6.9%与 3.9%，均实现了人均 GNP 增长率跨过 1%的现代经济增长门槛，并持续超越 3%的判断标准；1952 年至 1978 年中国与世界 GDP 总量以及人均表现的年均增长率绝对差距，分别由 1820 年的 1.42%、1.03%缩小至 1952 年的 0.2%、0.29%。

4.2.3 计划经济向社会主义市场经济转型增长

1. 演进背景回顾：多元现代性文明崛起促使现代世界经济体系出现多极化均势倾向

由西方工业文明驱动的现代世界经济体系扩张过程，构成了早期“现代性”文明演进分析范式的理论基础。这种分析范式能够阐释现代世界经济体系的产生与发展，但是不自觉地赋予了西方霸权无限的优越性以及永久的生命力，暗含着世界经济体系内部组成在发展状态、开放程度等方面的固化倾向，间接否定了其他文明形态的历史价值与成长空间。而“多元现代性”分析范式的出现，借助多样现代性文明的“交融、解体与重构”，来凸显全球化对文明演进趋势的影响(方朝晖，2009)。特别是非西方现代性文明成长过程，涉及群体、区域性崛起现象及其产生的霸权消融作用，有力批判了西方工业文明的“普世价值”，拓展了经济体系演进的动力维度，并为文明的价值反思与秩序重构提供了理论基础。

冷战以后，伴随着多元现代文明的崛起，现代世界经济体系出现了三方面的重大变化。

---

①外资注入主要依靠内地与港澳贸易顺差、吸引侨资与企业注资等手段。

其一，西方工业文明的内在冲突与负面特征不断显现。西方主导下的资本主义工业文明，不仅带来了理性、平等、科学、市场等现代文明要素，也放大了暴力扩张的欲望、吞噬自然的倾向、异化人类的恶果以及理性认知的矛盾，致使西方经济霸权体系的内部冲突不断升级。与此同时，受到特殊国情、历史遗产、文化传统等因素的制约，非西方国家建构的多元现代性文明，展现出巨大的可塑性、适应性与包容性，间接凸显了西方工业文明的负面特征，促使世界经济体系演进的认知框架，由“文明冲突”表象命题，回到西方工业文明的自我削弱机制中去。

其二，全球化过程驱动世界经济体系拓围。二战之后，发达国家相继走出大萧条的泥潭。伴随着殖民体系的瓦解、分工体系的重建，以及第三次科技革命浪潮的涌现，世界市场开始充当战后各国缓解要素、资本、技术需求的重要平台，而经济全球化凭借强大的市场整合、成本控制与分工深化能力，成为多元现代文明谋求经济发展的重要渠道。世界经济体系的扩张方式，也随着全球化的迅猛发展出现变化，由“剥削—抗争”驱动的被动卷入，转变为发展导向下的主动突围。

其三，世界经济体系非平衡演进的内生动力开始成长。不同于早期世界经济体系主导地位更迭的外生性与偶然性，冷战过后逐渐成长起来的“非西方”力量，既是西方工业文明扩张的结果，也是世界经济体系非平衡演进的内在颠覆性动力，并在世界经济增长的持续分化过程中不断得到加强，表现为苏联经济地位的明显提升，以及新兴工业化国家的相继崛起。除此以外，世界经济体系非均衡演进的内在转换动力也开始觉醒，表现为以欧共体、日本为代表的资本主义多极经济中心快速成长。至此，西方工业文明的自我削弱动力、全球化过程伴生的发展动力，以及世界经济体系内生的颠覆性与转换性动力，共同催生出世界经济体系的多极化均势演进趋势。

2. 演进过程描述：重新融入世界经济体系的中国创造了经济高速增长的奇迹

转型增长作为复杂的政治经济过程，既可能出现协调失灵引发的“局部改革悖论”，进而陷入整体转型增长绩效的低谷状态（Carman，2002）；也有可能通过反复权衡、修正总体战略中的政治与经济目标，重新构建符合基本国情的转型增长适宜环境，以促进整体绩效的提升。计划经济后期，特别是非理性转型增长阶段“去计划指令式经济”，正是政治、经济目标冲突升级，而总体战略的反馈修正机制失效，所引发的转型增长环境构建脱离现实国情的链式反应结果。不可否认的是，非理性转型增长阶段涌现出的诸多矛盾，无法掩盖计划经济的历史功绩与经验价值，前者标志着新中国以惊人的速度与效率完成改造、重建任务，摆脱了对资本主义发达国家的依附者身份，并走上自立自强的复兴道路，而后者孕育出了“乱极则治”的改革动机，以及“人心思变”的认知共识。

改革开放之后，重新审视国际形势与基本国情的中国，在总体战略中加强经济恢复目标重要性的同时，确立了以改造、创新为基础的转型增长思路，体现为渐进、开放式总体发展战略的全面贯彻，可以细分为以下三大历史阶段。

一是酝酿期（1974 年至 1978 年）。通过“全面整顿”“政治纠偏”促使转型增长的重心“回到经济建设中”，由包产到户风险实验撕开的制度裂缝，为全面改革提供了新的思路，即选择阻力更小、约束更弱、矛盾更多的农村体制改革，作为转型增长的突破口，来化解城市国有企业自主权改革滞后、缓慢的艰难困境。

二是探索期（1979 年至 1992 年）。禀承上述逻辑，探索期确立了“增量改革”先行、“存量改革”跟进的战略实践脉络，在具体操作层面设计出“双轨制”的创造性手段，作为转型增长的接续桥梁。客观来看，伴随着内部市场激励机制与外部市场联动渠道的重塑，计划配置资源内核的松动、瓦解，确实为民营经济的成长创造出了新动力与新空间，但是其衍生出“价格波动—投机寻租—矛盾激化”的恶性循环，在放大社会不良情绪的同时，致使 1989 年至 1992 年的改革探索趋于停滞。

三是突破期（1993 年至 2008 年）。社会主义阵营分化与“双轨制”功过是非，引发了新一轮改革目标与模式反思的热潮，促使转型增长迈入“整体推进与重点突破相结合”的历史新阶段，而以解放、发展生产力为终极目标的社会主义市场经济制度构架建设任务，被分解为一系列层次清晰、布局合理，且具有明确逻辑递进关系的宏观战略节点，为制度构架的适宜性变迁创造出稳定和谐的社会环境，良性递增的收益预期，以及开放多元的动力体系。

辩证来看，改革开放以后快速增长的经济总量，属于中国长期经济转型增长过程创造性转化的成果。但是，依靠低水平规模扩张实现经济复兴的历史路径，往往无法避免单一价值取向下的短期化问题，以及经济系统内矛盾累积引发的结构失衡风险。

3. 演进结果判断：实现超常规的良性增长

伴随着社会主义市场经济的确立，中国迎来了快速发展的新状态，具体主要表现为以下几个方面。

一是共时维度的增长表现取得了世界经济范畴内的“超常规”成就。从 1978 年至 2012 年 GDP 增速的年均表现与分布情况来看（表 4－2），中国实现了 9.94％的超高速增长状态，远远领先于 2.90％的世界经济年均增长速度，成为“亚洲四小龙”“金砖五国”和二战后高速增长经济体中的佼佼者。后者只在少数年份出现了明显的下降趋势，且多属于特殊历史事件或者外部冲击的短期应激反应，6％以上的年份达到 32 个且没有出现负增长，年均增速仅次于阿曼（13.65％）和博兹瓦纳（10.98％），即使是在两次大规模金融危机的冲击下，1996 年至 2012 年 GDP 增速的年均增长水平也平稳保持在 9.70%。

表 4-2　代表性经济体的高速增长区间与基本表现比较

国家	分类归属			高速增长区间			增长表现					
	A	B	C	开始（年）	终止（年）	跨度（年）	最大值（%）	最小值（%）	6%以上年份	年均（%）	标准差（%）	波动系数（%）
中国		√	√	1978	2012	35	15.20	3.90	32	9.94	2.65	26.67
巴西		√	√	1968	1986	19	13.97	4.4	12	6.79	4.84	71.28
印度		√		1975	2010	36	10.26	-5.24	18	5.90	2.96	50.86
南非		√		1963	1974	12	7.94	1.65	5	5.32	1.67	31.39
俄罗斯		√		1999	2008	10	10.00	4.74	7	6.90	1.59	23.03
新加坡	√		√	1961	1997	37	13.89	-3.68	33	8.69	3.70	42.58
韩国	√		√	1963	2002	40	14.83	-5.48	36	8.98	3.77	41.98
博兹瓦纳			√	1968	1999	32	26.36	0.72	27	10.98	5.99	54.55
印度尼西亚			√	1968	1996	29	10.92	2.25	22	6.84	1.80	26.32
马来西亚			√	1961	1997	37	11.71	-1.12	27	7.26	2.74	37.74
马耳他			√	1966	1992	27	19.56	-0.61	16	7.30	4.65	63.70
阿曼			√	1967	1992	26	81.89	-14.25	17	13.65	19.70	144.32
泰国			√	1962	1995	34	13.29	4.28	22	7.80	2.41	30.90
日本			√	1961	1988	28	12.88	-1.23	12	6.19	3.75	60.58

附注：数据来源于世界银行数据库。

二是稳步推进的转型增长深化过程为历时维度增长速度的高位、微波化运行提供了有力支撑。增速跨越作为系统化、长期化转型增长递进逻辑的表象回应，是内、外双驱动的改革脉络不断激活比较、后发双重优势的结果。其中，多轮次对内改革的红利释放与稳步调整过程，在有效触发人口红利优势、全面技术追赶与“消费—投资”需求模式升级等增速跃迁动力的同时，能够及时消散增速波动的不稳定因素。1978 年至 2012 年间数次增长高峰、低谷引起的增速阶段性反转（图 4-3），实属改革目标突破与过热态势缓解交互作用的产物①。刘树成（2009）认为 GDP

①分别定位至 1978 年、1984 年、1987 年、1992 年、2007 年、2010 年六次增长高峰期与 1981 年、1986 年、1990 年、1998 年、2009 年五次增长低谷期。

增速的微波化特征，并未终止高位运行的惯性。与此同时，中国融入世界经济体系的过程，是在“自力更生—梯次开放—抢抓机遇”的顺次演进中实现的，而“强于内外联动”是“始于对内改革、兴于对外开放”的逻辑指向。计划经济向中国特色社会主义市场经济的成功转型，在逆转落后、封闭形象的同时，获得了市场、技术、资金、就业等诸多开放红利与开放经验，为新时代深化开放能力与经济驾驭能力的进一步提升，创造了有利条件。毕竟，世界经济需要中国经济的体量贡献、秩序建构、质量发展和引领力量，而中国也期望在与世界经济的高层次联动中，实现共享“开放之开放”红利的“大国担当”。

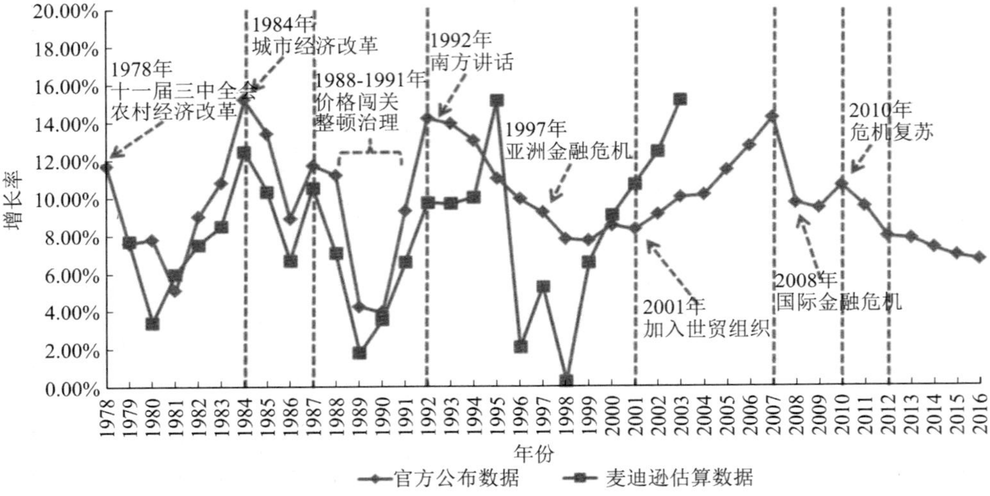

图 4-3 1978—2016 年中国 GDP 年度增长率变化趋势

（注：数据来源于中华人民共和国国家统计局网站 http://www.stats.gov.cn/）

三是“超高速”增长状态具有良性演进的内在实质。长期视域下的良性演进趋势，一方面形成于制度适宜性变迁不断创造、释放出的新优势、新红利，以增加自主权、提升经营效率、优化所有制结构为核心的对内改革，与稳步推进、全方位开放导向下的对外开放相互作用。不仅激发了多元经济主体的积极性，促使大批“专业户”“生产能人”等农业新型微观主体涌现，成为现代技术要素的使用者与推广者。而且改善了非国有经济的绝对弱势地位，使其在 2012 年 GDP、税收以及就业的贡献率占比中攀升至 60%、50%与 90%。还将 1979—2012 年货物、服务出口总金额与 1984—2012 年直接使用外资的年均增长速度，分别提升至 17.7%、22.0%，是同期 GDP 增速的 1.76 倍、2.15 倍。另一方面贯穿于以“学习消化、模仿创新”为特征的技术进步演进路径中。从外部来看，中国高科技产品占制成品的出口比重自 1992 年先后超越欧盟、日本、美国与俄罗斯，于 2006 年成为世界最大的高技术产品出口地。从内部来看，1998—2012 年，由 39.4%提高至 52.2%的技术进步贡献率，驱动 GDP 增长速度实现了从 8.7%跃升至 9.3%的跃迁。上述良性演进动力，为“比较优势实现”向“竞争优势创造”战略性“质变”调整提供了“量变”基础。

4.2.4　高速数量型经济向相对高速质量型经济转型增长

1. 演进背景回顾：全球文明秩序重构与未来世界经济体系演进的新取向

全球化作为社会秩序复杂性演进的产物，是历史延续而非断裂的结果（刘新成，2013）。“全球联动”时代下人类合作、竞争网络的不断延展，意味着任何一种文明都不可能是封闭与孤立的，需要通过学习、互动与竞争交流来获取社会发展的驱动力量。毕竟，文明如果是自发地发展，而不是自觉地发展，则留给自己的是荒漠。全球化的开启与推进，恰恰成为文明秩序重构过程协调工具理性与价值理性的实践契机。陈启能（2010）认为全球化所具有的“文明互动”内涵，有助于规避“平行史观”缺乏社会发展导向，以及“进步史观”抹杀多样化特征的缺陷。

从共时维度来看，全球格局的均势化倾向，构成平等性、开放性与包容性文明秩序重构的现实基础。一方面，共同意识与共同利益，衍生出“相对弱势”群体性力量对经济、政治、军事秩序的合法化巩固需求，进而驱动平等性文明秩序的重构；另一方面，全球治理模式由霸权主导向合作共治的转变，催生出“中心—外围”“西方—非西方”等诸多紧张关系的自我削弱机制，间接增强了文明秩序的开放性与包容性需求。

从历史维度来看，文明价值的多维度反思，为全球文明秩序的重构提供了新的方向。在由工业文明驱动的现代化发展进程中，非理性与单一价值导向下的物质财富扩张过程，无法有效阻止系统性矛盾的累积，特别是创新乏力、区域失衡、生态破坏、利益错位等问题的相继涌现，严重背离了社会良性发展的初始愿景。当今全球文明秩序的重构，可以被理解为多元文明内含价值反思、扬弃与融合基础上的文明秩序再造过程，而创新思维的建立、协调关系的再造、生态观念的复归，以及共同福祉的追求，属于这一再造过程异质化路径选择的共同努力方向。

上述文明秩序重构的大趋势，也指明了未来世界经济体系演进的新取向：其一，“双速”增长状态并行，世界经济实力的协调与分化力量共存。具体表现为以新兴经济体、发展中国家为代表的崛起力量与发达经济体内部的极化力量，共同催生出“多极”“平板”共存的网状格局。分化过程中可能出现的超级大国，属于网状结构的组成部分，并非主导、对峙力量。从增长率表现的预测值来看，协调过程有可能引发平板之间相对差距的固化。其二，全球治理理念发生根本性转变，结构性调整战略竞赛已经开启。无论是危机的联动效应，还是风险的溢出效应，都在强化一种新的认知，即全球治理理念需要从经济范畴拓展至社会范畴。“占领华尔街”“弗格森之乱”等社会群体性矛盾的相继爆发，不仅构成了对贫富差距的拷问，同时也促使全球展开了对自由放任主义以及世界经济失序深层次根源的探讨，更为稳定安全而又兼容并蓄的世界新秩序亟待形成。与此同时，为了走出危机过后经济“长期停滞”的阴霾，发达经济体展开了一系列结构性调整战略。其三，“再全球化”进程中国际规则的约束明显增强。一方面，不断提高的经济依存度衍生出强烈的规则变革推动意愿，表现为新兴、发展中经济体与发达经济体的力量博弈。前者在国际经济事务中互助协作程度与规则制定能力的不断提升，而后者则凭借经验与资源优势，试图继续掌控规则设计的绝对控制权。另一方面，终极利益诉求下的共识与冲突，借助动态化的国际规则约束来表达。金融危机过后，国际贸易、货币金融等领域诸多改革方案相继提出、实施，佐证了不同经济体借助规则动态约束，进行利益博弈并参与经济秩序建设的努力。这说明借助布雷顿森林体系建立，来应对战后经济失序的国家集团传统主导模式，已经成为历史。徐秀军(2015)认为规则制定过程及其引发的利益博弈，构成了世界经济秩序演进的重要变量。

2. 演进过程描述：中国经济步入符合长期转型增长大逻辑的历史新阶段

从历史发展的视角来看，经济转型增长的过程，也是发展状态不断转换的过程。“新常态”作为转型增长新阶段与经济发展新状态的理论定位，涉及历史维度的规律继承、现实维度的状态判断以及未来维度的趋势预测。称其“新”，是因为该阶段属于中国长期转型增长大逻辑下的历史新起点，无论是内外风险的应对、主要矛盾的化解，还是增长动力的转换、经验规律的把握，都具有区别于“旧常态”转型增长任务的特殊性；谓之“常”，是由于该状态涌现出的现象、特征与趋势，是超长周期与全球整体视角下，一系列“大概率”事件相互作用并集中表达的结果，具有历史必然性与合理性。

中国经济新常态的出现，可以追溯至2008年国际金融危机爆发之后，一系列大规模刺激性政策的相继失效(Quyang et al.,2015)，被打断的高速增长状态并未得到有效恢复，经济基本面也随之发生全局性、长期性与实质性的变化。郭克莎(2016)将“三期叠加”阶段视为迈入常态化新阶段的非独立、基础性环节，认为下行压力的平稳化解，经济结构的再次优化以及增长动力的全面转换，是转入新常态平稳阶段的关键。一方面，新常态是中国经济运行过程中系统性矛盾不断累积、持续转化并集中显现的结果，标志着高速追赶目标驱动下的数量型经济增长方式无法持续释放制度红利、技术红利和结构红利，需要通过转型增长撬动经济运行轨道的升级，从低层次的数量追赶型经济运行轨道跃迁至高层次的质量追赶型经济运行轨道，才能够在新的发展状态上，实现对旧红利的改造与新红利的创建。另一方面，经济联动外部条件的相对恶化，同样意味着既有经济增长状态无法应对治理新规则的挑战、"长期停滞"衍生风险的入侵以及经济体系再平衡演进的竞争性冲击，需要通过转型增长加速开放理念的更新、风险应对机制的建立，乃至经济治理体系的改革。

因此，区别于全球经济增长周期性转换诱发"长期停滞"(secular stagnation)与"新平庸"(new mediocre)的悲观论调，中国经济新常态不是由"大稳定"(great moderation)的繁荣状态陷入"大萧条"(great depression)的危机泥沼，而是作为转型增长的契机，提供了一个制度构架、技术进步与经济结构协同演化的积极通道，促使数量赶超型经济平稳过渡至质量赶超型经济。上述战略层面的根本性判断，指明了未来中国经济转型增长的逻辑起点，即新常态可能面临的"制度性风险""技术模仿陷阱"以及"结构性减速"等隐患，这些均属于"创造性破坏"的产物，而质量型经济增长的结构性动力体系再造，构成了优化经济运行机制的辩证逻辑。

3. 演进结果预判：转型增长倒逼增速的"合质性"并轨

"新常态"作为经济增长阶段性转换状态的重大战略判断，具有极强的历史纵深感。从大跨度与宽视角相结合的演进趋势来看，增长"总量"的积累，无法自行消解"有增长而无发展"的隐患。由全球化新趋势驱动的世界经济体系演进新取向，对于逐渐褪去"大稳定"光环的世界经济而言，它是主动突破"多重结构性困境"，以摆脱"新平庸"而稳步实现新旧周期平稳转换的努力新方向；对于作出"新常态"战略性判断的中国而言，它是主动化解"总量积累"伴生矛盾和"结构失衡"隐患的发展新契机。因此，无论是世界"新平庸"还是中国"新常态"，其承载的历史任务，不再局限于经济快速复苏或者繁荣增长维持，而是以结构性调整撬动数量型经济增长向质量型经济增长的全面转型。前者表现为发展新周期导向下的增速重启，后者贯穿于更具质量发展意义的稳步降阶换挡的过程中。因此，常态化新阶段的中国增速"合质性"并轨，体现在以下两个方面。

一是"超常规"增速状态中断，符合全球经济一般性演进规律与中国经济独特复兴路径的双重逻辑。从增速转换趋势形成的经验性判断来看，区别于 1700 年之前全球总产值年均 0.1％的低水平增长状态，由数次工业革命驱动的世界经济增长新进程，不乏实现高速增长的成功案例。托马斯·皮凯蒂(2014)将其定性为全球范围内梯次追赶涌现出的"超常规"现象，并认为发达国家的人均产值难以超越 1.5％的年均增长率，即使是正在赶超的经济体也无法为全球整体注入高速增长的维持动力。因此，边际报酬递减机制、后发优势消亡以及结构性因素累积，会引起"超常规"增速状态的中断，表现为二战之后世界经济增速整体放缓、成熟经济体陷入长期停滞，以及追赶经济体相继增速换挡。但是增速回落的形成机制、演化过程与内在实质，会受到历史因素、具体国情以及增长取向的影响。中国经济复兴之路伴生的增速转换过程，正是以转型增长平稳接续与现实国情认知为基础作出的适宜化增速取向探索过程，即物质规模扩张导向下的增速激励，开启了经济复兴的加速引擎，而新发展理念导向下的增速“合质并轨”，则保障了复兴路径的良性演进。

二是相对高速增长状态的到来，同时承载着庞大增长基数扩容动力重塑与增长趋缓稳定过渡路径建构的双重任务。随着全球化黏合力量的增强，一个地区的经济震荡，极易造成世界范围内的经济波动。尽管2008年的次贷危机并未对中国经济增长的表现造成实质性影响，但是却在2010年快速回升之后，由9%以上的超高速增长状态稳步降级换挡，转入6%至9%相对中高速增长的区间。从2015年Q1至2018年Q3之间，基本保持在6.5%至7%之间，而2019年Q1至2023年Q1之间，则在平均值5.03%上下波动(图4-4)。这对处于“改革进行时”的中国而言，既是机遇也是挑战，更是理性反思的结果。第一，庞大的经济基数意味着增速降阶换挡符合客观、必然规律。主动顺应不可逆趋势，不仅需要创造发展优势以驱动扩容动力重塑，为人民生活水平跃迁、现代化强国建设奠定物质基础，而且要求这物质基础的创造过程更加高效、稳固，分配结果更为公平、公正，环境代价更趋缩小、可控。第二，相对高速增长状态的到来，也为数量增长路径理性回归至质量发展路径提供了新契机。第三，受到逆全球化趋势、新冠疫情冲击与经济提质换挡

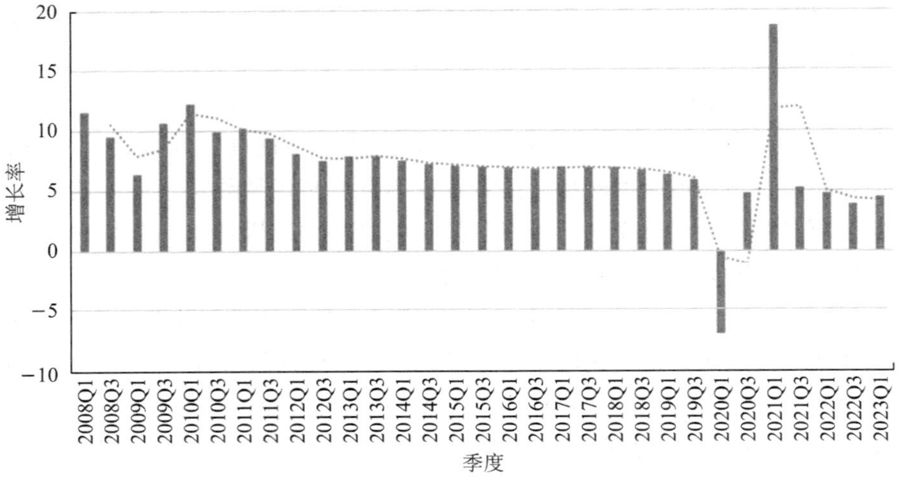

图4-4　2008—2023年中国GDP的季度增长率变化趋势

(注：数据来源于中华人民共和国国家统计局网站 http://www.stats.gov.cn/)

等多元因素影响，GDP 增长率在回落的同时也出现了明显的震荡，稳定性、修复性与可持续性等问题愈发凸显。但是，需求结构中"消费—投资"内循环引擎的开启、产业结构中新兴产业的涌现、区域结构中平衡发展维度的凸显，以及分配结构中改革成果共享的确立，构成了以多元经济结构在平衡驱动稳步转换路径构建的新期待。

第 5 章　传统农业经济向早期工业经济转型增长的形成机制

不论是对古代社会是否存在“现代”属性的争论，还是对其自我维持机制失效终极原因的探讨，有关现代前社会状态的研究从未停止。一个可能的原因在于，古代小规模传统农业经济社会，构成了识别现代社会特殊性的基准状态，而后续衍生出的文明转型、社会过渡等指向性研究，均将这种状态差异作为深入分析的逻辑起点与历史共识，即人类文明的历史，发端于被冠以“原始”头衔的农业经济“旧世界”，而孕育出工业文明“新世界”的西欧资本主义，则开启了“现代”社会的篇章。本章重点讨论中国经济长期转型增长进程中的第一个关键环节，由“旧世界”迈入“新世界”的历史形成机制。

5.1　文献综述及问题提出

从经济学领域的研究来看，现代工业经济对传统农业经济的替代与吞噬，“新旧”界限生成的根本原因及其引发的兴衰转化表象，均属于能够持续激发学术好奇心与争论的研究命题。其中最具代表性的，当属“李约瑟之谜”，涉及“文明分岔的动力机制”“科学、工业革命的生发环境”和“经济表现的大分流”等众多子命题，而中国传统农业经济向早期工业经济转型增长的形成机制，构成命题解读的重要样本。

中国经济在世界范围内的式微，属于“李约瑟之谜”衰落版本的重要组成部分，但是在具体的认知与研究思路上，存在如下差异：持有超稳态论、循环论与停滞论观点的学者，倾向以中国传统农业社会的自稳定机制为基点，来解释未能成功过渡到现代工业经济社会的原因；而持有资本主义萌芽观点的学者，无论将其视为自发出现还是“外部冲击—内部回应”的产物，都试图从资本主义萌芽的异质性特征，来解释其未能壮大的原因。本书认为，对中国传统经济表现的审视，离不开社会历史的大环境，不能先验地依据某种逻辑，或者使用静态方法，来强化经济属性的一元论与必然论，而是需要回到由时间维度与观测样本构成的双重参照系，才能够发现中国农业经济向工业经济转型增长演进过程中所具有的重要性、普遍性与特殊性规律。进而避免一元论对异质性现象与特征涌现史实的忽视，以及必然论可能出现的“资本主义萌芽比附情节”，即经济阶段的单线条进化论（李伯重，2012）。

“李约瑟之谜”中国版本的现有解释性假说，可以划分为四大类（图 5－1）。

第一类	文化决定论	中西方在文化及其衍生的价值观念、思维方式、伦理认知等方面，表现出的理性程度，是促进或阻碍现代科学技术体系，以及资本主义生产方式形成的决定性因素（韦伯，1930；Mokyr，2003）。
	技术决定论	由早期建立在人口数量与技术创新复杂程度上的英雄论（戴蒙德，2006），拓展至技术发明模式论，林毅夫（2007）认为技术创新方式由经验向实验的转换，是理解中西方技术、经济分流现象的关键。
	制度决定论	从众多制度约束条件中，寻找中国未能发生工业革命的原因，涉及政府权威委托机制（皮建才，2009）、职权结构中的产权执行差异（艾德荣，2005）、官僚制度固有的产权保护因素（张宇燕、高程，2005）、专利制度（寇宗来，2005）等。
	资源人口决定论	人地比例恶化与劳动节约型技术匮乏的相互加强关系，能够解释中国农业在工业革命前持续领先的原因（Elvin，1975；Chao，1986）；“人地比例－工农业投资回报－发展路径”机制（姚洋，2003），用以揭示工业革命之后中西方路径分岔。
	资源禀赋决定论	该假说重视隶属于不同文明分支的文化基因，认为文化的力量是在偶然与历史的共同作用下被激活的，地理禀赋是诱发科学革命众多外生变量的终极约束条件，而非绝对决定因素。文贯中（2005）认为，地理禀赋是影响早期文明演变，以及不同文明形态下科学革命萌芽、发展，并引起道路分化最为重要的外生因素。
第二类	经济增长阶段论	蔡昉（2015）将李约瑟之谜，明确定位为“马尔萨斯贫困陷阱阶段”的关键环节，认为能够诱致出不同资本积累激励机制的制度差异，是导致中西方出现技术水平与人均收入分化的根本原因。
	技术抵制论	汪川、赵亚奎（2011，2012）从土地分配制度、政体形式对人力资本投资、工业技术的抵制角度，解释近代技术停滞现象。
	多元动态机制论	重刻画马尔萨斯阶段“人口数量—技术进步—收入分流”的动态影响机制，并进一步追溯了制度、地理等因素通过影响人力资本积累、技术进步，对收入分流可能产生的间接影响。陈昆亭、龚六堂（2006）建立了反映偏好、文化与制度差异的简化经济模型，模拟并验证了东西方内在经济特征差异引起分流的必然性。
第三类	系统论	陈平（2004）建立耗散结构系统，利用“环境涨落—农业经济结构变迁—技术结构变革”演化机制来解释李约瑟之谜；汪立鑫（2005）补充研究了开放性通过技术革新促进市场经济形成的微观反馈机制。
	结构论	关注于社会结构与科学技术结构的交互作用过程。金观涛、刘青峰（1992）认为西方封建主义向资本主义社会结构的变迁，使现代科学结构生成及其与开放性技术体系的结合成为可能。而中国封建社会结构孕育出的大一统技术结构，既无法转化为开放性的技术体系，也无法在科技结构内部通过加速机制诱发技术体系的根本性变革。
第四类	分工论	该类假说将劳动分工作为解读中西方社会、经济分化现象的核心环节，韦森（2006）着重刻画了“制度生成－斯密动力－科技革命”之间的协同演化关系，赵红军（2005，2006）关注于劳动分工的前向影响因素，认为基础设施、地理环境等硬条件以及制度、政策等软条件会影响交易效率表现；Shiue & Kelly（2007）主要分析了劳动分工的后向因素，即中国与欧洲在市场规模上的差异表现。

图 5－1　假说分类及主要观点梳理

一是追溯工业革命或者科学革命生发机制的解释性假说。前者从思想文化、技术方式、制度约束条件与“人口—资源”矛盾应对机制等方面的差异，来探讨西方顺利迈入工业革命进程而中国错失起飞机遇的原因；后者认为科学革命的出现是命题破解的关键，倾向从文明演化视角，来研究生态、地理禀赋约束对科学革命生发机制的影响与制约。二是关注技术与经济表现动态差异生成根源的解释性假说。包括重点解释技术分化与经济分流现象的经济增长阶段论，以及统一增长理论框架下的技术抵制论、多元动态影响机制论。三是将命题置于东西方系统性与结构性演进背景而形成的解释性假说。包括系统演化论与社会、技术结构交互作用论。四是从经济关系入手，借助“交易成本—市场分工—经济效率”的逻辑框架，来分析中西方经济效率的动态演进差异。除此之外，还形成了伦理文化说（熊金武，2019）、官僚制度说（杨继国，2021）等前沿成果，这些均基于线性思维克服与单一解释超越的共性努力，阐释东西方分化演进的核心驱动。

从上述假说的解释力来看：其一，将“李约瑟之谜”命题转换为解释工业、科技革命生发机制的第一类假说，其中普遍存在单因素选取与单向度设计的框架构建偏好，这为假说之间的相互驳斥与证伪留有空间。毕竟特定时空维度下的非线性历史过程，不仅复杂而且多变。不同观测样本在相似历史背景，或者同一观测样本在不同历史阶段的众多矛盾现象，为缺乏理论共识的反证式批判提供了天然素材。其二，将命题破解的焦点集中在技术水平与人均收入范畴的第二类解释性假说，它能够反映经济增长的长期特征，阐释重大历史事件的形成机制。但是过于关注数量变化的做法，忽视了经济系统性演进的质量判断与规律总结，在具体的机制分析上，也缺乏对制度影响物质资本积累环节的刻画。其三，运用系统、整体思维的第三类解释性假说，其有效还原了驱动技术体系生成的结构性因素以及历史演进背景，只是在对经济形态的认知上，过度放大了单向度线性演进路径依赖的特征，削弱了行为主体在路径创造、方向指引、优化选择等方面的能动作用，据此得到的规律性结论难以兼容经济形态的多样化特征。其四，以市场分工为核心的第四类解释性假说，它将分析视角拉回至基本经济关系范畴，既强调了世界分工体系构建可能产生的扩张市场边界、提升经济绩效功能，也拓展了斯密定理对其他经济增长影响因素的包容性。但是，在中国社会动态演化特殊过程的判断与理解上，缺乏对结构性动力因素与阶段性特征的探讨。

尽管各类假说引发的学术争论相持不下，但是一元论向多元论的过渡、单一样本向“东西”对照场景的还原、静态均衡向动态非均衡思维的转换，共同构成了研究视角更新的大趋势。毕竟李约瑟本人就曾在《大滴定》中作出明确的研究指引：问题的回答离不开“对形态、动力、需求、变化”等诸多变量的分析。黄宗智认为现代工业革命的出现，必须归结为“多因素而非单一因素决定的事件”。黄仁宇（1997）甚至提出，谜题的破解离不开对“物种本身进化路径”的考察。

本书认为广义"李约瑟之谜"的一般性表述，可以合理转化为："原始"农业经济向"现代"工业经济转型增长过程中，滞后现象与路径差异的生成根源，并将其作为中国经济长期转型增长的阶段性命题。本章试图重新回到"东西方"对照的场景中，想要讨论的是两个高度关联的问题，即中国传统农业经济是如何实现向工业经济的转型增长？又是如何不可避免地成为了"李约瑟之谜"命题所暗示的衰落样本？具体而言，可以划分为三个层次：从历史语境来看，中国农本社会自我维持机制建立的合理性及其松动、瓦解的必然性，是如何体现的？从实现过程来看，中国传统农业经济向工业经济转型增长的历史进程，缘何滞后于西欧？从最终结果来看，中国传统农业经济式微、工业经济萌而不发与错失经济起飞机遇之间，存在怎样的因果链条关系？

5.2　千年变局下传统农本社会瓦解的历史条件

5.2.1　外部环境

从整体、连续、演进的视角来看，世界经济体系不仅存在于标志着"历史性断裂与质变"的现代社会。持续的资本积累竞争压力，同时影响着"中心—边缘"架构下的纵向流动通道，以及世界范围内"欠发达""边缘"区域之间的横向流动通道，进而诱发体系等级相对位置的变动①。

18 世纪初期，西方通过贸易争夺完成了削弱东方力量的致命一击。孟加拉国航运业、纺织业的下滑以及贸易经营权的丧失，古吉拉特海运业的崩溃，导致印度的经济困难演变为全面衰退(Arasaratnam，1995)。虽然与亚洲其他地区相比，中国经济没有出现急速失序与下滑，但后续发生的鸦片贸易、白银外流、主权争夺，都为其衰落埋下了伏笔。而世界经济体系演进过程中内生出的"自东向西"扩张机制，是促使矛盾集中爆发，并陷入不可逆趋势的重要原因之一。

西方的崛起属于"理性—创新"精神相互加强，"科学—发明—技术"持续涌现，以及"航海—贸易—军事"良性互动等多种链式关系形成合力的结果，具有一定的偶然性。但是这种偶然性，却促使西方成为世界经济体系中不可忽视的力量，并在后续的参与过程中，获得了世界经济体系结构性演进创造出的新优势。对于从美

①上述内容正是"反欧洲中心论"者试图唤起学界对世界经济体系生成、运转动力机制思考的主要论点，也是对长期以来欧洲资本主义被赋予的霸权身份、绝对优势以及巨大影响力提出质疑的理论基础。本书认为对社会属性的辨识，不会必然导致"欧洲中心论"的研究倾向，毕竟"前现代"社会也存在或多或少的"现代属性"，但是不能将其等同于资本主义。承认"现代"时期"欠发达""边缘"区域之间经济联系的前提，在于合理判断世界经济体系演进对"前现代"与"现代"经济状态的影响差异，特别是具有侵略、殖民目的的扩张行为。

洲矿产开发中尽获好处的欧洲国家来说，“理性反应”体现在：试图通过工业的急剧扩张、贸易的快速发展、技术的全面革新，以及金银资本的汹涌流动，将整个世界联系在一起，以谋求更大的收益。上述内容共同构成了世界经济体系“自东向西”扩张机制产生并自我强化的内在动力。对于创造出“康乾盛世”繁荣景象的中国而言，这股扩张力量在成长初期并未迅猛到不可抵挡，直至英国采用了侵略、掠夺、殖民性质的鸦片输入手段，导致中国逐渐丧失了参与世界经济体系的自主权。

5.2.2 现实需求

“明清停滞”是刻画中国传统封建社会趋于没落的重要观点，涉及制度运行方式的僵化、科学技术发展的滞后以及经济总量水平的衰败。不少学者通过历史搜证来驳斥这一观点（魏金玉，2003；刘军梅 等，2006），认为这一时期既不缺乏新的经济因素与制度活力，特别是商品经济与手工业的分离式发展，以及垦荒、租佃等制度的变迁，也从未陷入经济停滞的状态，然而，耕地面积、粮食生产的恢复，能够支撑巨大规模的人口增长，清代中期的中国经济刚刚迈入了历史的最高峰。客观来说，任何时期都不存在单一的社会属性与绝对的“新旧”界限，宏观经济总量表现的统计数据优势，完全有可能掩盖内在质量属性的判断。

传统农本社会自我延续惯性的中断，始于内外关联冲破独立自主状态所诱致的生存需求，以及农业经济相对衰落所激发的求富求强愿景。

中国作为亚洲经济的重要组成部分，从未隔断与外界的往来，甚至一度被视为早期世界经济体系的主导力量之一。这种主动建立的联系具有从属与间断的特征，毕竟“天朝贵重之物无所不有”，以朝贡交换替代商业交易的模式，即使存在扩张动机与竞争压力，也无法摆脱政权更替与政策选择的制约。但是，当承袭了航线开辟、美洲金银等诸多好处的西欧无法通过航海冒险与自由贸易来满足其地理、经济的扩张需求时，他们转而借助鸦片贸易侵略，强行打开了中国的大门，世界经济体系运转衍生出的内外关联需求，促使中国独立自主程度不断下滑并越过临界状态。西方崛起与东方衰落两个并行不悖的历史过程，在相遇之后相继进入加速状态，中国独立自主封建社会内部的瓦解力量与外部的解构力量彻底被激发，半殖民半封建社会的经济侵略与剥削属性，借助强行注入的外国资本与扭曲的官僚资本予以表达。源自生产力根本性束缚衍生出的生存需求，势必诱发政治、经济、文化的全面变革①，而首先要不断拓展新制度、新知识、新技术等内生增长源泉的获取渠道。上述过程（图 5－2），构成中国传统封闭农本社会瓦解的正反馈循环系统。

①不同于传统“冲击—反应”论的观点，本书认为冲击源自世界经济体系演进内生出的内外关联力量，而反应结果取决于内部瓦解力量与外部解构力量成长的双重状态，只有当上述两种力量的匹配合力达到临界状态，封建社会的自我维持机制才会真正趋于松动。因此，早期的外族、殖民入侵，以及未彻底成长起来的内外经济关联释放出的偶发性冲击，完全可以通过松动独立自主状态的自我维持机制来化解与应对。

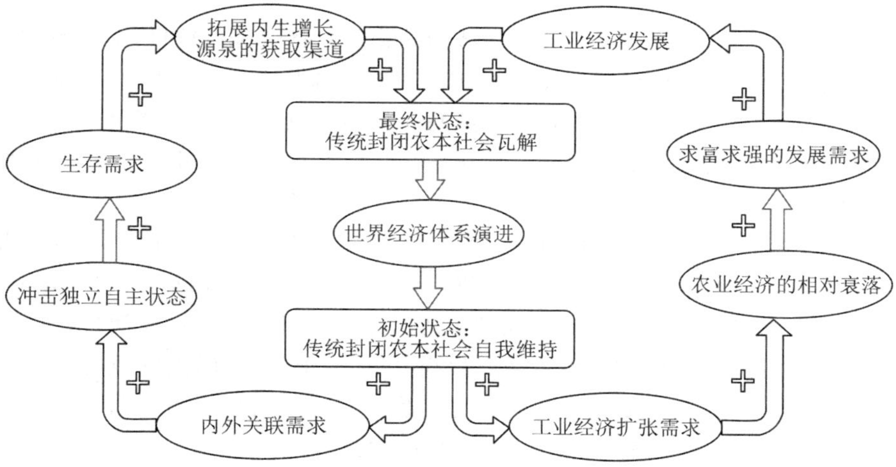

图 5－2　中国传统封闭农本社会瓦解的正反馈循环系统

中国经济的衰落是一个相对的概念。其一，是相对总量统计指标的平均水平衰落。从世界经济增长史的范畴来看，中国经济绝对领先地位的丧失，发生于1820 年至 1870 年，但是人均收入从 1500 年开始就进入了停滞状态，并且在 1870 年出现了明显的下滑，降幅达到 116.67％。其二，是相对历史增长趋势的阶段性衰落。根据 GDP 增长率与人均 GDP 增长率的分期数据来看，1500 年至 1820 年的年均复合增长率分别为 0.41％和 0.00％，甚至在 1820 年至 1870 年分别跌至－0.37％和－0.25％。其三，是相对世界经济增长主导动力的农业经济衰落。世界经济体系中西方力量的成长，标志着以工业经济为核心的增长主导动力开始蔓延，但是，这一阶段的中国经济增长仍旧依赖于农业经济，手工业与农业的分离趋势具有明显的地域、行业约束。

5.2.3　主观条件

对于“国家”“天下”无异，“政府”“朝廷”不分的“普适帝国”形态来说，朝代更迭从未改变“世界秩序属于中国文化延伸结果”的历史认知（邓正来，2008）。因此，国家观念的形成与民族意识的崛起，构成封建、传统农本社会内部自我变革力量产生并壮大的主观条件。

1. 国家观念的形成有效激发了解构封建农本社会自我维持机制的政治变革动力

在西方列强不断发动侵略、攫取特权并逐渐控制中国财政经济命脉之后，凌驾于国家、民族之上的“文化机体观念”开始消融（钱穆，1988）。“割地事小，亡国事大”的愚民论调，再也无法压制有识之士的存亡危机认知。国家观念的萌芽，加速了主权意识的建立，促使清王朝的统治势力为化解政治合法性危机，不得不对既有制度构架进行修补式整合，其主要目的在于削弱外部势力肆意增强的主权侵略程度，以及内部涌现出的不规则政权更替威胁。从实际效果来看，前者鼓吹的自强运动，即通过中西嫁接方式来推进的现代化，大多流于形式，并未触及根本；后者所依托的权力下放手段，为之后出现的军阀割据混乱状态埋下了隐患。

如果说面对梁启超“夫国也者，何物也?”的发问，清朝末期的中国，无意识开启了“使天下成为国家”的历史进程(列文森，2000)。那么，孙中山提出的“中国者，中国人之中国，中国之政治，中国人任之”①，则标志着对皇权代表国家属性这一合法身份的彻底否定。伴随着 1912 年资产阶级共和国、1928 年国民党政权的相继建立，近代国家观念进入了极具历史意义的实践环节，加之自由、平等与民主意识的有力传播，传统农本社会依托的政治基础彻底被瓦解。

2. 民族意识的觉醒催生出解构封建传统农本社会自我维持机制的经济变革动力

民族意识的觉醒，不仅激发了民族国家建构的政治冲动，也创造了官僚资本主义经济与民族资本主义经济的成长契机，使其成为瓦解传统农本社会自我维持机制最为重要的内在经济变革力量。

鸦片战争之后，中国经济发生了巨变，先后涌现出了由外国资本、官僚资本与民族资本分别经营的近代化企业。从性质来看，在这样一个时代，以特权保护为外衣、以原始积累为目的的外国在华资本，属于世界经济体系“自东向西”扩张机制下的时代产物，具有侵略的性质，不可能成为瓦解传统农本社会经济基础的内部变革动力，而是对官僚资本与民族资本的成长起到了加速、催化的作用。官僚资本的运作②，依托于特定的政权，在“师夷长技以制夷”的呼声之外，其成长过程无法回避政权巩固的历史使命，此类经济变革力量之所以饱受诟病，是因为这种官商关系极易演变为“官商勾结”与“官夺商权”之事。独立商办民族资本企业的雏形，可以追溯至 1872 年创办的继昌隆缫丝厂。根据李运元(1957)的统计，1870 年至 1980 年零星涌现的企业仅有 22 家，而缫丝厂就占了半数。从表 5－2 可以看出，民族资本工业产值在“黄金时代”迅速攀升至官僚工业资本的 61.74%，达到 1891 万元，其高增长率的发展态势一直维持至 1913 年，尽管一战的爆发使得民族资本的生存环

①《孙中山全集》(第 1 卷)，北京：中华书局，1981 年版，第 296－297 页。

②在早期研究官僚资本的著作《中国资产阶级的发展》中，明确区分了官办企业与官商合办企业。但是中华人民共和国成立前的“国家垄断资本主义”又被视为官僚资本的等价物，学界对这一概念的内涵界定始终存在较大争议。本书沿用许涤新、吴承明的做法，将从清代洋务派企业到国民党的官僚资本视为一类，据此区别独立走上商办道路的民族资本，而在民族资本的认定过程中，将资本主义手工业视为民族资本近代化工业的重要组成部分，详见《中国资本主义发展史(第二卷)》第 8、11 页。

境有所恶化，但是1920年的工业资本产值接近官僚工业资本产值的3.9倍。客观来看，官僚资本与民族资本的成长均具有明显的工业化指向，涉及经济制度与技术方式的变革，只是在道路选择上存在差异，加之历史惰性与先进动能的不可分割性，本书辩证地将上述两大力量，视为瓦解传统农本社会经济基础不可或缺的主观条件。

表5-2　外国在华资本、官僚资本与民族资本的规模比较　(单位:万元)

分类	时间(年)	工业资本	交通运输业资本	商业资本	金融业资本	合计
外国在华资本	1894	2791	2615	9284	6680	21370
	1913	37690	64435	67968	14515	184608
	1920	50000	83000	87000	19000	239000
官僚资本	1894	3063	1694	—	—	4757
	1913	8417	39390	—	4489	52296
	1920	11414	55538	—	23253	90205
民族资本	1894	1891	101	65600	20000	87592
	1913	20515	8226	166200	52000	246941
	1920	45070	12907	230000	102700	390677

注：依据许涤新、吴承明编写的《中国资本主义发展史(第二卷)》第803页的基础数据计算而得。

5.3　基于中西方对照场景的经济转型增长形成机制探源

5.3.1　逻辑起点定位

从文明兴起、传递与演化的历史进程来看，地理禀赋与生态资源在特定社会经济形态生成的过程中，起到了十分重要的作用。对于中华文明而言，能够抵抗军事入侵的天然屏障以及有利于农业发展的环境优势，共同构成了农耕文明的产生、发展，并与大一统封建专制帝国紧密相连的历史基础。自秦凭借“进可攻、退可守”的天然地理优势，以及攻克疆域拓展障碍的主观努力，顺利实现了“灭六国、四海一”的历史壮举，并迅速建立起封建制度构架，以保障中国古代农本社会自我维持机制的高效运转。这种由文明演化驱动的社会经济形态生成过程，具有一定的历史共性，属于既定地理环境约束下人口压力的缓解渠道。

1. 农本社会自我维持机制的制度支撑

中国农本社会的自我维持机制，有利于突破“马尔萨斯制约”的政治、经济制度，构成农业经济相对繁荣与稳定维持的支撑力量。一方面，以中央集权为核心的封建政治正式制度的建立动机，在于巩固并维持农本社会经济形态，而据此衍生出的“大一统”政治发展战略，为专制皇权的存续与税收控制提供了合法性基础。另一方面，以封建土地所有制为核心的经济正式制度，不断强化经济行为主体的农本定位与依附、对立关系。“普天之下，莫非王土”的土地所有权管理模式，意味着“弱势”小农家庭，既无法抗拒“强势”中央集权政府的税收命令，也无法摆脱地主阶级利用人身、经济附庸关系实行的地租攫取。不断巩固的封闭型小农经济发展模式，构成了政府治理惯性（赵红军，2010）、人口增长趋势乃至经济关系再造的逻辑基础，加之有利于巩固社会等级，迎合求均意识的政治、经济非正式制度，衍生出了具有柔性特征的文化发展手段。农本社会自我维持机制，最终建立起以“强权政治、小农经济、儒学文化”为内核的制度支撑体系。

2. 农本社会自我维持机制的技术支撑

土地是农本社会最为重要的经济资源，而人与地的合理结合，不仅是制度构架经济意义的体现，而且是科学技术作为生产力发挥实际作用的对象。对于含义更为宽泛的古代技术进步来说，发明涌现、技术革新再到技术扩散，有可能与政治、经济因素相冲突，但是却不得不屈服于封建社会维持政权稳定、人口增加的“政治导向”，以及熊彼特（1990）在《经济发展理论》中强调的“经济恰当性”，即是否能顺利实现与其他生产要素的配合。从这个角度来看，旨在破除人地矛盾的技术进步对制度构架具有很强的依赖性，农业经济范畴内能够实现精耕细作、强本抑末的技术，更容易被激励进入生产环节，完成革新与扩散。而工商业偶发的技术进步，由于缺乏必要的投资激励、专业化分工空间以及政策支持，始终无法成为经济增长的主导技术动力。

3. 农本社会自我维持机制的结构支撑

从结构特征来看，农业范畴技术进步主导下的经济增长，凸显了农业经济在经济总量中的绝对优势，并且能够在持续、稳定吸收资源、要素的同时，间接压缩非农产业的发展，形成“强者更强，弱者趋弱”的反馈效应。无论是家庭副业、手工业，还是工商业，都被视为对小农经济非连续生产过程的填补，而乡村经济市场的出现，尽管在联通村落的同时，有效扩大了经济活动的网络，但是以小农家庭为基本经济单位的实质，间接削弱了城市的经济功能与人口吸纳能力，致使城市发展在人口激增的特殊时期，依旧处于低水平扩张甚至收缩的态势。除此以外，受到人口压力的内向化解惯性，以及远洋贸易的政治军事约束、特殊功能定位与有限的经济效益，对外贸易并未对经济结构演进产生实质性的影响①。

由上述分析可以看出，农本社会自我维持机制建构并维持的合理性，源自制度、技术与结构的匹配合力。对其失效、松动，直至瓦解的历史考察，也应该回到制度、技术与结构的系统性作用中去，以主导文明转换为历史背景，从世界经济体系的动态演进的角度，去理解这一过程对中国农业经济向工业经济转型增长形成机制的历史意义。当然，一个可能的衍生命题是：如果世界经济体系的演进过程中未曾出现自东向西的扩张力量，农本社会自我维持机制是否能够内生出瓦解力量，并顺利开启农业经济向工业经济自发转型增长的进程。

5.3.2　形成机制探源

1. 转型增长的启动：制度条件分叉的历史形成机制

(1)中国经济转型增长启动的制度演化路径。

早期世界历史充斥着王国之间分立与吞并的零和博弈，即使是经历了“秦已并天下”的中国古代封建社会，“分合交替”的存续状态同样证实了这一观点，即从未实现“持续且彻底的统一”(葛剑雄，1994)，但这并不妨碍转型增长启动过程中周期性内卷动力的反复再造。

首先，中国经济转型增长的启动，秉承周期性内卷动力再生的基本逻辑。中国古代封建制度体系的特殊性，在于能够借助天下分合之势进行自我修复。当贸易获利机会增多、异族势力入侵、自然环境改变等外生力量，触发制度适宜性变迁的路径构建力量之时，例如统治者更迭形成的偏好异化、特殊时期推行的变法实验等。政权所有者及其代理人、乡绅阶层、起义农民等，都可能成为原始制度构架选择集的扩容者与创造者。但是受到理性认知的影响，上述群体会再次不自知地充当封建制度构架选择集的修复者，以及“非遍历性”选择的推崇者，或是通过弹性体制供给，削弱制度构架对外生力量的即时抗争意愿，或是借助政权更替、利益共谋、暴力镇压等手段，来继承与重塑历史依赖下的制度构架选择集，不断再生出中国封建经济转型增长启动阶段的周期性内卷动力。究其原因，中国古代历史上的明君贤主、乡绅精英、起义领袖，乃至贫农小户，都无法摆脱对终结乱世的向往，以及“统一文化”驱动的国家扩张与稳定情结。

其次，中国古代封建制度的动态约束条件，在异化与复归中实现自我维持。在“一乱一治”的循环表象下，集权式封建政治正式制度，始终被历代君王视为平定内乱外祸的强国逻辑，尽管多次崩颓但从未瓦解，封建土地所有权在国家与大地主之

①中国古代海上贸易的开拓，肇始于西汉时期，其主要作用在于文化交流与使节互访，而远洋贸易的发展，在经历了隋唐鼓励中外商人“自为交易”，到元宋“市舶之利最厚”认知下的大规模流通，于明太祖登基之后出现多次中断，在海禁政策的不规则作用下，贸易收缩与扩张交替出现，并延续至鸦片战争，并未出现实质性的发展。

间的动态分布，实属缓解社会阶层矛盾、推行休养生息政策、顺应财富形态演变的重要途径，以杂糅文化为内核的外儒内法统治手段，有效压制了“循天下之公”“弱君权、扬民权”“工商皆本”等市民、商品社会蓝图下的启蒙性思潮。在转型增长内卷动力的持续作用下，制度构架的适宜性变迁，从未根除集权、农本、封闭等初始禀赋的自我维持机制。即使个别朝代、地区涌现出了小范围分权自治下的创新组织形式，也因横向互动竞争机制的缺失，而无法补偿权力争夺、横征暴敛带来的分权制度维持成本与实验代价，或是陷入失衡而趋于自行解体，或是流于形式而被重新纳入封建大一统制度构架。

最后，资本积累激励、约束机制的更新具有明显的农本倾向。中国古代封建制度条件“异化—复归”所秉承的大一统逻辑，同样隐藏在资本积累激励、约束条件的更新过程中。一方面，资本积累激励与约束的分界点，在于动机生成的合法性，即是否满足“维护国家统一、巩固王权专制”的政治战略需求。能够“出奇计”强国、“保社稷”固本的政治、农业人才，远比“为富经商”“奇技淫巧”的从事者，更易获得相对独立、稳定的职业生存空间；有助于实现军事防御、税源拓展，而非危害皇权稳定、增大财政开支风险的物质资本，更易被赋予官方合法身份。另一方面，就资本积累动机生成的可能性来看，以小农家庭为基本生产单位的生产方式，难以从底层自发形成工、商业范畴的资本积累动机，而不受稀缺性原则制约的扭曲式资源与技术配置导向，阻塞了工商业资本积累的规模报酬的激励路径。除此以外，“官本位”“艺成而下”等资本积累适应性预期的大规模普及，使得职业分工选择、生产资料投入等特定偏好，在代际延续的过程中不断被强化，极大降低了人才、资源自由流动及提质增效的可能性。

(2)西欧经济转型增长启动的制度演化路径。

反观同样保持自给自足农业经济状态的西欧封建社会初期，以土地层级分封为核心的制度构架内部，却存在“君主—封建主”“教皇—主教”控制的多极权力中心，极易创造出威胁农业经济自给自足状态的演进与革命性动力。

首先，西欧经济转型增长的开启，得益于演进动力与革命推动力的不断累积。建构在“土地分封—军事服务”上的纵向契约互惠机制，在削弱绝对权威的同时，凸显了协商、反抗等渠道的重要性；而基于“财产保护—扩张冲动”的横向互动竞争机制，增加了封建层级内部联盟与吞并的概率，使得产权清晰与规模经济成为可能。两大机制在为各权力中心谋取并维持统治地位与经济利益提供了合法性基础，间接促进了抽象规则系统的萌芽(波斯坦，2002)与土地制度上人身依附关系的松绑，以及分工专业化的重启，使得封建权威以外的市场、贸易力量不断成长。西欧封建制度层级体系自我破坏与重组的内在冲动，最终孕育出转型增长路径中创造力量的新主体：早期那些急于摆脱封建约束的起义者、流亡农奴与权贵阶层，以及后期在城市这一载体上的居民、商人与知识分子。随着战争、饥荒、流行病等外部冲击在黑暗的中世纪频繁出现，商业意识与宗教观念的调和，增强了理性主义的成分，有效促进了转型增长路径中创造力量的再生与积累。这一过程在逐步瓦解封建制度构架的选择集的同时，汇集成为西欧经济转型路径生成阶段的演进动力与革命性变革。

其次，不断转化并累积的演进动力与革命推动力，加速了西欧封建制度向资本主义制度的全面变迁。尽管早期封建农本社会存在对商品货币关系、新兴组织形式等异己力量的极大排斥，但是日渐成长的西欧经济转型增长路径创造的力量，能够不断为制度构架适宜性变迁主体带来新的潜在收益，进而形成路径创造力量的良性再生反馈机制。一方面，在制度适宜性变迁过程中，城市作为“策略构建”主体成长的载体，其治理权与收益权的高度捆绑，催生出封建制度内部权力向外部权力转化的横向流动激励渠道，表现为王权、封建主、贵族、宗教势力对外部权力的“控制—对立—依赖”，直至参与新兴社会层级的重组、分化过程。另一方面，伴随着演进动力向革命动力的转变与革命动力的集聚，路径创造力量也在不断生成，由此放大的城市自治、经济扩张以及文化调和需求，诱致出旨在实现社会流动、产权保护、贸易自由等具有理性设计成分的新制度集合，促使封建制度下资本主义经济关系开始萌芽。随着封建制度内部权力中心的瓦解与外部权力中心的崛起，转型增长路径中创造力量与依赖力量的对抗程度不断加剧，王权对宗教力量的打压及其与城市的联盟，为西欧完成封建制度向资本主义制度的全面变迁创造了条件。

最后，资本积累激励、约束机制的更新，为工商业经济发展提供了相对宽松的环境。西欧封建多元化等级的政治制度是一种建立在互惠基础上的统治关系，封建主直接控制受封土地上的资源、财产以及“附庸身份”，君主本身不具备跨级权威。而“顶层维稳、下层扩张”的政治发展战略，为小范围自治下的资本积累活动提供了合法性依据，并在资本积累激励、约束机制的更新过程中，放大竞争、仿效的成分，抑制垄断、割裂的可能。西欧货币赎买现象出现之后，“附属权益”加速脱离“附庸身份”，小农经济发展模式开始松动，商业化成分逐渐加强（王津津 等，2016a）。城市范围内学徒、包买商等新兴职业身份的涌现，打通了资本积累的横向渠道。基于规模报酬递增、利益分配的良性预期，行业协会等中间层逐渐成为人力资本积累激励机制的主体。尽管不断加强的商业因素，极大地挑战着宗教权威下节欲、安贫等传统观念，但是商业意识与宗教信仰的冲突与调和，恰恰构成了资本积累适应性预期转变的精神动力。

2. 转型增长的推进：科技水平分化的历史形成机制

(1)中国经济转型增长推进的技术演化路径。

伴随罗马文明的衰落，中国古代科技水平处于相对领先地位，尽管李约瑟本人从未否认中国技术的持续增长态势，弗兰克更将贬低亚洲科技的做法，归结为“欧洲中心论的原罪”。但是在 1500 年以后，中国的科技水平依旧处于相对稳定的状态，而非西欧指数式的增长状态，见图 5－3。

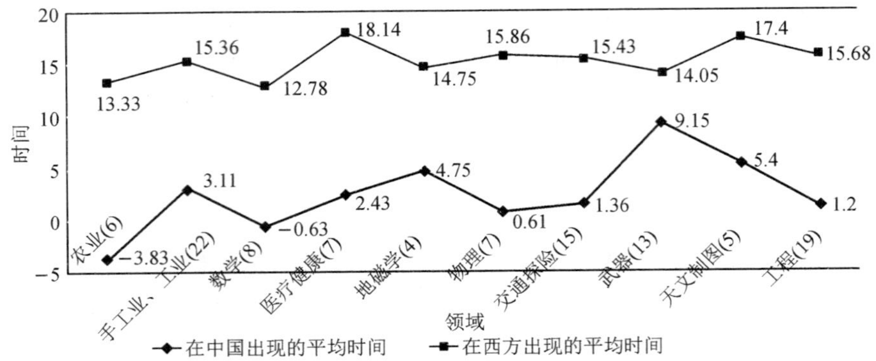

图 5－3 (16 世纪)中西方主要领域科学、发明与技术出现的平均时间对比

(注:根据 Temp. The Genius of China: 3000 Years of science, discovery and invention [M]. New York: University of Rochester Press, 1989. 和 Edwards, R. A. Essay in fiscal centralization and economic development [M]. Boston: Harward University Press, 1999. 的相关数据,计算而得)

一方面,不断再生出的内卷式动力,能够在压制技术层面路径构建力量的同时,阻碍技术进步框架的根本性跳跃。修补式制度变迁的持续推进,既可以借助科举制度、公共建设,直接干预资本积累环节,又能够通过税赋制度、劝诫政策以及专营权,间接吸收、削弱技术层面偶发的路径构建力量,形成对创造发明各环节的管控。随着明清时期皇权独大、经济管制以及文化专制态势的加剧,制度层面路径依赖的自增强作用对技术层面路径构建力量的压制愈发明显,转型增长的推进也随即转入负锁定阶段。源自政治、经济、认知的锁定力量,将中国古代的技术进步方式限制在小规模、间歇性的常规型技术进步范畴。需要特别强调的是,特殊时期、个别领域(农业、医学、轻工业等)科技成果的梳理和引用,能够佐证中国古代技术层面路径构建力量的存在,理解科技分化的形成机制。除此以外,对消亡原因与作用范畴的关注,有助于探索农本经济自我维持的技术原因。

另一方面,尚未跳脱出中国古代封建常规型的技术进步框架,始终存在着强大且灵活的抵制效应。皇权所有者及其代理人政治抵制身份的合法性,根植于大一统政权的维稳需求,不可控的政权风险能够触发政治抵制效应。对于统治者而言,降低结党营私、勾结倭寇等分权风险,远比发挥航海领域的技术优势更为紧迫,周期性增强的军事科技投入,足以支撑“劳师以袭远”的反侵略抗争。小农经济发展模式下,兼业式农户具有自发抵制脱离土地、依赖规模生产、高成本技术变革的倾向。明、清时期农户对丝业织机的持续排挤引发了传统丝业的没落。官僚阶层借助官营、禁令等政策手段,能够直接控制创造发明、经验技艺的潜在收益,人为地切断了技术变革纵向累积与横向联动的环节。以血缘、师徒关系为纽带且代际传承效率递减的技术扩散方式,造成了明清时期技术的相对停滞(代谦 等,2010)。“官本位""重农抑商"与宗法等级原则的周期性强化，通过放大机会成本、强化潜在风险，形成了对突破性技术变革的民间认知抵制导向。

从时间维度来看，抵制效应的不规则加强，有助于农业、手工业与大一统科技的成长，但是阻断了自然范畴内的现象、规律性知识向科学技术转化的形成链条①。加之常规型技术进步方式的自我强化，无法摆脱边际递减趋势，中国古代科技水平的相对式微在所难免，见图 5 - 4。中国古代技术结构组成占比见表 5 - 3。

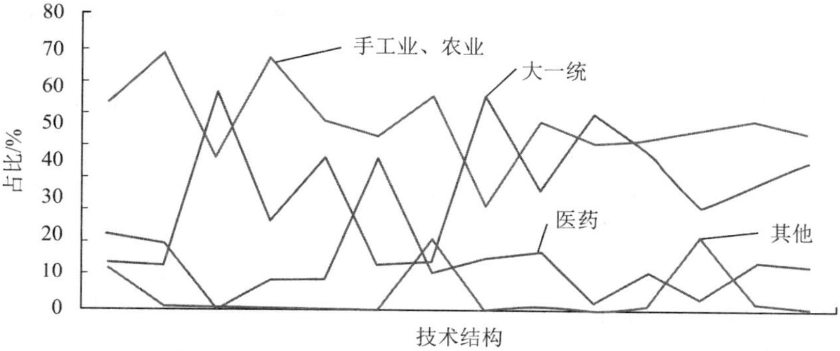

图 5 - 4　中国古代技术结构组成

表 5 - 3　中国古代技术结构组成占比

技术结构	春秋	战国	秦	西汉	东汉	魏晋	南北朝	隋	唐	北床	南床	元	明	清
手工业、农业	56	69	41	68	51	47	58	28	51	45	46	49	51	48
大一统	12	13	59	24	41	12	13	58	32	53	43	28	34	40
医药	20	18	0	8	8	41	10	14	16	2	10	3	13	12
其他	11	1	0	0	0	0	19	0	1	0	1	20	2	0

注：根据金观涛、刘青峰《兴盛与危机：论中国社会超稳定结构》第 288 - 291 页相关数据，计算、整理而得。

(2)西欧经济转型增长推进的技术演化路径。

西欧技术发明与革新成果的指数式增长，作为"空前、彻底变革"的一部分，贯穿整个"商业—科学—工业"这一革命过程。尽管样本国家在每一个环节的历史节奏有所差异，但是从共性来看，三者之间的相互催化作用及其形成的驱动合力，更

①知识向技术转化的复杂性毋庸置疑，而技术进步框架的作用在于提供稳定、高强度的转化机制，以农业、手工业为特征的常规性技术进步框架，能够容忍技术层面路径构建力量的偶发性作用，但是其内含的抵制效应，却阻碍了"自然知识—科学技术—工业发展"的形成链条。正如梁柏力(2010)在《被误解的中国：看清明清时代和今天》的例证：《墨子》《本草纲目》《四库全书》等书籍显现的哲学意蕴、记录的自然现象以及作出的规律总结，仅仅构成科学技术形成的必要条件。而本书将科技发展的思想雏形、试错法下的不规则发明创造等中国古代技术优势消解的根本原因，归结为链条断裂与失背后的抵制效应。

加值得关注。

一方面，持续累积的革命性动力在完成制度解锁的同时，积极吸收技术层面的路径构建力量，共同驱动了技术进步框架的全面跳跃。伴随着西欧封建社会的式微与君主国家的崛起，特别是宗教战争、海外扩张等特征历史事件的现实压力，潜在利润前景对兼具多重职业身份人力资本的吸引，以及社会层级结构重组的利益共享需求，共同引致出技术层面持续涌现的路径创造力量。加之革命行动力的累积，在有效破坏上层制度自增强机制的同时，通过政治、经济以及认知的解锁，改变了单一路径进入负锁定的不可逆趋势。技术层面路径构建力量与制度层面路径构建力量的协调互动，促使常规型技术进步框架全面跳跃至以现代机器生产技术为内核的突破型技术进步框架。

另一方面，技术进步框架全面跳跃在消解抵制效应的同时，释放出强大的转换效应。与中国相比，欧洲技术变革经历的抵制效应甚至更为严苛。特别是在“足以代替无政府状态秩序”的教会强权下，那些只能赢得“众人嘲弄、幻想家名号甚至宗教法庭迫害”的发明家（努斯鲍姆，2011），难以承担技术化的使命。但是“维稳”与“扩张”并重的战略，为弱化技术变革的政治抵制效应留下了合法性机会窗口。封建割据状态下盐、铁等资源的配置矛盾以及维持制衡机制的资财需求，松动了小农经济主导的发展模式。获利动机与增权动机的反复纠葛，促使经济抵制效应多集中在对技术容量上限的控制。而宗教文化持续划分“正统”与“异端”之间刚性界限的做法，激起了民间对个人才能、逐利动机等技术变革意识形态认知抵制效应的反抗。中世纪的技术进步，处于“相对扩张的时代”（厉以宁，2003）。而随后爆发的资产阶级革命，为突破型技术进步框架跳跃扫清了政治上的障碍。国家重构战略扩充了战略匹配科技的待转化范围，创造发明专利权的明晰、贸易市场力量的激发，以及科技网络化支持平台（皇家学会、国家社科院）的建设，构成了技术变革横向互补、纵向积累过程的加速力量。在“以工商为主、农业为辅”的经济发展模式下，从新技术中尽获好处的统治阶层“没有任何兴趣抵制工厂、机器”，而资本主义经济生产方式通过供给企业家、工人、研发人员的利益共享机制，重塑了工商业科技进步上限的扩容动力。以理性、现世为要义的宗教改革，乃至资本主义精神的兴起，释放出了强大的认知转换力量，并汇集成足以与中国相区别的“科学、哲学、发明和革新激情”（罗斯托，1997）。

至此，在转型增长推进路径持续解锁、突破的过程中，制度层面与技术层面的良性互动，构成了科技转化、应用与扩散环节的加速动力，最终诱致出西方科技水平的指数化增长态势。

3. 转型增长的分化：经济表现分流的历史形成机制

（1）中国经济转型增长分化的结构演进路径。

中国古代经济转型增长的分化阶段呈现出路径消解与路径背离相互交织的特征。前者表现为农业经济形态由盛转衰，后者表现为资本主义经济形态的不规则萌芽。

10 世纪前后的数次大规模战乱以及气候的急剧变化，促使宋朝政治、经济重心全面南移（郑学檬，2003）。系统内的创新机制，放大了有利于皇权稳定的多样性因素，包括精耕细作式农业技术变革、海上军事力量扩张以及能够开辟新财源的商业活动与远航贸易等多个方面。结构层面的变迁构成了这一时期经济演化增长的强大动力，催生出农业经济形态下的背离路径。商业成分、资本市场以及军工、冶炼等行业的成长，构成农耕文明出现"早期工业革命"迹象的重要证据，人均 GDP 也由 960 年的 450 美元提升至 1300 年的 600 美元。

但是随着系统内选择机制的触发，多样性迅速衰减，背离路径逐渐复归。具有明显发展优势的江南地区，就存在制度惯性、常规型技术进步方式强制筛选系统内部多样性的现实案例，高额土地使用权转让、租佃费用以及"亲族优先"习俗，构成了"无产者"移居的隐形障碍。政府倾向于颁发开采许可证而非构建市场力量的治理惯性，难以破解煤炭业生产的资源约束。性别文化下依赖家庭亲缘结构而非工厂制度的劳动力供给方式，成为了新技术扩散的筛选障碍。选择机制的持续作用，阻碍了农业经济系统内多样性成分的累积，但是反复的"路径背离—路径消解"过程，却异化了既有经济形态，为其自然、缓慢地衰落提供了可能。

因此，从明清时期以后的经济增长表现来看，尽管 1820 年我国的 GDP 总量依旧位列世界首位，但是"高农业、低工业"驱动模式下的经济扩张不足以缓解人口增长的压力，导致人均 GDP 相对放缓，这导致了路径分化阶段传统农业经济形态趋于衰落的经济后果，见图 5－5。

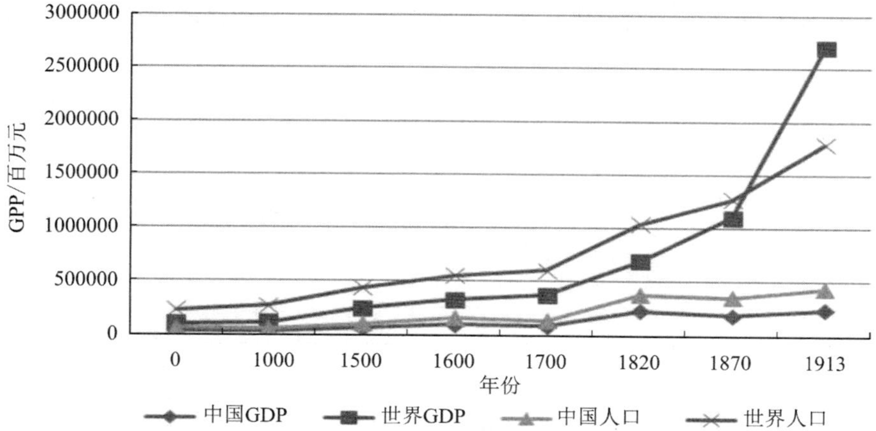

图 5－5　中国与世界 GDP（百万元）、人口（千人）的变化趋势

（注：根据安格斯·麦迪森的《世界经济千年统计》第 262、263、266、267 页相关数据计算而得）

（2）西欧经济转型增长分化的结构演进路径。

路径背离与路径突破相互加强，构成了西欧经济转型路径分化阶段的特征。

前者表现为传统农业经济的异化，后者表现为工业经济的兴起。

无论是国王政权消灭封建割据，还是由资产阶级革命引起的权力重新分布，都意味着经济系统内部在制度层面的选择机制、创新机制正经历着不断的瓦解与重构。传统型技术进步框架向突破型技术进步框架的全面变迁，极大地放大了技术进步转换效应的创新力量，为系统内多样性成分的累积提供了技术支持。由市场补偿制度、强制性资产改良规定等构成的创新机制，有效弱化了限制土地继承权的筛选作用，封建主土地生产功能的下降促使庄园频繁易手，而稳定的地租流则通过世俗贵族的消费偏好被传导至要素配置环节，进一步放大了经济形态异化的消费需求拉力。而在城市范围内，行会制度、包买商制度、金融制度以及采矿、航海领域中新型组织形式的出现，极大地加速了家庭亲缘结构向工厂式劳动力供给方式的转变。技术的标准化普及与必要的资金支持，共同激发了经济形态异化的技术供给推力。诸如造船业、棉纺织业等中世纪的工商业雏形，不仅反映了既有路径的背离，也预示着新兴经济力量的崛起。

尽管这种修补式变革相对缓慢、被动与不彻底，但它却相继诱致出了能够不断突破认知刚性、供给创新机制的行为主体，包括市民力量、国王政权、资产阶级、企业家群体等。国家力量与资产阶级的崛起，通过重商主义思潮、政策引导商业资本、海外资本向工业领域分流。突破型技术进步方式在加速纺织、金属制造等关键部门崛起的同时，通过部门、国家间的扩散效应，促使系统内多样性成分快速积累至传统农业经济的容纳上限，催生出经济转型增长路径选择集以外的突破性路径。在农业经济向工业经济、传统经济向现代经济的持续转型过程中，完成经济增长动力的转换。

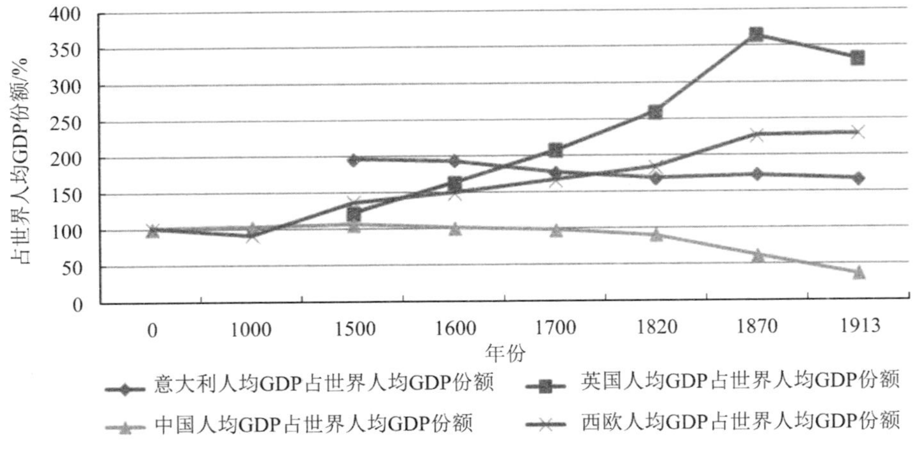

图 5-6 中国、西欧、意大利与英国人均 GDP 占世界人均 GDP 份额比重的变化趋势

（注：根据安格斯·麦迪森的《世界经济千年统计》第 256 页相关数据计算而得）

从图 5-6 的数据来看，西欧人均 GDP 占世界人均 GDP 的份额，由 1000 年的 91.6%大幅上升至 20 世纪初的 229.5%，构成与中国经济表现趋异的态势；而制度变革先于增长动力转换（英国、法国）与增长动力转换诱致制度变革（德国、意大利）的差异，引起了西欧内部工业化经济效果的分化。

5.2.3　起飞机遇错失

中国现代化与工业化的开启可以追溯至鸦片战争时期，各方主体基于救亡图存、振兴中华进行了一系列的尝试与努力。而后的军阀割据、政权集中再到内外混战，尽管终结了封建帝制，甚至涌现出前所未有的经济转型增长加速的契机。但是“化合依赖性”的显现，即外部冲击与内部变革力量同时反应、相互作用的历史过程（Landes，1994），致使中国经济转型增长在开启之初，就落入了曲折且快速的衰落状态。

由世界经济周期性运动历史趋势、西欧资本主义扩张力量与世界文明背景转换共同驱动的外部冲击，显化为频繁的战争侵略、经济控制与文化输入，不论是依附于封建政体的官僚、权贵、地主，还是具有变革动力却无实际资源控制权的仁人志士，都意识到求强求富是抗争侵略的唯一途径。但是据此形成的制度移植意愿，既无法转化为根本性的制度变迁动力，也难以汇聚成一致性的转型增长共识。由零散回应组成的“偶然事件”，仅仅构成触发既有路径选择集内新路径涌现机会的必要条件。

首先，中国古代封建制度向近代市场经济制度的适宜性变迁，不仅相互割裂，而且呈现出极强的失衡与回返特征。客观来看，清王朝旧势力中的开明人士、民国时期的军阀政府，乃至之后兴起的国民党政权，在利益驱动下通过“有意识”的“策略嵌入”行为，确实发动了自上而下的制度适宜性变迁，并细化为有利制度的供给以及诸多新政的推行。但是其多重身份背后的利益交织，最终演变为左右市场规则走向的畸形干预力量，而且掺杂着政治、军事权力的争夺。致使路径选择及新路径的创造力量不断涌现并消亡，旧路径的依赖力量持续瓦解与创生，由此陷入“平衡—失衡”“推进—回返”反复状态的制度适宜性变迁过程，延误了以内源型工业经济为导向、民间力量为主体、均衡推进为手段的官方合法资本积累机制的形成。

其次，技术进步框架的跳跃，放大了外部依赖程度并催生出新的转换与抵制效应。逐渐增强现代机器生产技术比重的突破性技术进步框架建构过程，属于工业化模式移植的重要组成部分。不论是作为早期旨在“求富求强”以维持封建制度内核生命力的重要手段，还是作为后期“国民党政府—部分军阀”争夺终极统治权的附属品，均激发了技术进步框架内含的转换效应，即放大能够维持税源稳定、增强军工实力，以支撑战争、完成权力集中的技术进步链条。上述过程不仅需要外部资本主义国家借助傀儡政权或者预期利润，给予一定程度的技术支持，并且依赖于政府在资源控制、技术选择以及产业载体培育环节的主导身份，通过收紧或者放松技术进步的需求、供给环境，形成对非官方合法领域技术化环节的周期性抵制。据此形成的经济增长主导技术动力，局限于不规则的定向模仿以及机器、产品、资本渗入的连带效应。

最后，经济系统内趋于弱化的创新机制与逐渐增强的筛选机制，阻碍了结构转变的持续推进。伴随着国外技术、机器、非生物性能源对中国新工业发展的入侵式催化（罗斯基，2009），尽管经济系统内的创新机制，激发出了制造业部门、新型金融系统、现代通信方式等多样性成分，现代管理、通信方式不断扩散，经济增长也迎来了难得的“黄金期”①。但是随着国家主义的回归，高度捆绑的财政、军事利益借助国家资本、税收制度等选择机制，在挤压系统内新工业、先进技术、新型生产关系等多样性成分的同时，通过阻碍制度、技术与结构层面的良性互动，强行切断了转型潜在路径生成、稳定并分化的链式环节，致使增长表现未能彻底摆脱衰退，而工业化也始终停留在萌芽状态。

因此，中华人民共和国成立之前，传统农业经济向工业经济的转型增长极易被内乱外祸所打断，制度、技术与结构非匹配合力的不规则作用，只能创造出工业化大规模推进与经济起飞所需的基本要素，即政治基础、认知演进、技术动力比重优化、系统多样性成分累积等前期准备的必要条件。但是这一过程已经埋下了中国基因，特别是区别工业化模式与经济起飞路径的异质性特征，将在后续转型增长进程中不断被表达与显现。

5.4 历史价值判断

农业经济向工业经济的转型增长，既不存在欧洲中心论调下的西方最优路径，也不存在中国式的“历史遗产诅咒”，李约瑟之谜暗含的众多差异性表现，无非是多样性路径选择下的副产品。如果说外部冲击能够创造经济转型增长的机遇，那么由系统内部制度、技术、结构层面的“历史依赖”与“策略构建”力量，则构成实现这一“惊险跨越”所必需的回应、调整与创造冲动。

从历史价值的积极面来看，传统农本社会瓦解与早期工业社会建立过程内生出的中华民族伟大复兴愿望，贯穿于中国经济转型增长道路的大历史脉络，并且成为异质性特征不断积累与表达的逻辑起点。具体来说：一是孕育出了中国经济长期转型增长历史接续的政治基础，即国家统一与主权独立。二是伴随现代工业经

①根据珀金斯（1984）、罗斯基等人的估算，中国在1914—1931年的年均生产总值达到2%，投资、消费规模大幅增加，制造、运输、金融等近代部门的增长速度与发展规模均有实质性的突破，采矿业和制造业的年均增长率达到9.4%，同时期的日本、英国与苏联分别为6.6%、4.4%、7.9%。经济结构中制造、运输等现代产业部门的产值占GDP总额，由1890年的0.70%上升至1933年的5.30%。

济萌芽的近代市场经济建立，及其后续收缩的长期过程，传递出了足以影响新中国初始经济发展战略选择的中国基因。三是非内源性技术移植进口替代战略的中断，不仅为中华民族工业的发展创造了难得的“黄金增长期”，使其免于遭受外国企业的毁灭性冲击，而且促使中国在不平等交换困局中，开始反思如何摆脱技术附庸地位、破除先发国家的技术垄断。四是现代成分在既有经济系统中的不规则增长，尽管引发了社会、经济的剧烈波动，但是也凝聚了恶劣环境下的应变经验，使得持续衰落状态的终结成为可能。

从历史价值的消极面来看，在并不彻底且明显滞后的工业化与现代化过程中，一方面，趋于弱化的国家权威，加大了不良竞争内耗驱动的非平衡程度，间接增强了经济转型增长接续的初始约束与操作难度，同时延误了经济起飞的历史契机。另一方面，复杂任务导向下的经济转型增长推进过程，不仅缺乏系统性规划，而且极易产生目标冲突。新式军工业建立的最初目的在于“抵御外来侵略”（陈振汉，1999；严中平，2007），经济目标与政治、军事目标的冲突难以调和；而政治权力争夺、近代市场经济收缩与进口替代战略中断，在相互叠加的过程中不断放大经济良性演进的阻碍力量，致使中国错失了培育内源型现代化、工业化动力的发展契机。除此以外，经济系统的结构性转变极易受到内祸、外乱的影响，具有不可持续的特征。而独立与发展之间的内在冲突，致使经济形态在异化过程中出现了扭曲，表现为民族资本主义经济与外国资本主义、封建官僚势力的内在联系，以及由此衍生出的进步、剥削、脆弱相互交织的复杂属性。

第6章　近代市场经济向计划经济转型增长的形成机制

无论是学术界还是国内外媒体，都倾向将改革开放以来经济转型增长的理论内涵、实现方法与经验价值抽象为成功模式，依据历史根基、延续趋势与创新变革，来审视道路选择可能出现的回返与发展，在历史创造性接续的自信与反思中，理解经济表现成功逆转的深层原因与世界价值。但是，社会主义道路的历史选择与坚守定力，以及体现中国特色的使命意识和伟大情怀，都是在挣脱封建枷锁、抵抗列强入侵、争取民族独立、实现全面解放的漫长过程中逐渐形成的。基于此，本章重点关注中国经济长期转型增长的第二个组成部分，即摆脱近代市场经济衰落状态，并借由计划经济重启复兴之路的历史形成机制，特别是这一过程所承担的比较试错与基础创造功能。

6.1　文献综述及问题提出

计划经济作为改革开放以来经济转型增长进程的逻辑起点与历史烙印，既表明我国作为世界增长史范畴复兴奇迹创造者的特殊身份，属于自近代就面临巨大历史落差、遭受俯视认知的中华文明大国也将研究的注意力，放在"计划还是经济""专制还是民主""国家还是社会"等多领域一元化认知的全面反思，以及"改革开放前后三十年的衔接关系""中国经验是否具有特殊性与可复制性"等命题的深入探讨。上述问题的解答，离不开对计划经济历史形成机制的整体性回顾。

从计划经济历史根基的探讨来看，学界普遍认同计划经济的建立是特定历史背景下的选择，具体来说：一是关注于工业化建设、市场供求关系、城镇就业压力等内容构成的现实需求；二是强调政府能力的作用与体现；三是侧重于苏联经验的嵌入过程，据此衍生出了从"全盘照搬"到"移植创新"两极之间的诸多差异性认知；四是突出国际政治经济环境的现实压力及其应激反应。

从计划经济形成机制的解读来看，相对早期的研究，集中考察计划经济是如何建立起来的。林毅夫(1994)将重工业优先战略视为计划经济形成的历史逻辑起点，而宏观政策环境与资源配置、微观经营两大机制，是计划经济实现的三大基石。陈甬军(2004)认为计划经济形成机制的解读，离不开对可替代道路的探讨，特定历史背景下的多重现实约束，构成重工业优先发展战略确立的基础。这一观点的启发意义，在于复归计划经济形成机制的纵深背景。除此以外，汪立鑫(2004)认为收入预期差距下的理性选择，构成计划经济建立的驱动力量，而收入趋同意识形态的创立、扩散，能够解释转型生成的时滞特征。近期研究倾向将计划经济的建立及其后续演进，同时纳入形成机制的解读框架。赵凌云(2009)认为计划经济是一个具有内生、强化与巩固完整逻辑链条的概念，其可改革特征，根植于不断被放大的“中国特色”，即自然经济基础与“块状”管理共同构成的非计划经济成分。赵农(2014)的研究凸显了经济阶段演进的动态特征，认为要素形成到优化配置的断裂式转变过程，构成了计划经济建立与瓦解的内在动力。

从计划经济历史价值的认知来看，学界基本形成了三类评估思路。一是向前回溯，从计划经济影响近代市场经济的视角，来评估经济增长绩效的阶段性变化。该类文献普遍认为计划经济在影响经济自由的同时，压制了增长动力与改革潜能(张杰，1998；何一鸣，2010)。中国产业体系制度结构研究课题组通过史料归纳与DEA(date envelopment analysis，数据包络分析法)测算，来追踪制度变迁诱发的Malmquist(马姆奎斯特)生产指数变化轨迹，发现计划经济对国民经济运行效率的影响，一直延续至改革开放前夕。二是向后展望，以改革开放为重大历史节点，将计划经济视为一种相对低效的基准状态，对比并佐证改革开放前后经济绩效的全面跃升。越来越多的学者开始认同计划经济在实物积累、生产力发展等方面的基础性作用，并将其视为中国经济增长绩效改进不可忽视的历史遗产。葛杨从新中国成立 60 年经济发展整体视角，来观察计划经济的历史贡献与“异化”原因，认为应该承认社会主义市场经济建立的基础作用。与此同时，学界多将产业结构失衡视为计划经济低效运行的代表性指标，在对重工业优先发展战略“完全否定—完全肯定—历史反思”的基础上，形成了低效状态认知的第三种态度，即重工业战略的历史合理性与“双刃剑”特征并不矛盾。姚洋、郑东雅(2008)认为政治原因影响了最优赶超战略最优效果的释放。而孙圣民(2009)将问题出现的原因，归结为调整工农关系调节体制的选择，即人民公社体制对互助合作经营体制的替代，不仅未能加速工业化积累，而且带来了农业效率的损失。三是探寻计划经济历史价值评判的新标准。钟祥财(2012)提出计划经济实践过程的评判，不应局限于技术控制、效率测算两大传统维度，而人类价值理性维度的偏差，恰恰构成了计划经济失衡现象的内在原因。

从研究的时间维度来看，现有研究多将新中国成立或者改革开放时期，作为考察计划经济的单一、重大历史节点，前者人为割裂了计划经济作为中国特色社会主义道路构建基石的历史逻辑，后者没有考虑到近代市场经济瓦解与计划经济建立的历史接续问题，无法反映计划经济作为市场机制消散与复归历史过程的中间环节地位及其特殊功能与历史价值。从研究的切入视角来看，现有文献多将计划经济作为转型范畴的经典命题，将计划经济的建立与演进，等同于制度变迁过程，既忽略了其作为中国经济长期转型增长历史组成部分的复杂特征，也未能反映技术、结构方面的演进过程与特殊价值。本书拟将近代市场经济向计划经济转型增长的历史形成机制探索，重置于中国经济表现由衰退困境向复兴重启的过程中，将其进一步分解为三个具有关联性的问题：近代市场经济向新中国成立后计划经济的转型，是否存在历史语境下的合理性与必然性？其最初形成与后续演进，是符合计划经济建立的一般规律，还是存在难以复制的特殊路径？如何在中国转型增长的长期进程中，评判这一曲折发展历史阶段的积极影响与消极作用？

6.2　裂变趋势下经济转型增长的历史根基追溯

6.2.1　外部环境

尽管世界经济体系内生出的自东向西扩张力量，开启了全球范围内经济高度不平衡增长的进程，但是趋异态势的强化，主要表现在绝对主导的领先者（西欧及其衍生国）和完全从属的落后者（非洲）之间，但是增长差距持续扩大与均势力量的出现并不矛盾。20 世纪初期，当欧洲内部对于霸权争夺的持续热情，点燃了战争的导火索，世界经济的黄金增长时代迅速终结，并在三次大的经济危机之后，陷入了持续萧条与大动乱的状态。而在 1926 年全面开展社会主义经济建设的苏联，却取得了巨大的成功，不断缩小的增长差距与疲于应付错综复杂矛盾的西方资本主义经济困境，形成了强烈反差，其示范效应带动的均势力量，不仅波及南斯拉夫、波兰等国家，甚至在引发欧洲范围的经济论战之后，壮大到西方不得不推行和平演变政策、舆论鼓吹等特殊手段，来寻求与这股均势力量的“共处”之道。

但是，计划经济神话创造出的均势力量，并未将“长驱直入的社会主义”，真正转变为世界经济体系演进的均势结果。无论是“社会主义经济制度可行性”探讨所提供的理论经验，还是东欧国家对经典计划体制的修修补补，都无法促使这股均势力量在后续的改革实验中，赢得持久、稳固的发展态势。加之战后重建时期资本主义经济的快速恢复，以及第三世界去殖民化运动的相继展开，被战争撕裂、阻断的世界经济体系，在多样化动力的作用下，呈现出异常繁荣的新面貌。从二战之后的实际表现来看（表 6－1），以美国为代表的资本主义国家，凭借整体、强劲的增长态势，主导着世界工业与贸易的快速扩张。由苏联发展出来以国家集体主义、中央集权、计划经济为内核的工业化方式，“牢牢地在世界化市场中扎入一个钉子”（卡尔・波兰尼，2007）创造出短时间内建造工业大国的神话，而第三世界国家，在独立主义与去殖民化运动的相互加强中，开启了漫长的追赶进程，但是与发达资本主义国家之间的差距依旧在扩大。

表 6-1　工业生产份额与世界贸易份额的具体分布　(单位:%)

项目	时间(年)	资本主义世界		集体主义世界		第三世界
		总计	美国	总计	苏联	
工业生产份额	1936—1938	76	32	19	19	5
	1963	62	32	29	19	9
	1971	61	33	26	16	13
世界贸易份额	1938	64	10	1	1	35
	1948	69	16	5	2	36
	1963	64	11	12	5	25
	1971	68	13	10	5	22

注:数据取自米歇尔·波德的《资本主义的历史:从 1500 年至 2010 年》,第 24 页。

6.2.2　现实需求

正如马克思(1972)所说,“直接碰到的、既定的、从过去继承下来的条件”,共同构成历史创造首要面对的问题①。对于走过艰难历程的中国来说,近代市场经济向计划经济转型增长的现实需求,正是由日益增强的外部直接压力、发展中大国的既定国情约束条件与正负向历史遗产的继承共同激发的。

1. 日益增强的外部直接压力

抗战结束以后,国民党不惜出卖主权,签订不平等条约,以换取美国的援助来维护其独裁统治,而诸项援助的实质,不过是发达资本主义国家试图再次获取中国经济控制权的委婉表达。所以,当“冷战”世界政治格局的对抗态势愈演愈烈,而中国在为坚守独立、自主、和平发展状态而不断努力之时,以美国、英国为代表的世界经济发展先行者,不可避免地由近代中国现代化过程的帮助者,转变为新中国成立后经济封锁与孤立政策的实施者,加之领导人对适宜性“国家制度”、追赶战略实施步骤等内容的基本判断,使得在新中国成立前就已经采取“一边倒”外交策略的新中国,更倾向选择、接受两大对抗阵营中的苏联政治属性、经济理论与发展模式,将其作为外部压力的释放渠道。

需要特别指出的是,考虑到中国与苏联在政治革命方式、人均农业资源占有量、初始经济成分组成等方面的异质性特征,最初的发展构想,并非简单、全面照抄“苏联模式”,特别是新中国成立前毛泽东对新民主主义阶段的提出,充分体现了过

①《马克思恩格斯选集》(第 1 卷),北京:人民出版社,1972 年版,第 603 页。

渡性转型增长阶段的创造需求。

2. 发展中大国的既定国情约束条件

由大国定位与发展中状态共同衍生出的基本约束条件，表现在以下两个方面。

一方面，大国定位的优势与短板持续并存。广阔地域优势具有应对自然灾害的回旋余地与区域支援的互补能力，却始终无法解决区域之间日渐固化的不平衡发展差距问题。规模的总量、绝对优势在市场需求与资源、要素供给等方面均有体现，如果对实际分布、质量标准与人均水平进行考察，又会发现明显的短板。而文化统一的优势，意味着以整体、集体主义为内核的文化基因，能够通过文字、知识与特定的表述渠道不断予以传承，这为传统文化向民主革命文化过渡，提供了坚实的基础。但是也需要承认，受到近代西方相对强势话语权的挤压与影响，中国文化丧失了部分独立性、完整性与一致性的特征。

另一方面，发展中状态的机遇与挑战相伴共生。经历了近代帝国主义强权侵略的中国，转变为现代化进程的落后者与追赶者，拥有十分迫切的社会发展、政治独立、经济赶超以及文化复兴的多重需求。源自经济、技术、经验差距下的学习、模仿、赶超空间，以及世界经济体系演进内生的全球化动力，均为现代化、工业化转型增长的开启提供了机遇。但是，也存在战争引发的国防压力、经济援助伴生的政治要挟，以及"扩大缺口"现象带来的追赶障碍等潜在挑战。

3. 正负向历史遗产的继承

不可否认，近代市场经济涌现出了区别于传统经济形态的现代化因素，表现为现代部门的创生、工业经济成分的增强、通信交通网络的建设，以及财政金融制度的支持。在特罗兹曼看来，历史遗产所释放的积极效应，意味着"新中国政府可以利用人民自豪感、辽阔疆域、大一统国家遗产以及国际地位来为自己张本"，能够有效激发转型增长的主动需求。

而历史遗产的缺憾，表现为现代化、工业化进程的不彻底，以及前期累积矛盾的集中显现。不彻底特征造成中国与世界领先者的差距持续拉大：一是起飞时间明显滞后，位于罗斯托经济增长阶段论的第五梯队。二是生产要素积累能力不足，教育实践匮乏导致人力资本短缺，1949 年的文盲人数占据总人口的 80%，而 1950 年人口的平均受教育年限仅约为德国、英国、美国的 1/10；尚未建立的科技支撑体系，严重阻碍了技术创新、吸收与扩散的进程。三是经济结构变动缓慢，较顺利开启工业化进程并迈入现代经济增长阶段的主要工业化国家来说，现代经济成分以及第二、三产业的占比增长极为有限。四是人均收入水平极其有限。根据麦迪森的估算，1950 年中国大陆的人均收入仅为 436 国际元，分别占同期美国、西欧、日本、印度人均收入的 4.56%、8.6%、22.69%、70.92%。

前期积累的矛盾集中显现在：其一，日渐固化的二元经济社会难以内生出工业化的空间载体。其二，巨大的人口增长惯性，在增加政府治理成本的同时，延缓了工业化的资本积累过程，由此衍生出的生存矛盾，一直持续到新中国成立初期。其三，生态、开放、创新增长理念的长期匮乏，致使基本国情认知、发展阶段判断与转型增长定向面临重重认知障碍。

6.2.3　主观条件

从历史演进的一般规律来看，后发国家现代化、工业化进程的开启，往往需要具备一定的政治基础，即国家、民族统一前提下相对独立、安定的政治环境，以及政府在资源组织、社会整合等方面的把控能力。

近代市场经济的瓦解，是新中国成立后计划经济建立的历史逻辑起点，而社会主义条件下国家主体的确立，构成这一过程顺利实现的主观条件。共产党与政府作为国家主体的代表，其主导作用不仅体现在借助社会主义革命手段，彻底终结了国民党时期政令统一表象下控制权分散的局面，而且还在后续的社会主义建设中，带领广大人民群众通过建立军事、经济等多元组织，有效扭转了“一盘散沙”的社会状态。

客观来看，国家主体的实际作用，取决于理性认知演进基础上的重大决策效果。一是方向上的判断，特别是能否借助意识形态内核与特殊的文化发展手段，促使各方利益主体达成发展共识。二是特定社会秩序的创造，即是否愿意牺牲社会稳定来实现既定目标。三是实践操作层面的属性认知，包括对历史遗产继承的态度以及在政策试错、分权实验等方面的容忍力。四是留给其他利益主体的策略修正与创新空间，这取决于整体利益与局部利益、国家利益与个人利益之间的权衡。而社会主义条件下政党与政府紧密联系的国家主体形态，拥有强大的领导力，不论是对推翻资产阶级旧政权、建立无产阶级新政权方向的坚守，为构建稳定、统一发展环境的社会秩序作出的努力，还是在继承近代历史遗产过程中采取的区分对待原则和多样化处理手段，抑或是国家、整体利益优先逻辑下“顶层设计”力量的凸显，都有助于在短时间内压制、消解转型增长的阻碍力量，例如帝、封、官的遗留成分，进而引导广大人民群众形成以工业化、现代化为核心的“全面重建”理性共识。当然，上述内容仅仅为转型增长的开启提供了能够发挥主观能动作用、降低协调成本的土壤，并不意味着主观条件的内在属性始终能够引导转型增长向着高效、稳定的状态演进。

6.3　大变革时代经济转型增长的形成机制探源

6.3.1　逻辑起点定位

尽管商品和市场长期存在于中国古代封建社会，但是以对外商贸为契机，近代时期的经济增长涌现出了诸多新特征,涉及技术进步、产业演进等多个方面,甚至在性质上发生了新的变化。区别于封建官僚统治下的传统经济体系,商品与市场不再是巩固和维护既有制度构架运行的附属品,而是在主动构建并完善市场运行机制的强大意识下,形成了具有区别于传统经济形态的市场经济体系。只是这一过程的发生相对缓慢,并且多有回返。

早期关于近代市场经济的研究,都未脱离资本主义经济萌芽范畴,丁日初(1984)和汪敬虞(2000)均从资本主义成长的角度,来理解近代市场经济的形成进程。前者对资本主义的先进属性更为关注,强调其影响并改变既有经济形态的实际作用;后者将半殖民地半封建社会形态演进和资本主义经济成长过程作以联系,重点关注近代市场经济未能壮大的深层次原因。但是,吴承明(2001)认为将近代市场经济等价于资本主义萌芽命题的缺陷,在于放大了研究范畴,特别是非经济领域内资本主义社会形态的实际作用,应该直接着眼于现代化取向下的市场和商业发展[①]。朱荫贵(2012)认为以辛亥革命为重大时间节点,近代市场经济的形成可以被称为一场"经济突变",涉及制度法规供给、民间资本企业集团崛起,现代经济成分积累等多项内容。相较于资本主义经济这一外来物的作用而言,内部力量的集聚更为重要,以此为基点,我们将形成与演进,视为制度、技术与结构共同作用的结果。从内部力量积聚伴生的文明、政治、经济冲突累积过程,识别大变革时代下,新一轮经济转型增长开启的逻辑起点与必然趋势。

特定转型增长过程能否顺利生成,受到外部环境、主观因素与现实需求等历史条件的共同影响。其中,世界经济体系演进伴生的利益矛盾与地位变化,均可能对一个国家的转型增长产生特定的激励与约束导向,加之差异化的主观条件与现实需求,或是直接放大外部力量对转型增长的干预程度,或是将其作为激发内部动力的仿效样本,进而走上不同自主程度的转型增长路径,其原因根植于生发机制形成的历史逻辑起点。

纵观通过建立中央计划经济谋求现代化发展的国家经验样本,一类是在外部力量参与、操纵下实现的,例如苏联对前东德、匈牙利、前捷克斯洛伐克等国家的经济转型增长,具有实质性的影响作用。另一类是由内部力量主导推动的结果,具有较强的自主性,例如苏联、古巴、朝鲜等国家。新中国计划经济的建立属于第二类情况,但是其异质性特征,源自多元冲突下近代市场经济瓦解的独特历史起点。

从文明冲突来看,近代市场经济的产生,属于现代工业文明与传统农业文明相互碰撞的产物,其不可持续性,源自各方主体实施的非彻底性变革,旨在保留传统

---

①秉承这一思路,本书采用近代市场经济而非近代资本主义经济,一方面是为了凸显发展趋势下,传统农业经济向早期工业经济转型增长的现代属性之差;另一方面,为了增强中国经济转型增长内核演进分析的逻辑一致性,以此识别"近代市场经济—计划经济—中国特色社会主义市场经济"脉络下,现代化发展驱动下市场经济成分先衰减、后增强的历史原因。

农业文明支持体系中的政治集权、经济控制等有利要素，同时植入西方式政治权威、先进技术、资本市场等现代工业文明部分表征。不论是晚清“中体西用”的妥协做法，还是国家主义回归之后不断壮大的垄断特权，都反映了两种文明并行下的相互挤压，但是其反复释放又消解的现代化与工业化不规则成长空间，在激发复兴之路反思的同时，构成计划经济建立之初，党内关于农业、工业经济关系以及中国社会阶段认知探讨的文明逻辑起点。

从政治冲突来看，不论是成功摧毁封建帝制的军阀力量最终演变为割据、对峙状态，还是国家主义回归之后的内部权力争夺，致使政治冲突持续贯穿整个近代市场经济时期，分权分治下的地方争夺造成了不必要的政治内耗与财政负担，社会发展与经济建设成为政权争夺、控制的附属品，由此产生的对外军事依赖，极易演变为地缘政治危机及经济勒索。客观地说，政治冲突能够创造近代市场经济的生长缝隙，但是其更大的作用在于积聚变革力量，粉碎政治权威修补与分权自治的可能性，并开启革命性的进程。上述内容构成计划经济建立初期共产党确立政治共识的逻辑起点，涉及寻求平等援助与构建统一、稳定发展的环境。

从经济冲突来看，整个近代市场经济阶段，充斥着外国资本主义、封建官僚、地方军阀等多方主体对资源控制权与经济收益权的争夺。一方面，具有依附性质的强制开放模式，致使外国力量在中国的渗透，不仅没有得到实质性的遏制，甚至在操纵、剥削之余，成为现代化与工业化的推动力量；另一方面，疲于战争的中央、地方政府将经济改革的预期收益，视为政治维持成本的补偿手段，致使市场机制的改革从属于军事目的与政治权利。如何在“冷战”对峙格局的政治施压与支援威胁下，规避近代开放模式的依赖属性和市场经济的混乱局面，构成新中国成立之后党内关于开放程度与市场机制作用探讨的经济逻辑起点。

6.3.2 形成机制阐释

1. 近代市场经济向理性计划经济的转型增长

新中国的成立，标志着近代市场经济低效、混乱状态的终结。尽管与最初的新民主主义社会构想有所不同，但是计划经济作为“国家重建”理性共识下政府强大制度供给意愿的产物，符合决策层对文明、政治、经济历史起点的客观判断与继承创新。

(1)经济转型增长的准备、开启阶段。

近代市场经济向理性计划经济转型增长的开启，始于国家权力的全面介入，即“顶层设计”下的人为“策略构建”与特殊手段选择。前者在反复的理论、实践过程中，完成了理性认知的调整与创新，而后者表现为一系列强制性制度变迁过程的强制实施，充分体现了国家政体的治理能力。尽管新中国成立初期党内存在不同经济发展思路的争论，即毛泽东在创新继承苏联模式基础上提出的社会主义理论路线，以及刘少奇沿袭新民主主义构想提出的发展路线，但均属于近代市场经济制度构架选择集以外的转型增长“策略构建”力量。加之以解放农民生产力、治理经济困境[①]、统一财经工作安排、废除传统封建社会遗留产物等为目标的制度实验相继推行，仅用三年就成功实现政治合法性构建与国民经济恢复两大目标的制度变迁推行者，迅速开启了党内对于加快新民主主义向社会主义过渡的主观认知修正过程，并使强制性制度变迁的偏离程度不断增强。

依托于“一五”计划时期的适宜性调整契机，中国建立起了完整的计划经济制度构架。一是政治正式制度的集权成分不断凸显，加之地缘政治环境的挑战，最终确立了以国家安全、重建为核心的封闭式追赶型政治发展战略，在赋予计划管控式资本积累途径官方合法身份的同时，通过制定任务目标的方式，对微观主体资本积累自主行为施加约束。二是沿袭根据地的经济组织方式，经济正式制度中逐渐增强的理性计划，有效压缩了市场机制的作用，进而细化为优先发展重工业的经济发展模式，其内含的倾斜式资本积累导向，借助要素价格扭曲与非平衡推进的方式，将本就稀缺的资源，集中在并不具备比较优势的基础设施、重工业与军工部门。三是增强非正式制度的“一元化”强意识形态内核，一方面压缩个人政治观念、道德判断、价值认知以及知识体现相互交锋的“公共领域”；另一方面建立执政党集体领导下的“理性共识”，凸显政治非正式制度中的权威、经验，倡导经济非正式制度中的群体本位观念、平均主义思维与单项服从意识。借助“目标确立—政治动员—群众参与”的文化发展手段，在有效降低制度构架更新资本积累激励、约束机制成本的同时，催生出“城市与重工业”双优先的资本积累适宜性预期。

(2)经济转型增长的稳定、推进阶段。

我国政府采用学习、计划与实践相结合的方式，来推行“一五”时期由“理论选择、实践检验、重新调整”环节组成的制度适宜性变迁过程中不断的“策略嵌入”行为，有效延缓了计划经济制度构架在自增强机制作用下，向低效率锁定状态的靠近时间。而制度变迁与技术进步的协调互动关系，一方面表现为制度构架及其内含的资本积累导向，能够持续激发以国防、工业、现代化建设为核心的技术进步内源需求，和以苏联技术援建、专业技术骨干、国有科研机构为依托的技术进步供给力量。另一方面，在“迎头赶上、重点发展”的号召下，技术层面的路径构建力量能够倒逼匹配制度的建立，并通过国家资助、统一组织、攻关奖励等常态化的激励方式予以放大。

伴随着科学技术发展远景规划的提出与一系列国防工业工程的相继开展，制度变迁与技术进步的协调互动，在20世纪50年代中期达到高潮，并基本确立了计划经济时期的技术进步框架。其中，以外交环境认知、基本国情识别与发展阶段判断为基础的政治发展战略与经济发展模式的确立过程，也是一个逐渐释放技术进

①既得利益集团恶意制造的通货膨胀、不断加码的苛捐杂税以及肆意横行的贪污腐败。

步政治、经济转换效应的过程。其中，政治转换效应表现在重工业、国防工业与农业范畴等，既能够巩固政权，又利于实现追赶发展的战略匹配科技，赋予了其合法性身份，并且有计划地利用能够“服务于工业、农业与国防建设”的近代科技遗产。经济转换效应表现在两个方面：一是增加教育经费支出预算、搭建中苏人才交流渠道，来保障并提升技术进步各环节所需的人力资本规模与质量；二是直接设立由国家、地方统一部署、管理的专项科研机构与农业科技推广机构，在有效降低科技转化、应用、扩散不确定性与操作成本的同时，引进苏联式的科技奖励制度性规定，来修正技术进步相关环节的预期收益，人为拓展技术进步链条。除此以外，从“追击作战”“边打边建设”与“抓住和平发展”时期的政治动员手段来看，劝说与强制策略的交替使用，释放出了灵活、动态的技术进步认知转换效应，表现为科技筛选范围在战争支援与现代工业化建设之间的不断重组。

伴随着技术进步框架跳跃过程中转换效应的不断表达及科技发明的涌现，由近代不规则的民间自发行为，转向了统一规划下注重科技知识积累的政府主导行为，并且具有明显的基础性、前沿性与综合联动性导向。截至 1956 年，建成的科研机构达到 580 所，研究人员较 1952 年增长了近 2 倍之多，基本形成了由中国科学院、政府部门、大专院校、国防科研机构、地方科研机构“五路大军”共同构成的科研支撑体系。技术革新行为既获得了必要的经济激励，也要面对一定的政治合法性约束。前者表现为“技术改进及合理化建议奖励暂行条例”的相继颁布，后者体现在国家、国防服务对市场适应导向的挤压。而在技术的应用与扩散环节，以主动、大规模定向引进与模仿为核心的技术应用、扩散方式，替代了近代外向依赖型方式，基本形成了以重工业、军工业为重，同时兼顾农业经济发展的经济增长主导技术动力体系。

(3)经济转型增长的成熟、分化阶段。

理性计划经济作为对近代市场经济增长状态的继承与创新，其系统内选择机制与创新机制的触发，旨在修正近代市场经济遗留的初始结构状态。

一方面，创新机制被触发，能够不断供给出区别于近代市场经济状态的多样性成分，具体表现在：一是借助农业范畴的制度构建力量，顺次推进“土地改革—发展合作经济—统购统销”，在调动农民生产积极性的同时，发挥政府在技术层面路径构建力量的主导作用，加大以生物、化学技术为核心的应用、革新与扩散程度，解决人民生存与工业化战略的价值补偿两大难题。二是在工业范畴，利用苏联示范效应与定向援助，人为放大主导部门(军工业、重工业)的技术优势与资本积累支持，使其在快速成长的过程中发挥部门联动效应。三是通过反复的“实践—总结”，完成对多元经济成分认知的共同知识更新，突出表现为对待私人资本主义的态度，由“利用、限制”转变为“利用、限制、改造”，并将私营工商业范畴的“有计划公私合营”，逐步拓展至全行业的公私合营。

另一方面,为保障新政权的生存、成长,共产党迅速确立了多样性成分选择机制的适宜性标准,即“城市工业”“国有经济”双优先的导向。不论是能够改善生存状态的农业发展,还是对资本主义成分的容忍,在跨越适宜性标准的临界点之后,它都会触发选择机制对多样性成分的干预作用,当农业、农村、私人范畴与城市、工业、国有范畴的多样性成分,在生成、累积、扩散过程出现矛盾时,选择机制会牺牲前者以确保后者在经济系统内的成长。

理性计划经济时期作为整个计划经济阶段的早期,既面临政权稳定与成长的任务,又需要在应对近代经济增长运行机制遗留矛盾的同时,完成经济的稳步恢复与增长动力体系建构。而经济系统内生出的创新、筛选机制,作为计划经济运行的“恢复、改造”双齿轮,实现了良性互补,其原因在于“改造”行为从属于“恢复”目标,无论是农业资本积累及其转移活动,户籍制度下“城市—农村”系统分割界限的形成,还是各大领域逐步推行的国有化,都属于既定约束条件下有利于摆脱经济衰退的“大仁政”,国有、工业成分的累积与经济整体水平的恢复并行不悖。前者在突破近代市场经济形态容纳上限的同时,不断巩固符合计划经济形态的多样性特征,后者有效破除了近代计划经济后期的低效率锁定,促使原本处于不断衰退的经济通过突破性转型增长实现了全面复苏。正如罗兹曼对理性计划经济运行效果的评价,“重工业的增长最为迅速,其他制造业和农业方面的政策和实践终于正常运转起来,在近代史上首次为中国的经济发展奠定了恒稳的步伐”。

2.理性计划经济向行政命令型计划经济的转型增长

“极盛则衰”,“一五”计划取得的功绩,不仅扭转了近代以来中国经济在世界范围内持续衰落的局面,也在更新国家领导人国情认知与基本经济增长阶段判断的同时,提供了新的经验支持材料。

(1)经济转型增长的准备、启动阶段。

理性计划经济向行政命令型计划经济的转型增长,同样是由制度构架的适宜性变迁过程推动的。受到世界经济形势好转与国际斗争事件的双重影响,中国共产党领导人开始反思计划经济制度运行下的经济发展走向与政治矛盾累积隐患,并将“策略构建”下有意识创造的核心内容,由“全面恢复、稳步重建”导向,转变为纠正生产力与生产关系不匹配状态的“全面建设”导向,尽管这一时期也存在理性计划经济制度构架内的“历史依赖”力量。但是,不论是更为强大的“策略构建”,还是受到压制的“历史依赖”力量,均未跳脱出计划经济制度构架,只是通过继承或者修正初始制度选择集,来驱动计划经济增长状态完成阶段性转换,无法促使非计划经济增长机制的彻底瓦解。

从制度构架的适宜性变迁结果来看,政治正式制度内的集权成分不断增强,特别是横向权力向党政组织系统的不断集中,为之后的政治冒进埋下了隐患。经济正式制度中“非平衡式跃进”策略的不断嵌入,削弱了原有的理性成分,表现为一系列大规模、激进式经济建设任务的发布，以及旨在实现“一大二公”的强制性经济组织变革。非正式制度在制度构架中的地位不断上升，表现为政治动员手段强制性特征的增强。可以说行政命令型计划经济的建立，不仅消解了理性计划经济制度偏离式变迁的可能性，甚至加快了制度适宜性调整以越过“锁定”趋势临界状态的时间进程。

客观来看，不管是经济建设“大跃进”的发动，还是经济合作组织的不断升级，其初衷均在于缓解全盘移植“苏联模式”可能引发的不良反应，特别是多次实施的行政分权改革，也属于借鉴资本主义国家实践经验的尝试性努力。但是，制度变迁的自增强机制，不仅加剧了初始目标与实际操作的背离程度，还使得生产力与生产关系的跃进式改革陷入由“虚假指标”驱动的调整怪圈，分权改革也只达到了部分经济集权力量下放转移的效果，后续的诸多纠正环节不仅流于形式，甚至引发了激烈的政治斗争。因此，行政命令型计划经济制度构架内生出的资本积累途径，无法避免信息失真、滞后调整可能引发的失衡风险，“重量不重质”的资本积累偏好，致使投资规模出现扭曲式膨胀及资源的过度浪费。

(2)经济转型增长的稳定、推进阶段。

尽管人们对待苏联经典模式的态度，由“批判、选择、模仿”转向了“挑战、学习、创新”。但是受到政治决策结构与中国基本国情的双重制约(Eckstein,1977)，制度构架的适宜性变迁，却沿着“去计划”“重命令”的方向陷入了锁定状态。加之中苏关系的持续恶化，打乱了第二个“五年计划”的基本布局，使得技术进步层面的路径构建力量丧失了重要的学习渠道与经济激励，理性计划经济时期技术进步框架所内含的抵制效应开始逐渐显现。

其中，政治抵制效应，源自苏联援助在中国领土完整、主权独立等方面潜在威胁的警觉，显化为战略匹配科技范围的进一步收缩，即不再赋予苏联军事巩固战略导向下的科技援助合法性身份。经济抵制效应，沿着激进建设经济发展模式导向下的“粮食增产—钢铁翻番”脉络展开，一方面将人力资源集中在能够实现“超英赶美”“放卫星”的领域，致使其他行业被迫“停车让路”，甚至出现在农忙时期抽调劳动力大炼钢铁、在各地区掀起全民参与技术革命的热潮；另一方面借助“土、洋”结合及“大、中、小”穿插的方式，模糊地质、交通运输、机械、煤炭勘查等领域技术进步的成本意识与利润预期，变相压缩不符合激进经济发展模式导向的科技转化空间。认知抵制效应，体现在以“革命的正规化”替代“技术的正规化”，将有序的“科学研发—技术革新”管理模式视为教条与迷信，将无法满足特定对象数量、速度要求的科学技术纳入筛选共识。

强大的抵制效应不仅阻断了以市场、民间为导向的正常技术需求拉力，也无法获得完整产权、经济利益驱动下的层级扩散式技术供给推力，致使行政命令型计划经济增长的主导技术动力体系表现出三大特征：一是失衡，通过在技术构成中人为设置竞争矛盾,来实现钢铁技术对其他重工业、轻工业技术的挤压,而原先被视为具有“逼工业”作用的农业技术发展导向也被弃置一旁。二是断裂,理性计划经济构建起来的政府主导型技术的涌现、扩散,使得应用链条被破坏,既缺乏基础研究的必要投入,又缺乏多元化的技术应用、扩散产业载体。三是倒退,无组织群众、小规模社队企业供给出的虚假技术革新,造成了经济效益的急剧下降与生态资源的过度耗费。

(3)经济转型增长的成熟、分化阶段。

行政命令型计划经济的巩固与成熟,得益于经济系统内三大选择机制所具有的低成本危机转嫁功能(温铁军,2013)。一是政治集权能够将经济分权实践,控制在行政命令型计划经济框架内。1958年开展的数次政治实验与经济分权运动,作为对经典苏联集权模式内核的修正,旨在调动地方解放生产力的积极性,以及应对外国资本投入中断之后的资源短缺问题,但是地方不良竞争引起的“统—放—乱—收”恶性循环,恰恰证明了政治集权能够强行纠正经济分权的周期性表现。二是以人民公社、集体农场为代表的多样化农业组织形态,不仅保障了工业化内向型资本积累所需要的农业剩余支持,而且减弱了二元经济结构对立矛盾和分割趋势下的城市过剩劳动力压力,有效消除城市经济危机可能造成的社会紧张气氛。三是技术进步框架内封闭、单一、扭曲成分的持续增强,特别是“三线建设”时期对军工技术的大规模投入,降低了西方地缘战略对既有工业化、城市化成果的潜在威胁。

客观来看,经济系统内选择机制秉承的适宜性标准,属于领导人认知演进下的产物,在“破立相交”的变革方式下,建设与破坏的界限,在于选择机制对创新机制供给“多样性”成分的容忍程度。当恢复、建设认知占据上风时,“民主决策复归”新诉求、“分田包产”新现象以及“部门比例平衡式调整”新思路等多样性成分,不仅能够顺利涌现,甚至还能够在选择机制的作用下完成小规模扩散。但是随着经济系统对命令经济倚重程度的加深,多样性成分的累积极易演变为政治事件、阶级矛盾,进而引发大规模的经济动荡(高文杰,2013)。“破字当头”“大乱而治”的认知导向,就会通过抑制多样性成分扩散,来保障工业化、国有化、城市化的顺利推行。

6.3.3 低效困境识别

理性计划经济在转型增长进程中的“兴、衰、变”,暗含了中国经济由新中国成立初期快速复兴之势,转入后期动荡锁定之困的历史必然性。

首先,理性计划经济的兴起,是在中国饱受内忧外患的特殊条件下形成的。不论是发达国家借助暴力掠夺与强权扩张来推进工业化,还是发展中国家通过平衡富国剥削与内部积累来开启现代化追赶进程,都需要政府力量的参与和保障。对于新中国成立初期而言,面临着协调供需、技术追赶、规模经济、小农改造等一系列紧迫任务。能够以较低成本确立并实施计划经济，同时明晰政府力量的引领与调控作用，是“近代混乱局面得以终结、现实任务得以完成、经济复兴得以重启”顺次过程实现的重要原因。

其次，理性计划经济兴衰转换的关键，在于国家权力的“策略嵌入”界限，即强大顶层设计力量对制度构架内政治集权、经济计划、强意识形态成分的反复加强与消解，对技术进步内源需求导向、外源供给力量的周期性激励与抑制，对经济结构“多样性”成分的不规则供给与筛选。当“恢复、重建”导向占上风时，驱动经济的历史合力以及“稳步、复苏”的主基调，就能够顺利产生并得以实现，但是当指令挤压理性并放大分权矛盾和斗争导向时，转型增长进程中速度、状态的非平稳转换驱动力量，就会随之形成并发生作用。

最后，理性计划经济由盛转衰的内在原因，同时暗含了高昂的“逆化”成本和必然的“替代”趋势。信息失真、方法失效、激励不足和集权惯性，是构成计划经济优越性难以维持的重要原因。由盛转衰的“逆化”努力不仅需要为计划失误付出高昂代价、弥补低效原因导致的成本浪费，而且依赖于严苛的政治手段（杨德才，2004）。试图以“异化”走向来实现“逆化”结果的做法，例如数次放权实验、行政命令先行，其实质在于借助行政指令，来弱化计划经济的理性成分，无法还原既有制度构架维持所需的公平保障和科学计划，毕竟苏联在充分就业、工资保障、公共服务、消费结构等方面作出的努力以及优于计划型生产效率，产生了明显的示范效应。而“理性计划已破、市场机制未立”的指令经济状态，却面临着“生产效率、创新效率”双低的尴尬困境（图 6－1），延误了艰难重启复兴之路的进一步推进。

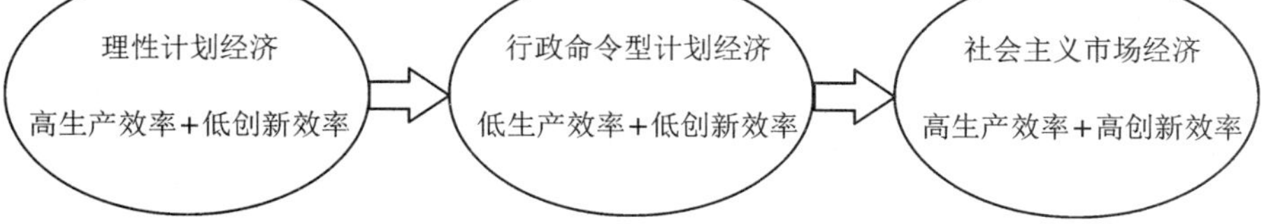

图 6－1　三种经济状态转换为生产效率、创新效率的变化图

6.4　历史价值判断

计划经济作为社会主义国家的历史选择，同时充当着现代化发展演进过程的推动者与阻碍者。“承前”的功绩，体现在应对外部压力、化解社会矛盾，并承担了“民族振兴”的重大使命；而其内在的局限性，也迫使各国在市场化探索中，开启了殊途同归的自我更新进程。是否愿意将计划经济作为转型增长的关键环节，以及全面复兴的组成部分，直接影响着对其历史判断的中肯程度。本书认为计划经济

的积极因素，表现为以下三个方面。

一是对独立自主的现代化追赶进程起到了实质性的推动作用。计划经济的建立，不是为了克服相对发达资本主义经济状态下的“无政府”困境，而是为了赢得主权独立、加速近代“萌而不发”的现代化工业成分真正落地生根。从这个角度来看，计划经济时期所取得的成就，相较于饱受外压内乱的近代中国而言，无疑产生了翻天覆地的变化，具有重大的历史价值。

二是在宏观经济管理反复试错与经验积累的过程中，形成了主动突破思维定式、不断推进变革创新的意识与能力。计划经济与社会主义市场经济的试错，有着截然不同的内涵，前者充满了“黑暗中摸索”的被动与无奈，后者则属于社会主义坚守、完善思路下的“主动求变”。正是前期建立在高代价基础上的经验积累与选择判断，为后续中国化与现代化的“新路”探索，奠定了物质、精神基础，并抑制了僵化思维与冒进基因的表达。

三是为经济转型增长的进一步接续，创造了制度、技术与结构维度的必要条件。中国计划经济在“兴、衰、变”酝酿出的制度接续意愿，不具有俄罗斯、东欧国家“复制西欧经济制度”的替代特征，更为关注经济系统运行效率困境的破除。借助集体力量推进自主创新以开启技术攻关的做法，属于特殊时期(封闭条件下)技术进步的最优可行路径，随着条件的成熟，强大的技术追赶愿望有助于凝聚技术进步外部动力的再造共识。与此同时，武力(2003)认为计划经济时期的城乡隔离也具有一定的积极作用，能够激发既有经济系统内多样性成分生成并积累的内源动力，例如乡镇企业涌现、农村改革推进等。

而计划经济的历史局限性，在放大价值实现消极因素的同时，埋下了经济转型增长接续的失衡基因。

一方面，多重损失延误了经济复兴的进程。经济损失，主要体现在 GDP 增长率在长期进程中的明显凹陷，1953—1957 年与 1978—2012 年的 GDP 年均增速分别为 9.34%和 9.94%，但是 1958—1977 年的 GDP 增速仅为 5.77%，分别低于前后两个时段 3.57%和 4.17%。即使假定 1958—1977 年经济增长的长期趋势为 7.50%～9.00%，计划经济后期的损失也达到 1/4～1/3，间接延缓了经济快速平稳复兴驱动合力的形成。蔡昉、都阳(2003)的测算表明，人力资本存量的损失达到 14.29%，15 岁以上人口的平均受教育年限由 5.6 年下降至 4.8 年。人力资本积累、科学技术事业的相对延宕，增大了经济转型增长的环境、秩序重建成本。

另一方面，传递出的失衡扩张基因，间接抑制了经济质量式增长的可能。尽管世界经济增长史范畴不乏数量、质量非协调演进的案例，质量增长往往也是建立在数量增长基础之上的。但是从共性趋势来看，质量发展是长期经济增长演进的终极要义。计划经济时期出现的诸多回返与震荡，使得转型增长的接续不得不集中在化解经济运行系统主要矛盾的范畴，而相对高昂的制度变迁成本、明显缓慢的自发演进机制成长，以及资源错配和地方竞争惯性，都可能引发非均衡演进基因的进一步扩张。加之快速实现现代化发展与经济复兴的追赶意愿，传递出了“速度、规模”至上信号，使得粗放式经济增长模式的选择，获得了片面追求下的合理性身份，间接延误了质量型增长导向的形成。

第 7 章　计划经济向社会主义市场经济转型增长的形成机制

计划经济向社会主义市场经济的转型增长，作为一项长期课题，贯穿于中国改革开放四十余年的伟大进程。纷繁浩瀚而又兼容并蓄的研究成果，并不意味着这一课题的探索空间趋于衰减。新时代号召下的理论继承与创新，需要在回眸经济转型增长孕育基础与演进过程的基础上，依据动态的历史价值判断标准，对坚守与摒弃的内容重新划界，以此明晰“改革之改革”“开放之开放”的逻辑基础。本章着重解读中国经济复兴之路的加速环节，旨在回到计划经济向社会主义市场经济转型增长的扬弃式创新过程，挖掘中国奇迹延续的历史证据，明晰发展指向的时代传承，探寻道路进化的修正经验。

7.1　文献综述及问题提出

中国长期经济表现的盛衰转化，不仅激发了“何以式微”的千古迷思，而且在孕育复兴大趋势的同时，开启了中国奇迹创造的新一轮解读热潮。毕竟繁荣增长与时代发展的经验密码破译，离不开最初的经济转型增长动机识别。回到计划经济瓦解的历史条件中去，是学界阐释奇迹创造的研究基础。

首先，计划经济面临的诸多困境，驱动学界发出了“为什么要转?”和“转向何处?”的时代之问。主要的研究思路：通过还原改革开放初期的国内外基本环境，明晰社会经济遗产的历史继承，判断趋势性发展的需求变化，进而追溯社会主义市场经济的孕育土壤，同时识别中国与其他社会主义国家转轨路径的初始条件差异。在一些问题上存在分歧，特别是对国外环境转暖、特定国情需要、内部理性共识形成等具体因素的作用判断存在分岐，但是对于计划经济的重视，构成了主流观点的共同特征，即中国计划经济“兴、衰、变”的异质性，是“问题导向—实践探索”脉络下经济体系改革的内在逻辑起点(林毅夫 等，2010)。

其次，在“转什么?”和“怎么转?”的问题上，沿着“制约因素识别—突破路径选择”的思路，形成了“国家治理模式变革论”“经济增长方式转变论”“多元结构变迁论”以及“体制模式整体转换论”等诸多子命题，用以追溯经济转型增长形成机制的核心驱动力量。

一是凸显国家治理模式重要性的研究文献(孙景宇，2009；张慧君，2011；丁长艳，2015)。从能力成长与体系建设的阶段性表现来探析社会主义市场经济的形成机制，依据“政府偏好形成—转型启动—治理模式升级—转型完善”的线索，来观察“强政府悖论”与“弱政府失效”可能对转型演进过程产生的实质性影响。

二是多元结构变迁论。着重刻画社会经济结构在计划经济向社会主义市场经济转型增长过程中的具体转变，将“多元结构转变—发展模式选择”的交互关系，视为经济转型增长的等价命题，由传统的“二元”范畴（周燕 等，2012；陈长江 等，2015），拓展至“三元”（陈端计，2004）、“四元”（胡鞍钢 等，2012）范畴。

三是关注经济增长方式合理性的研究文献（林毅夫 等，2007；靳涛 等，2005）。由外延扩大再生产与内涵扩大再生产的简单比较，拓展至特定时期的增长模式及其引发的速度、效益变化。据此追溯“消耗性”“数量型”“速度型”经济增长方式的选择与社会主义市场经济形成的内在逻辑，同时也注意到了技术—经济范式异化带来的逆生态困境（杨雪锋，2013）。

四是从体制模式整体转换过程切入的研究文献（洪银兴，2003；林跃勤 等，2008），更加关注制度变迁与经济增长、发展状态的因果关系，由经济领域结果明确的转轨过程，拓展至多系统范畴更具探索意义的转型过程，据此区分中国与苏联、东欧国家的转型殊途和方式差异。

最后，学界对于计划经济向社会主义市场经济转型增长的历史评价，由早期的“全面肯定论”，转变为更加中肯，且具有启示意义的“多维价值反思论”。改革开放以来，中国借助经济转型增长实现的功绩有目共睹。不仅包括跨越式的社会现代化发展（郑杭生，2009；胡鞍钢，2017），中国特色社会主义经济的制度建设和形态生成（包心鉴，2010；平飞，2011），还涉及开放发展的实质性推进（孙景宇，2005）、增长质量的提升（钞小静，2008），乃至经济崛起的世界意义实现与地位逆转（雷江梅，2016）等诸多内容。但是，学者们也关注到了经济转型增长伴生的突出矛盾与紧迫问题。叶初升等（2014）从微观维度来评价中俄两国的经济转型绩效，认为中国经济转型面临的低起点约束、采取的渐进方式，并未有效改善农村居民的脆弱性程度，而俄罗斯的“休克疗法”却使得脆弱性水平趋于降低。与此同时，“历史—现状—未来”长视角和“内外联动—世界意义”宽视角的并行引入，有助于观察到“转型增长—高速奇迹”积极价值以外的结构失衡、权力寻租、两极分化等社会问题，乃至路径锁定的新风险（汤吉军，2009），以及大国合作关系的新障碍（刘建飞，2015）。

现有文献多以“制度变迁—经济转型”为基点，沿着增长或者发展单一线索延展的。既没有体现转型、增长与发展过程的并行特征与逻辑指向，也没有突出计划经济瓦解与中国特色社会主义市场经济建立承接过程的系统性，即“制度—技术—结构”的复杂交互关系。缺乏从“历史根源—形成机制—价值判断”整体维度的考察，特别是转型增长过程向新时代质量发展阶段跃迁的历史合理性与必然性。因此，本章拟将计划经济向社会主义市场经济的转型增长，视为新中国成立后艰难重启“量变积累”向新时代主动谋求“质变结果”的关键环节，从历史条件追溯中探寻转型增长的合理性与必然性，从形成机制阐释中发现经济转型增长中国路径的特殊性与优越性，从历史价值判断中明确扬弃界限、抽取经验素材，为新时代经济转型增长共同价值观塑造与新篇章书写，作出边际贡献。

7.2 开放趋势下经济转型增长的历史根基追溯

7.2.1 外部环境

随着二战的结束，世界经济开启了由萧条到繁荣的增长引擎，重新迈入继工业革命之后的第二次“黄金增长时代”。人均GDP的年均增长率由1913—1950年的0.9%，上升至1951—1973年的2.9%。但是良好的增长势头掩盖了诸多失衡隐患，即布雷顿森林体系下涌现出的世界性通货膨胀、国际收支危机和投机资本冲击（宋玉华，2012），这不仅加剧了既有世界经济体系的运行矛盾，而且在削弱资本主义国家整体霸权地位的同时，创造出世界经济体系主体结构裂变与增长阶段转换的新契机。

1. 经济体系主体结构裂变催生出多极化趋势

从世界经济体系组成部分的力量博弈情况来看，经济失衡的形成与调整过程，促使主体结构由“两极对抗、全面竞争”，转变为“多极共存、分层发展”的状态。

首先，美国丧失资本主义经济体内部的霸权地位。20世纪60年代后期，美国试图通过“社会主义计划”和军事升级进行快速扩张，以维持霸权地位，但却在不断增强财政支出力度的过程中，陷入了通货膨胀加剧与经常项目盈余下降的双重困境。尼克松政府试图通过多次贬值应对“美元信心危机”的做法并未奏效，各国相继放弃与美元固定比价，布雷顿森林体系和美国绝对霸权地位随即瓦解，这为欧共体成长与新兴经济体的崛起，创造了新的机遇。

其次，新兴工业化国家、地区整体快速崛起。分别以1500年和1950年为节点，新兴经济体在世界经济增长中的地位，呈现出由繁荣到衰退再到复兴的历史演进轨迹，明显异化于发达经济体的表现。无论是作为一个整体，还是亚洲局部，1980年以后的新兴经济体GDP增长率，均优于世界与发达经济体水平。其潮涌式崛起过程释放出的供给、需求潜力，构成了世界经济体系多极化趋势形成不可或缺的冲击催化剂。

最后，计划经济的僵化态势积重难返，无法为社会主义阵营持续创造出增长率的绝对优势。苏联第二大经济体的国际地位被日本取代，而苏联时期的经济互助委员会（经互会）工业产值年均增长率又出现整体下降的情况，见图7-1。1950—1955年接近15%的高速增长状态，在1976—1985年下滑至5%以下（除去罗马尼亚和保加利亚）。以1960年的增速表现为基准，社会主义各国在国民收入、工业劳动生产率方面的增速表现，较发达国家的领先优势趋于缩小，并且明显弱于日本，见表 7－1。

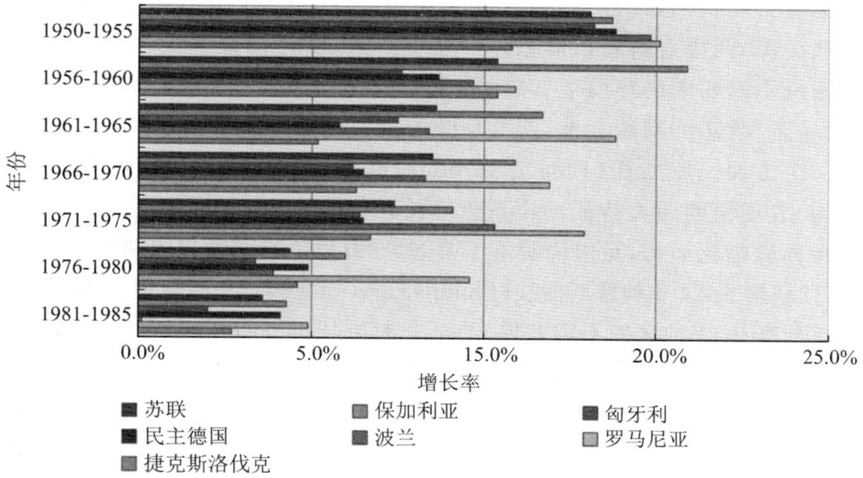

图 7－1　经互会成员国工业产值年均增长率变化

（注：数据来源于《经互会统计年鉴》第 18－48 页、《苏联国民经济统计年鉴》第 647 页）

表 7－1　国民收入与工业劳动生产率增速比较　（单位：%）

国家	国民收入			工业劳动生产率		
	1970 年	1980 年	1985 年	1970 年	1980 年	1985 年
苏联	2	3.2	3.9	1.7	2.6	3
保加利亚	2.1	4.1	5	1.9	3.5	4.2
匈牙利	1.7	2.6	2.8	1.6	2.6	3.1
民主德国	1.5	2.4	3	1.8	2.9	3.4
波兰	1.8	3	2.9	1.6	2.8	3
罗马尼亚	2.2	5.4	6.7	2.1	3.9	4.6
捷克斯洛伐克	1.5	2.4	2.6	1.5	2.5	2.8
南斯拉夫	1.8	3.2	3.3	1.7	2.4	2.4
英国	1.3	1.6	1.7	1.5	2	2.5
意大利	1.8	2.4	2.5	1.7	2.3	2.5
美国	1.5	2	2.2	1.3	1.8	2
联邦德国	1.6	2.1	2.2	1.6	2.3	2.5
法国	1.7	2.5	2.6	1.6	2.2	2.4
日本	2.7	4.5	5.4	2.5	3.8	4.3

注：数据来源于宋则行、樊亢编写的《世界经济史》(下卷)，第 144 页。

2. 世界经济增长由“失衡危机”转入“大稳定”状态

从世界经济增长阶段性转换的新特征来看，不同于相对短暂而又饱受失衡困扰的战后繁荣增长期，20世纪80年代出现的“大稳定”趋势，是在发达经济体相继走出滞胀泥潭，两极对峙意识形态分野趋于消融，发达国家主导、发展中国家从属多极化格局不断明晰的环境中形成的。

“大稳定”状态的判断标准，涉及反映宏观经济形势的平均水平、波动程度及地区表现三个方面。罗斯托(1984)、Gordon(2005,2010)等学者认为，发达国家(特别是美国)表现出的两大特征，即“高速增长态势、温和通货膨胀”并存以及关键宏观波动指标微幅化运行，足以说明位于第五个“康德拉季耶夫长周期”上升阶段的经济表现，彻底摆脱了“菲利普斯曲线(Phillips curve)的嘲弄”。而亚洲新兴经济体创造出的增长奇迹、拉美地区的不俗表现，乃至非洲追赶引擎的开启，在为“大稳定”光环不断注入维持力量的同时，也享受到了前所未有的全球化与技术浪潮红利。

“大稳定”光环的出现，是一系列因素共同作用的产物。一方面得益于技术进步、制度创新、结构调整与分工优化等因素的协同互动。具体来说，以技术群落形式不断涌现为标志的现代技术革命浪潮，较单一技术主导下的传统技术革命，更具关联性与渗透力，能够与经济全球化、市场经济制度创新、多元经济结构调整相互作用，释放出改善生产率、提升经济开放度、更新商业模式、驱动产业结构高级化演进等诸多良性增长效应。另一方面可以归结为明显减弱的外生冲击(Stock et al.,2002)，或者各国宏观政策调试实践经验的积累与应用结果。前者暗藏了“大稳定”光环终将消逝的线索，而后者属于针对调节供需缺口、熨平经济周期、化解系统性风险而作出的创造性调整。

7.2.2 现实需求

1. 通过构建平等开放式交流合作关系重新融入世界经济增长体系

改革开放前，从美英禁运封锁到中苏关系决裂，中国在世界地缘政治中不断被边缘化，逐渐成为经济、文化的孤立者，只能通过封闭、内向型的发展战略，来规避恶劣外部环境衍生出的主权冲击、经济操纵与文化入侵等风险。

随着传统意识形态对峙情绪的日渐趋缓，中国迎来了重新融入世界经贸体系的新契机。特别是在获得联合国合法席位及对外(日、美)邦交正常化之后，以邓小平为核心的新领导集体，对国内外基本形势的时代指向作出了新的判断，认为“南北”发展问题构成当下全球性战略问题的核心，进而摒弃了计划经济时期采取的自力更生发展战略，重新确立谨慎务实的对外改革基调。由革命斗争导向下的“反两霸”，转变为和平发展导向下的“不结盟”战略。这一历史性转变，标志着对外关系的构建被赋予推动生产力发展、服务经济建设的重大使命。

在摆脱国际孤立状态和分享世界经济增长两大迫切愿望的驱动下，中国由世界经济活动中的被动参与者，转变为主动参与者，以“走出去”的心态，不断搭建内外交流渠道、完善制度建设，通过融入世界劳动分工体系、增强国际贸易投资力度和加大技术模仿引进，积极开拓经济增长的外部动力新源泉。一方面，以寻找贸易伙伴为目标，加强与世界各国的经济互动；另一方面，通过援助计划、投资措施等手段，积极建立与亚、非、拉国家之间的经济联系。随着中国在世界贸易、投资、技术等领域的实力不断增强，越来越多的国际组织开始接纳中国。无论是政治外交还是经济发展，中国都是当今世界格局的重要组成部分，在世界地缘政治中的地位显著提高。

2. 立足具体国情推进符合社会主义本质需求的经济复兴之路

特定时期的国情，生发于动态变化的自然条件和长期演进的历史过程，用以反映社会经济发展的总体状态。国情观测，就是要识别时间、地域维度下状态构成中的稳定与可变成分，进而为发展道路的方向判断、路径选择及政策制定，提供必要的经验材料。

改革开放初期的中国国情，是由自然国情、历史国情等“不变”要素继承，以及政治、经济等现实国情相对“转变”共同作用的产物。

一方面，“不变”要素，表现为发展中大国定位持续面临的自然资源、地域特征约束，以及现代化发展、追赶历史任务的进一步延续。即社会主义初级阶段的解放、发展生产力目标，始终贯穿于新中国成立以后新中国全面复兴的历史征程。客观来看，尽管新中国成立后兴起的计划经济，创造出了政治主权独立前提下的经济恢复性增长契机，将“极为薄弱”的重工业基础，丰富为“较为完整”的工业经济体系。但是生产力发展程度的改善，并不等于滞后历史状态的根本性突破，国情“不变”要素异化认知下的发展道路选择，难以兼容人民生活水平提高的初始愿景。计划经济系统运行过程中不断生成并累积的矛盾，促使以邓小平为核心的领导集体，回到社会主义制度优越性判断的根本基点上，从国情认知更新的经验材料中，重新抽象出“发展是硬道理”这一“不变”要素，着重强调了国情识别的连续性、根本性与逻辑一致性。

另一方面，作为对国情动态属性的反映，局部、阶段性的“可变”要素，既来源于社会主义内在本质、阶段定位等“不变”要素的实践经验教训反思、调整过程，也取决于外部环境变化涌现出的新特征。改革开放国情构成中的“可变”要素，可以细分为“终止继续革命”“社会主义现代化建设是我们当前最大的政治”认知逻辑上的政治国情新要义，以及从“贫困陷阱跨越”转变为“彻底消灭贫穷、最终达到共同富裕”的经济国情新认知。前者是由“不变”要素异化认知复归，创造出的局部“可变”调整力量，通过“改革开放”对“道路斗争”的逐步替代，扭转了政治、经济范畴的国情非匹配认知，以及由此形成的发展道路两难选择局面。而后者通过对“不变”要素认知的逐级深化，描绘出与阶段性具体国情相适应的经济复兴之路，由摆脱“短缺经济”转变为迈入小康社会。

3. 扬弃计划经济历史遗产确立转型增长新主题

从历史合力下的必然趋势来看，新中国成立后三十年作为复兴进程的组成部分，充分发挥了国家力量与意志的积极作用，基本完成了开启工业化促进现代化，进而推动社会全面发展征程的重大使命。

一方面，短时间内完成的工业化原始积累与体系建设，为改革开放工业的快速发展奠定了基础。从资本存量指标来看（表 7－2），1978 年较 1952 年的全国资本总量增长了近 15.08 倍，国有资本与国有工业资本占比分别达到 80.00％和 54.09％；资本投入指标显示，基本建设投资的年均增长力度最弱，各项贷款和固定资本形成额的年均增长率较为明显，分别达到 10.70％和 9.60％。马克・薛尔顿（1991）认为这种以国有经济为主、国家投资驱动为特征的资本存量与投入结构，是工业快速、持续增长，乃至未来重工业发展的正向历史遗产。由此构建起的门类齐全且能够相互配套的工业体系，为改革开放之后的中国，创造出吸引外资、参与世界劳动分工等方面的有利条件，也让其顺利迈入世界工业大国的行列。

表 7－2　1952 年与 1978 年的资本存量指标对比

时间	类型	全国资本	国有资本	国有工业资本
1952 年	总量/亿元	400.00	240.60	149.20
	构成/％	100.00	60.15	37.30
1978 年	总量/亿元	6430.00	5144.00	3478.00
	构成/％	100.00	80.00	54.09

另一方面，基础设施建设与人力资本积累成效明显，社会整体、现代化发展水平得到提升。1952 年至 1978 年间，管道（20.5％）、发电量（13.7％）、民航里程（9.8％）、公路里程（7.8％）与邮路（5.2％）的年均增长率显著，各类现代化基础条件明显改善。在“水利是农业命脉”的方针导向下，1978 年较 1952 年的灌溉面积增加了 1.25 倍，达到 4500 万公顷，灌溉比例提升了 26.7％，达到 45.2％，远超印度（35％）与美国（13％），有效促进了农产品的增长。Perkins（2008）对最高文凭作出的分布估计显示，较 1952 年而言，1978 年无文凭的绝对主导状态明显弱化，由 73.9％下降至 39.6％，各层级学历的梯次递减分布状态获得整体提升，间接佐证了新中国成立 30 年人力资本积累取得的进步。与此同时，新中国成立后的社会主义制度建设，更多停留在解决人民温饱、保障基本权利层面，对于福利改善的关注相对不足。因此，从社会发展方面的指标排名可以看出，人类发展水平表现相对落后，但是女性劳动参与率、预期寿命以及免疫接种率，已经分别跃升至第二、第五和第十位。

考虑到时序维度下客观存在的历史因素，改革开放初期面临着两大负向历史遗产继承问题。

一是物质短缺与增长滞后状态并未得到根本性扭转。1952 年至 1978 年的中国大陆 GDP 年均增长率为 4.8%，而创造出“东亚奇迹”的日本、韩国与中国台湾，分别达到 7.8%、8.6%与 9.2%。与此同时，按照人均年收入 100 元的贫困标准，1978 年农村贫困人口为 2.5 亿，贫困发生率高达 30.8%；而按照人均每日 1 美元的贫困标准，我国贫困人口占到世界发展中国家贫困人口总量的 47.6%。

二是国民经济的失调现象与活力欠缺并存。计划经济时期，对公有制的偏好，以及重工业优先战略的副作用，共同加剧了国民经济失调。具体来说：为了保障重工业优先战略的有效实施，“高积累、低消费”常态（表 7－3）、产业失衡导向（图 7－2），干扰了社会经济的正常运转，并阻碍了人民生活水平的提高。李成瑞（1984）对“文革十年”的效率测算显示，每百元资金、固定资产净值、工业总产值实现的税金、利润，分别下降了 44.1%、37.8%和 42.5%。

表 7－3　各个五年计划的积累、消费构成比较

时期	国民收入中积累与消费构成/%		积累内部生产、非生产性积累构成/%	
	积累	消费	生产性积累	非生产性积累
“一五”时期	24.2	75.8	59.8	40.2
“二五”时期	30.8	69.2	87.1	12.9
“三五”时期	26.3	73.7	74.5	25.5
“四五”时期	33.0	67.0	77.6	22.4

注：数据来自董辅礽编写的《中华人民共和国经济史》（上卷），第 581 页。

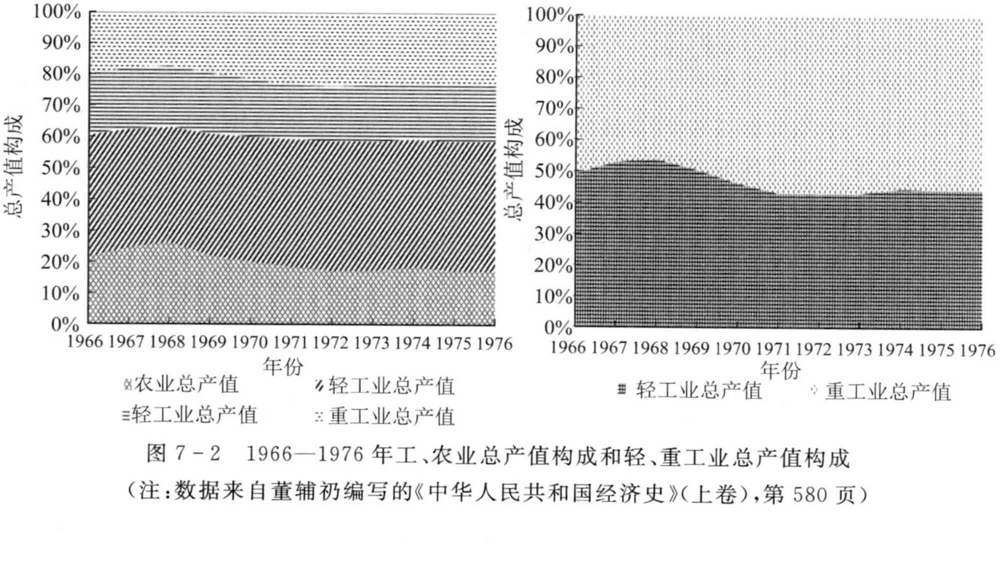

图 7－2　1966—1976 年工、农业总产值构成和轻、重工业总产值构成

（注：数据来自董辅礽编写的《中华人民共和国经济史》（上卷），第 580 页）

7.2.3 主观条件

随着1949年新中国的成立，国家制度构建、学习与调试能力的恢复，经济发展表现为计划经济初期一系列强制性制度变迁的相继实施，以及学习、移植苏联模式过程中的数次反思性调整。但是，从后期国家制度构建的目标偏好来看，试图摆脱计划经济制度困境，是为了更好地维持既有制度构架的主导地位。因此，周期性分权式改革，仅仅构成应对目标偏好僵化危机的权宜之计，日渐退化的国家制度构建、学习与调试能力，不仅无法为制度适宜性变迁提供稳定、连续的有效制度供给动力，而且极大地抑制了社会创新性制度知识涌现、累积与扩散的良性空间。它致使国家的“掠夺性暴力潜能”不断压缩“服务性发展潜能”，最终加剧了国民经济运行的动荡与失控。

从积极的角度来看，国家制度能力曲折成长路径中，不断累积的质疑、反思情绪与风险控制意识、矛盾化解经验并存，在间接提升计划经济制度维持成本的同时，推动了领导集体的良性更迭和目标偏好的根本转变。即以邓小平同志为核心的领导集体，主动突破刚性意识形态，借助更为灵活的制度知识学习与实践调整过程，来完成计划偏好的适宜性更新。这一点与苏联、东欧国家制度能力成长路的根本区别在于，中国计划经济时期独立、反复的“治—乱”循环实践经验，不仅构成效率改进与风险控制目标矛盾的缓冲地带，而且在有效打击“分利集团”、保证“共容利益”的基础上，孕育出“不开倒车”“摆脱困境”的“人心思定”共识。从根本上消除了苏联式全面危机和失信风险，以及由此形成的激进认知，即“深渊不能分步跨越”，同时规避了波兰、捷克斯洛伐克等东欧国家意识形态遭受外部冲击的不良影响。

因此，国家制度构建、学习与调整能力的曲折成长，为转型增长理性共识的扩容与突破提供了新的契机，促使平衡效率诉求与风险控制两难选择的初始愿望，在“思想解放”与多重利益协调的过程中，由“摸着石头过河”的模糊目标，逐渐明晰为“改革、发展、开放”理性共识下的转型增长意愿。

7.3 大转折时代经济转型增长的形成机制探源

7.3.1 逻辑起点定位

计划经济作为历史的产物，体现了落后经济体对传统社会主义的严苛认知，以及资本主义私有制是“万恶之源”的思维错觉，而在短时间内能够实现全面追赶的必胜信念，正是源自计划经济具有绝对“优越性”的预先判断。由此衍生出的改良意愿，属于延缓计划经济否定认知形成的妥协做法，只有当不断减弱的改良预期效果，持续挑战社会容忍力，并汇集成为彻底性的困境反思情绪，才能够催生出转型增长所必需的路径解锁力量。因此，不论是从新中国成立后60年的整体视角来看，还是关注于前后30年的巨大差别，计划经济历史成就的合理性与困境反思的必然性，都统一于社会主义实践的曲折发展过程。前者为社会主义现代化进程的开启，创造出必不可少的政治环境、物质基础与文化氛围，后者构成中国特色原创性道路探索的历史逻辑起点。计划经济后期，困境反思力量集聚的经验材料来源于国内外两个方面。

从国外来看，一是社会主义阵营涌现出的改革修正样本。根据贝尔纳·夏旺斯(1999)的统计，20世纪50年代至90年代，社会主义国家整体涌现出了三轮计划经济改革浪潮。作为社会主义阵营的核心部分，苏联在斯大林去世之际，就率先开启了对计划经济经典模式缺陷的全面探讨，试图通过计划功能下放、引入利润平衡表以及以法律形式等手段，进行效率激励，以扭转20世纪30年代就已经出现的劳动力供给下降、资本总量积累不足与经济增长衰减的危机。但是这种试图获得“更为精准计划”的做法，并未达到“压力增大—绩效改善”的目的，而是在加剧“短缺”之外，积攒了“休克疗法”的实施意愿。上述不彻底的改革过程，甚至通过军事干预，极大地提高了波兰与捷克斯洛伐克的改革上限突破成本。尽管南斯拉夫受到的威胁相对较弱，但是仍然需要面对改革效率诉求下的多重风险，难以摆脱激进改革引发社会动乱的解体命运。二是世界经济体系的全球化趋势，在释放出技术进步与产业结构调整新契机的同时，将中国计划经济的困境反思，上升至“世界观”层面。计划经济时期的中国，缺乏与世界平等交流的渠道，但是1945年至1973年，科技革新与产业结构的交互作用，在全球化的黏合下，带动世界经济迈入了第四次长周期上升阶段的繁荣发展状态。加之1972年中美关系解冻，邦交正常化与抓纲治国方针调整，不仅为“继续革命”向“经济建设”的全面转变提供了可能，也让脱离世界经济体系运行的中国，在调整“世界观”的同时，产生了“融入、学习、开放”的意愿。

从国内来看，困境反思的范畴，不仅局限于追究计划经济僵化趋势造成的实质性影响，而且延展至生成原因与发展接续层面。一方面，通过深入分析计划经济运行过程的多重矛盾，特别是在物质利益与劳动分工、硬约束与软约束、计划制定与信息传递、行政管理与自主经营等内容上面临的抉择困境，来唤醒经济转型增长开启的内在动力。另一方面，在充分考虑初始政治条件、展开真理问题大讨论，以及权衡转型增长方式弊端、收益之后，展开了立足国外经验样本与国内现实情况的发展接续新思考，形成了从破除传统对立观念入手，在渐进探索中确立并修正改革重心、方式、内容的实践思路，以此作为经济转型增长道路选择的主要依据。

7.3.2 形成机制阐释

1.经济转型增长的准备、启动阶段

行政命令型计划经济向社会主义市场经济转型增长的开启动力，源自危机触发下的“顶层设计”力量与零散风险实践构成的“民间首创”力量。前者通过对“真理标准”的探讨，形成重建国家制度与社会、经济秩序的新共识；后者通过示范效应，自下而上冲击历史认知刚性。两者共同汇集成为“改革、发展、开放”理性共识下，即有转型增长路径选择及其以外新路径的创造力量，不断削弱“历史依赖”力量对变革的即时抗争意愿。中共十一届三中全会作为制度构架曲折解锁的重要转折点，在全面总结经验教训与重新确立工作重心的基础上，拉开了以现代化建设为核心的渐进式转型增长历史进程。

从制度构架适宜性变迁的主线来看，高度集权的政治正式制度，转变为社会主义民主、开放型政党制度，并在此基础上确立了“稳定为先、逐步推进”的政治发展战略，对经济制度改革的渐进性与有序性提出了内在要求。随着对计划与市场的关系认识，由传统对立转向协调统一，有计划引入的市场调节力量稳步增强，促使指令型计划经济制度在20世纪80年代持续偏离，并越过彻底瓦解的“临界点”，最终在90年代变迁为社会主义市场经济制度。以1992年邓小平南方谈话为契机，对外开放国策的落实，一方面由沿海经济特区实验升级为“沿边、沿江、沿路”战略，另一方面向内陆拓展，重点激发中心城市的辐射带动功能。2001年中国“入世”，意味着改革开放国家策略与世界经贸体系演进趋势实现了历史交汇，全方位、多层次、宽领域的内外联动新格局得以建立。经济模式也由封闭经济条件下的优先发展重工业模式，转向了开放经济条件下的“出口—投资”双驱动经济发展模式。除此以外，“改革、发展、开放”的“多元化”意识形态，构成了新的非正式制度内核，基于民主、监督、学习的政治非正式制度，以及重塑个体意识、强化契约观念、突出效率思维等经济非正式制度的形成，有利于决策层与大众在转型过程中形成“重叠共识”。非正式制度下确立的文化发展手段，旨在解放思想并构建社会主义核心价值体系，能够发挥稳定、规范、约束与纠偏的功能，帮助化解非正式制度与正式制度可能存在的冲突，保障转型增长的平稳、顺利推进。

客观来看，政治制度适宜性调整的剧烈程度，极大影响着资本积累环节合法性机会窗口开合的稳定性与可持续性。改革开放之后，中国政治正式制度的适宜性调整过程，是以不同于西方激进式改革的政治结构基础为初始条件，并且与经济改革相匹配。这表现为社会主义政治民主、法治建设的逐步推进，以及政党、政企分离与行政分权等多线条并行的权力、关系调整。相对灵活、多层次的处理方式，有效保障了经济改革的可持续性。伴随着经营自主权的复归、价格信号的重塑、微观主体的激活，以及渐进、平稳推进手段的确立，既有制度构架内生出了以市场为导向，并且具有稳定、合法身份的资本积累激励途径；“实物资本投资、人力资本存量”双优先的资本积累激励偏好，极大扭转了计划经济增长惯性；而开拓进取、竞争创新等新意识的引入与凸显，在有效压缩小农思想、伦理文化中的惰性因子之外，促使资本积累的适应性预期，在非正式制度扬弃中完成自我更新。

2.经济转型增长的稳定、推进阶段

劳伦·勃兰特(2016)认为中国经济转型的不可思议之处，不在于它的开启，而在于它是如何沿着纵深方向不断被推进的。客观来看，1978年至1992年作为经济转型增长开启阶段的准备期，主要通过自上而下的谨慎实验，来不断触发制度的偏离式变迁。尽管极大冲击了原有计划经济的制度构架，但是缺乏系统性的战略蓝图。将转型增长等价为“纠正经济结构以化解农业困境”“扩大企业自主权”“推动分权以增强区域竞争”等局部命题，无法从根本上回答“增量改革走向何处”。制度偏离持续释放出的“解锁”效应，更多体现出“胡萝卜”正向激励，而非“大棒”负向抑制功能，因而可以将利益格局变化及其可能诱发的冲突与矛盾，维持在可控的范围之内，为“量变”积累向“质变”跨越提供平稳环境和扬弃改革策略的经验材料；也可能间接壮大既得利益群体，并累积市场成分替代理性计划过程中的矛盾。因此，在全面反思的基础上，重新凝聚了转型增长的路径创造力量。即摒弃过去行之有效但是无法适应新形势的一些做法。采用相对果敢、激进的“策略嵌入”行为，以跨越“改革陷阱”。

风从南方来，邓小平在武汉、上海等地视察调研的重要讲话中，明确提出了路线不能变、改革要闯关和“三个有利于”标准，进而回答了改革的去向问题，即建立有助于解放、发展生产力的社会主义市场经济。而新一轮的改革热潮，以“整体推进、重点突破”的战略方式展开，并从制度层面渗透至技术领域。

首先，社会主义市场经济制度构架的建立与完善，是一个不断培育并吸收技术层面路径构建力量的过程。改革开放以来，“计划内增长”向“计划外增长”的逐步转变，同样体现在技术层面：一是不断增强的市场竞争力量替代过去的创新指标分配，通过利润压力，间接激发中外合资、外商独资等非国有企业的技术创新需求；二是所有权改革的推进，有效增强了非国有企业研发支出的积极性与自主选择空间；三是金融、财税等配套制度的完善，有利于政府资助的功能导向，由基础研究拓展到创新、扩散的多维度、体系化过程。1990—2000年，中国企业研发支出占全国研发总支出的比重增长至60%，“政府管控、资助＋国有企业主导研发过程”的局面得到了彻底扭转。与此同时，“863”“973”等资助计划，旨在开启对OECD(organization for economic cooperation and development，经济合作与组织)国家技术前沿的追赶，而“火炬”“星火”等计划，则重于对科学技术应用的激励。

其次,“制度变迁—技术进步”的协同互动,促使技术进步框架完成全面跳跃。具体来说,资本积累导向更新过程中,释放出了新的技术进步框架构建信号:一是在“稳定为先、顺序推进”政治发展战略的引导下,更为平衡且注重层次性的资本积累激励、约束机制,促使技术进步的发生领域由赶超战略下的重工业范畴,复归至承担国民经济基础作用的农业范畴,技术扩散方式由全面推进,转向“局部试点、渐进推广”(王津津 等,2016)。二是不同于计划经济时期,“出口—投资”双驱动经济发展模式下的资本积累激励、约束机制,更为重视世界范围内要素禀赋与市场需求变化对技术进步的作用力,全局视野下的比较优势原则成为技术进步主体衡量预期成本与收益的重要组成因素,技术进步方式也由计划强制供给转变为市场需求激励。三是开放经济条件下“多元化”意识形态的推广,有助于决策层与技术创新主体之间就创新、竞争、效率新导向形成“重叠共识”。表现为研发强度的全面提升、技术进口市场的主动拓展,更加关注“科技研发回报—技术进步各环节”的整体互动关系和可持续程度。

最后,伴随技术进步框架跳跃、抵制效应与转换效应的不断表达,促使经济增长主导技术动力体系平稳转换。完成平衡式复归的技术进步发生领域,“比较优势、市场导向、成本底线”综合驱动的新型技术进步方式,以及“局部试点、渐进推广”的技术扩散手段,共同构成了改革开放以后的技术进步新框架。由此释放出的强大转换效应,有效增强了政治战略对匹配科技的容纳能力,凸显了预期利润对科技行为的引导作用,提高了突破性技术脱离科技筛选范围的“重叠共识”,进而促使增长主导技术动力由失衡、断裂、倒退的历史状态有序过渡至相对平衡、完整、进化的新状态。

3. 经济转型增长的成熟、分化阶段

尽管社会主义市场经济是对计划经济的扬弃式继承,具有进化、升级的内在属性。但是在转型增长的早期探索过程中,并没有足够的证据表明,改革的最终指向是建立中国特色社会主义市场经济。而“局部实验、反复试错、不断调整”这一动态反馈环节的实质,在于创造不确定性并逐渐识别方向、收敛至良性轨道。因此,在计划经济向中国特色社会主义市场经济转型增长的成熟、分化阶段,系统内部多样性成分的改变,既是选择机制在反复触发过程中完成重建的产物,也是创新机制不断生成并被触发的结果。表现为路径背离与路径突破相互加强,以及随之而来的数量比例合理和经济形态趋优。

一方面,经济系统内的选择机制具有明显的动态扬弃特征。随着计划经济后期城乡二元结构矛盾的不断凸显,既有选择机制无法继续承担低成本危机转嫁功能,而是在行为主体改革意识不断加强、应对决策逐渐精准的现实条件下,开启了适宜性标准的全面更新。着重解决:农业经济的活力问题,地方赋权伴生的经济过热、债务过大现象,以及外向型经济发展过程面临的风险。具体来说,一是农业改革过程中,"以工补农"政策在调动社队企业发展积极性的同时,加剧了社队工业与城市大工业的内在矛盾,致使城乡二元结构下的逆挤压问题日益严峻。二是秉承以对外开放分散投资需求、化解中央财政压力的思路,而1988年之后接连实施的收缩型政策,在降低经济过热风险的同时,也带来了"生产停滞"问题。三是在世界经济危机黏连属性增强的现实约束下,以宏观政策直接干预的应对经验,在重塑外部动力的同时,难以解决结构性矛盾。

另一方面,不断被触发并供给的创新机制,能够与选择机制形成良好的互动关系。具体来说,以"放权让利"、市场双向开放、加速工业化等长期主动战略性政策和以乡镇企业、技术创新多样化载体等新型组织形式为代表的创新机制,在不断被触发、供给的过程中,能够借助试点实验、渐进推广等手段,逐渐打破计划经济时期的认知锁定,特别是封闭惯性、体制偏好以及行政管控式的治理思维,进而化解选择机制过度筛选系统内多样性成分的风险。然而,作为特定历史条件下的权衡选择,依据适宜性标准不断更新的选择机制,尽管也带来了诸多衍生问题,但是间接保障了创新机制作用合力的生成。

改革开放之后,选择、创新机制的触发与供给,是在现实问题导向下形成的,不仅具有特定的阶段性指向,也存在相互抵触的可能。但是从总体上来看,其生成动力源自于行为主体经验扬弃与实践创新的不断累积,促使经济表现与形态演进在路径背离与路径突破的相互加强作用下,呈现出明显的进化特征,并实现了高速增长与平稳转变的发展特征,从图7-3可以看出,较1952—1978年而言,1979—2003年的人均GDP年均复合增长率取得了巨大反转成就。

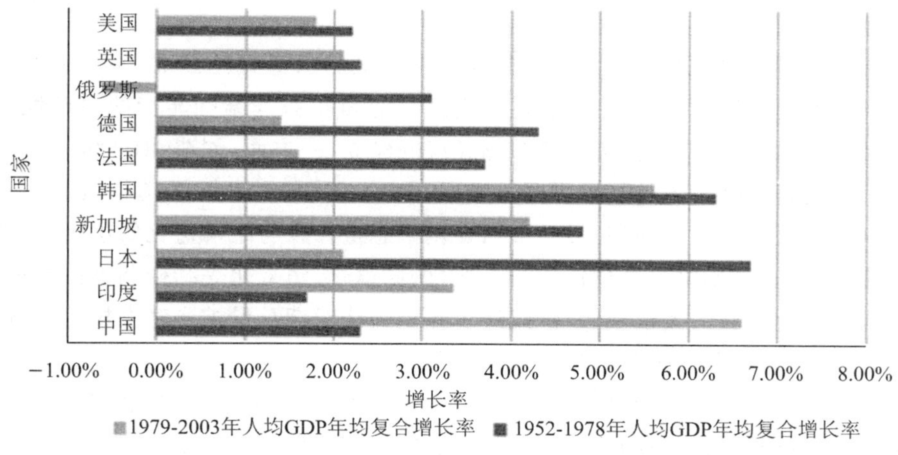

图7-3 1952—1978年、1979—2003年代表性国家人均GDP年均复合增长率对比图

(注:数据来源于 www. ggdc. net/Middison)

7.3.3 质量时代开启

从世界范围来看,中国由计划经济向社会主义市场经济的转型增长,不仅避免了“大爆炸”策略的改革低效风险、路径锁定困扰与社会衍生矛盾,而且在短时间内创造出了快速增长与国际地位逆转的双重奇迹,其原因可以归结为以下三个方面。

其一,改革开放的进化性质和利益均沾的动力机制,能够不断激发并汇集制度适宜性探索的路径构建力量。从中国改革开放与转型增长继承的逻辑关系来看,改革开放具有扬弃而非否定的特征,其进化属性体现为完善社会主义制度的内在指向,与苏联、东欧“大爆炸”策略秉承的快速、激进观念具有本质区别。而尊重历史约束、采用渐进方式以及诸多特殊化的推进策略,都属于改革开放进化性质定位的应有之义,也是制度适宜性探索得以持续的重要原因。与此同时,利益均沾动力机制的构建,体现为试点先行、决策开放与多方参与,这既是对计划经济制度变迁经验的根本性扬弃,也是不断激发并汇集路径构建力量的先决条件。

其二,“制度—技术”协同关系的再造,为技术进步框架的跃迁手段创新和转换效应激发创造了有利的条件。从被迫封闭到主动开放,中国技术进步框架的演进路径,在主权独立、平等自主的前提条件下,迎来了重要的转折点,重新开启了技术学习与追赶进程。“制度—技术”协同关系的再造,有效规避了计划经济时期的盲目性与高代价,并且将制度环境构建与技术进步框架跃迁手段创新紧密相连,形成了符合国情、能够适应外部环境,并且与不同阶段技术进步要求相适应的“战略—实践”反馈路径,同时为自主创新在模仿、引起过程的逐步渗入与不断凸显创造了可能性。

其三,能够以现实问题为导向,来修正选择机制的适宜性标准,并凸显创新机制在突破刚性认知过程中的引领作用,提高了总量扩张与结构转变的协调性。与计划经济相比,中国特色社会主义市场经济的建立,一方面,创造性地将经济开放、市场机制创新与社会主义基础制度坚守联系在一起,极大消除了选择机制适宜性标准与创新机制的内在冲突;另一方面强调了总量扩张与结构优化的逻辑一致性,将解决温饱、实现小康等总量任务与工业化、城镇化、信息化等结构调整新要素,共同融入现代化追赶的大框架,有效规避了计划经济时期总量扩张对农村发展、农业恢复,乃至经济成分多样化趋势的恶性挤压。

但是,从中国经济转型增长历史接续的连续性来看,早期工业化、现代化的曲折探索,新中国计划经济的建立、扬弃,以及“前改革时代”增长动能的全面激发(白永秀 等,2003),数次差异化转型增长内核的最终指向,均是挖掘追赶潜力并创造出经济增长的加速机制,基本忽视了高速增长势头下,经济基数扩大所面临的理论上限,以及结构性矛盾累积的潜在风险。加之“趋同”“回归”等降速引力的客观存在，无论是对发达国家，还是二战后创造出高速奇迹的国家而言，在实现经济起飞与数量规模扩张之后，基本无法维持超高速增长状态，而是在相对较短的时间内，完成了“高速增长—相对高速增长—中低速”状态的阶段性转换。

因此，对既有转型增长路径的历史继承与主动开新，引领经济发展新常态和迈入质量发展新时代，共同构成了增长奇迹创造的新篇章，也是顺应经济演进规律、保障复兴加速的新选择。从战略层面来看，质量型经济增长新导向的确立，旨在借助结构性转型增长来化解既有经济系统的运行矛盾，进而实现发展状态的根本跃迁。从理论层面来看，在顺应中国国情、凸显中国特色的基础上，创造性地将探索增长速度演变规律、推进增长动能全面转换与实现中国特色社会主义发展道路联系在一起，形成适应于具体国情，并且能够凸显中国特色社会主义优越性的发展速度选择、动能体系构建意识。从实践层面来看，旨在谱写增长奇迹新篇章的中国，更重视转型增长的潜能激发、可持续性与世界分享性[①]。希望通过“制度—技术—结构”经济增长动力体系的深层次调整，建立起经济增长潜力激发的短期渠道与长效机制，提高压力化解与风险应对能力，增速降级换挡韧劲与回旋余地的同时，借助外溢效应，对急需复苏的世界经济施以援手，以中国发展带动世界发展，为同样面临动力转换、失衡复归、可持续发展、全球化推进与包容性提升等重大转型命题的国家，提供中国经验、作出中国贡献。

7.4 历史价值评价

如何评判计划经济向中国特色社会主义市场经济转型增长的历史价值，不仅关乎国际社会对中国“道路”“模式”“奇迹”的认可程度，而且影响着未来经济转型增长接续的扬弃界限。涂成林(2017)认为“事实—逻辑—价值”之所以构成历史阐释学的三大基本要素，是因为“真实的过往”现象需要逻辑、规律予以排序、串联，而价值判断则能够体现历史研究的根本目的，即寻求人类历史阐释的最大公约数。从这个意义来看，无论是“全面肯定论”，还是“自我怀疑论”，都于共识形成无益，毕竟经济奇迹创造的历史事实，不容用时效衰减趋势予以否定。相反，面对客观存在的结构性矛盾和日渐明晰的风险挑战，需要将“兴利去弊”实践，上升至“求真”“求善”相统一的价值层面。

从历史价值的积极因素来看，计划经济向中国特色社会主义市场经济的转型增长，传递出了诸多发展属性。

①习近平在G20第十次峰会上谈到，“面对下行压力，我们可以出台大规模刺激措施，短期内完全能够实现更高速度的增长，我们有这个能力。之所以没有这样做，是因为高消耗、高投入的模式对中国而言难以持续，也会给世界经济带来风险”。

一是为追赶战略向竞争战略转变创造了良好的基础。经济奇迹的创造过程，就是与发达国家不断缩小差距的过程，对于历史成就的肯定，自然衍生出追赶战略适宜性反思的新命题。改革开放40年来，我们达成了解放生产力、发展生产力，并在自我激励中推进现代化追赶的历史共识，而在的新起点上，复兴加速度的获取、经济总量的壮大以及全球地位的逆转，让中国人民有自信、有动力去释放创造潜能并直面竞争。

二是形成了一系列有利于增长命题向发展命题并轨的支撑要素。中国特色的不断彰显，是为了提高经济转型增长的可行性与有效性。而发展型政府、地方竞争机制的有效构建，“内＋外”改革双驱动的实践思路，以及在探索实践中形成的主动革新意识、辩证务实的方法论，乃至相对完善的中国特色社会主义制度建设，“引进＋模仿＋创新”型技术进步框架形成，经济结构良性演进的诸多成果，都有助于未来经济转型增长的“量变”积累，实现发展“质变”新突破。

三是在融入世界经济体系的过程中，塑造了良好的中国形象。中国融入世界经济体系的过程，是在“自力更生—梯次开放—抢抓机遇”的顺次演进中实现的，而“强于内外联动”，是“始于对内改革、兴于对外开放”的逻辑指向。计划经济向中国特色社会主义市场经济的成功转型，在逆转落后、封闭形象的同时，为新时代深化开放能力与经济驾驭能力的进一步提升创造了有利条件。毕竟，世界经济需要中国经济的体量贡献、秩序建构、质量发展和引领力量。

古语有云，“欲思其利，必虑其害；欲思其成，必虑其败”。从历史价值的消极因素来看，过去被认为功不可没的经济转型增长支撑因素，开始出现了时效衰减的趋势。无论是“挤压式”“粗放型”“外向型”增长模式的难以为继，还是多重背景转换与约束条件变化的现实情景，都驱使我们从硬币的另一面，去审视与中国特色、优势高度相关，却又存在“不合时宜”风险的一些因素。

具体来说，一是创新驱动型社会的建设问题。要将过去局部、偶发、被动的创新，转变为具有“环境—机会—意识—能力”支撑的创新。二是效率、质量双增进路径的构建问题。要将支撑经济高速度扩张的非适宜性因素，特别是需求端日渐疲乏的投资、出口予以升级，重点加强对效率增进、质量提升具有实质性推动作用，而又没有在既有经济转型增长中得到重视的供给侧结构性改革。三是既有经济转型增长经验的加工问题。不论是成功经验还是失败教训，都是在历史实践、总结中得出的，新一轮经济转型增长开启的难点，或者说既有经济转型增长遗留的制约力量，在于识别经验扬弃的界限，以及“能与不能”理性权衡基础上的主动布局。四是新时期下社会保护机制的再造问题。既有保护机制的效能衰减是经济转型增长推进不能满足社会发展新要求的重要原因，因而，社会保护机制的再造，构成新一轮经济转型增长开启的重要组成部分。

上述内容暗含了既有经济转型增长的再升级线索。即通过“参与促进型改革”，持续激发人的潜能(刘世锦，2012)，凝聚高速数量型经济增长向中高速质量型经济转型增长的内源动力，真正实现“以人为本、发展为民”。

第 8 章　中国经济长期转型增长的历史比较与经验启示

"转型增长、历史比较与经验启示"，作为一个立场鲜明且能够突显中国异质性基因的命题，不仅暗含了中华民族"上下求索"，以谋求"亘古亘今"的历史线索，而且肯定了人民群众的历史地位与创造能力，特别是在为"中国经济谋复兴、人类命运求大同"的过程中，展现出的强大学习意识、坚定独立信念和开放革新勇气。本章旨在从中国经济三次重大转型增长的历史比较中，抽取出可供借鉴的成功经验和有待反思的消极要素，进而探析"旧邦新命"在经济转型增长继承与开新实践中的启示性指引。

8.1　中国经济三次重大转型增长的历史比较

经济转型增长的类型差异构成了路径演化的先天基因。而逻辑起点、形成过程与最终绩效等各环节，尽管也受到共性规律的制约，但是其异质性特征，在自我演化趋势、国家干预以及群众力量的共同作用下，将不断被积累与放大，最终汇集成为超长期经济转型增长进程中，具有内在关联的中国式进化轨迹。因此，中国经济三次重大转型增长的历史比较，至少应该涵盖逻辑起点的初始定位、形成过程的阶段演进，以及最终结果的绩效表现，如图 8－1 所示。

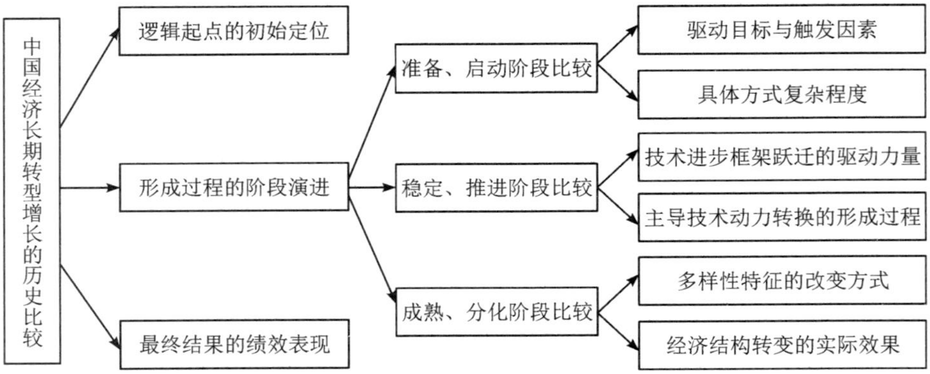

图 8－1　中国经济三次重大转型增长的历史比较框架

8.1.1　逻辑起点的初始定位

《周易·系辞下》中有云:“穷则变,变则通,通则久。”从历史延续的视角来看,三次经济转型增长逻辑起点的初始定位,均需回到初始状态瓦解力量不断累积的过程中。其共性的根源在于:既有自我维持机制难以通过局部调整提高效率,以适应“中华民族伟大复兴”主线下的社会、政治、经济、文化发展需要。而异质性特征,则暗含于研究对象的初始概念差异,以及效率非适应性程度的具体表现。

第一次转型增长,旨在刻画传统经济形态与现代经济形态的逐步交接。其逻辑起点的初始定位,需要回归至日渐衰落但是具有较强自我维持能力的传统农业经济社会,将数次不规则涌现的现代经济萌芽时期相互串联,作为判断交接进程的依据。毕竟,瓦解力量的累积,是在效率非适应特征反复“加强—消解”的长期过程中实现的,直至外部侵略、内部纷争共同诱发的种族存亡危机,无法借助孱弱封建政府妄想推行的局部调整予以化解之时,才在封建旧制度瓦解、民国军阀混战、国民党政权建立的顺次试错中,出现较为明显的交接契机,即数次工业化浪潮、黄金增长期的不规则涌现,以及现代经济外部渗入、内部创生的良性互动。

第二次转型增长,着重表现计划经济形态对不发达市场经济形态的全面替代。近代不发达市场经济形态无法内生出有效的自我维持机制,效率的非适应性特征大规模、集中显现。急需通过国家全面重建与发展道路选择来扭转国民党统治时期政权腐化及财富掠夺、频繁内战下的衰颓之势,以彻底摆脱新中国成立前生产力发展落后、市场一体化程度低下以及城乡差距明显等历史约束。因此,第二次转型增长逻辑的起点定位较第一次转型增长而言,初始状态遭受的破坏程度更强,自我维持机制面临着极大冲击;定位更加明确,以国家重建为先导,来创造经济恢复的良好环境;选择更为果敢激进,承袭新中国成立前“两步走”的革命战略,由共产党领导,在以社会主义改造、工业化建设探索为核心的新民主主义理论实践过程中,在短时间内形成了旨在快速、全面恢复经济的理性计划经济体制选择。

第三次转型增长,突出反映计划经济升级为中国特色社会主义市场经济的进化实质。其逻辑起点的初始定位,脱胎于社会主义制度大框架的全面反思与创新式继承,旨在冲破非理性命令式经济局部效率消失殆尽的困境,并且化解其衍生出的政治风波与经济动荡。较第二次转型增长逻辑起点的初始定位而言,其状态有所优化,已经进入复兴重启轨道,由现代工业经济主导的增长动力体系已经建成;定位更为明确,重点回归到经济建设;选择更为谨慎务实,是在多轮“全面反思—实践调整—共识形成”的过程中,逐步抽象出转型增长的可行思路,即借助“渐进有序、内外联动”的体制改革,来激活、优化增长动力。

8.1.2 形成过程的阶段演进

1.经济转型增长的准备、启动阶段比较

(1)驱动目标与触发因素比较。

历次经济转型增长，均是以特定目标为导向，由外部发展趋势、重大特征事件和内源压力共同作用的结果，但是不同目标下触发因素的从属关系与具体功能有所差异。

第一次转型增长的开启相对缓慢且极易被打断。中国古代封建制度构架所具有的高度稳定、相对封闭特征，决定了不断积累、转化的内源压力是追赶目标萌芽驱动下转型增长路径生成的先行主导因素（王津津 等，2017）。外部发展趋势通过不规则的合法性机会窗口，重新放大不断被消解的内源压力；而重大特征事件则通过修正行为主体的认知结构，创造出新的内源压力。

第二次转型增长作为社会根本性变革在经济层面的反映，其顺利开启是重建式追赶目标驱动下，内源压力与重大特征事件共同主导的结果。前者通过扩大理性认知共识，来激发并汇集各方主体的路径构建力量，后者改变了“维稳—追赶”目标权衡下路径涌现机会与构建机会的重新分布。由世界经济分化趋势、地缘政治演变，以及多样体制竞争性演进构成的外部发展趋势，为转型增长路径生成的理论和实践，提供必要的经验范本与决策依据。

第三次转型增长具有自我优化的特征，其路径生成过程是在实现速度赶超目标下，外部发展趋势与内源压力共同主导的产物。前者借助先行增长国家的示范效应以及世界经济格局的多极化趋势，来创造路径构建的良性收益预期；后者通过“民间首创”触发、“顶层设计”跟进的压力释放渠道，在反复的试错与修正过程中，不断放大认知演进的“重叠共识”。重大特征事件引发的挑战与机遇尽管具有不确定性，却为内源压力与外部发展趋势的相互协调、合力形成，提供了重要的契机。

(2)具体方式与复杂程度比较。

历次转型增长的开启，均属于制度适宜性变迁的阶段性产物，但是具体的调整方式及其呈现出的复杂特征存在明显差异。

第一次转型增长的开启，是路径构建力量反复消散与聚集的过程，始终受到既有制度构架内历史依赖力量的不规则压制。因此，自上而下的强制性制度变迁方式，既不彻底也不平衡。其复杂性体现在：路径生成过程中，构建力量与依赖力量之间的强烈对抗与频繁博弈，显化为“锁定—路径创造—解锁—路径依赖—再锁定”过程的持续反复。

第二次转型增长的开启，是理性设计、演绎驱动下，一系列根本性制度变迁集合组成的实践过程。制度构架的适宜性变迁，既涉及新制度对旧制度的全面替代，也涵盖了后续的自我修正、强化等环节。前者是由决策层主导下的新路径创造力量通过强制推进与政治动员，整体、迅速、非衔接式地创建、移植计划体制；后者表现为集权与分权的反复纠葛，以及模式移植样本的扬弃与复归。由于路径生成过程的控制力量过于集中，既定目标下认知演进的僵化趋势始终无法获得其他路径构建力量的解锁冲击，致使转型增长的开启阶段，很快陷入了“锁定—路径偏离—再锁定”的被动调整过程。

第三次转型增长的开启，是由制度实验与理论探讨共同驱动的渐进制度变迁过程，充分反映了学习效应以及试错、模仿、修正等实践经验在制度进化中的积极意义。政府主导而非全权控制的运作模式，既能够保证其在重大事件上的决策执行力，也能够为“顶层设计”以外转型增长路径构建力量的成长，创造较为宽松的环境。社会主义市场经济新路径的“创造性”构建过程，具有“解锁—路径创造—再解锁”的主动调整特征。其复杂性体现在：需要同时解决既有行为协调机制失效可能引发的制度混乱危机，以及新旧制度断层可能出现的“制度荒原”现象（科尔奈，2003）。

2. 转型增长的稳定、推进阶段比较

（1）技术进步框架跃迁的驱动力量比较。

历次技术进步框架的跃迁，均受到制度构架持续变迁与技术层面偶发构建力量的共同作用，但是动力构成的从属关系与演进过程有所不同。

第一次技术进步框架跃迁的驱动力量，主要来自制度缓慢解锁孕育出的技术移植意愿。封建制度构架修补式变迁的不规则作用，释放出了技术层面偶发路径构建力量的成长契机，促使小规模、间歇性技术进步方式以外的突破型技术进步方式得以萌芽。随着制度变革意愿的不断加剧，制度与技术的共同演化又孕育出了自上而下的技术层面构建力量，即清政府开明人士借助官办产业发动的技术模仿与引进浪潮。

第二次技术进步框架跃迁的驱动力量，主要来自制度构架的根本性调整。一方面，通过蛮横路径直接构建的方式，建立起自上而下的技术层面构建力量，表现为由政府主导的大规模技术模仿、引进行为；另一方面，借助经济奖惩不断地诱致出自下而上的构建力量，表现为国家研究、资助平台对国防工业、基础科学的倾斜式支持。

第三次技术进步框架跃迁的驱动力量，主要来自制度变迁与技术偶发构建力量的协同演化。具体表现为认知演进驱动下的持续“策略嵌入”行为，在不断打破制度变迁“锁定”趋势的同时，诱发出技术层面的构建力量并进行新一轮的制度“解锁”冲击，从而在技术进步方式转换过程中，创造性地引入了“比较优势、成本底线以及内外市场”三大驱动原则。

（2）主导技术动力转换的形成过程比较。

历次主导技术动力的转换，都是技术进步框架跳跃并触发抵制效应与转换效应再次博弈的结果,但是具体的形成过程有所差异。

第一次转型增长过程中,特定技术进步方式的形成,是在小规模、间歇性技术进步方式的基础上直接建立外部依赖型技术进步方式,以农业、手工业与大一统为主导的增长技术动力除去自身的演化趋势之外,并未受到实质影响。直至甲午战争之后,传统技术框架下的增长技术动力才真正受到冲击(高文杰,2014)。以重工业、轻工业为核心的增长技术动力借助引进、模仿渠道快速崛起,并出现了区域、产业分布不均衡,内源技术进步动力不足以及恶性竞争引发技术进步中断等现象。

第二次转型增长过程中,主导技术动力的转换与第一次转换具有一定的衔接性,表现为模仿、引进式技术进步方式的延续,以及对工业范畴技术进步的重视。但是受到特定技术进步方式形成动力的影响,第二次转换具有明确的计划性,反映为大规模推进与重工业、军工业领域优先的转换思路,在对农业、手工业等增长技术动力形成过度挤压的同时,相对增强了地缘政治危机驱动下的内源技术进步动力。

第三次转型增长过程中,主导技术动力的转换是在顺序推进原则下进行的,通过平衡复归技术进步的发生领域、构建技术供需的内外市场动力、重塑技术进步的微观激励机制以及加强开放创新、成本底线意识予以实现,整个转换过程相对均衡、有序,未出现大规模反复与不规则动荡现象。

3.转型增长的成熟、分化阶段比较

(1)系统内多样性特征的改变方式比较。

历次转型增长系统内多样性特征的变化,都是选择机制与创新机制共同作用的结果,但是触发过程与作用强度有所差异。

第一次转型增长系统内多样性特征的改变,是选择机制与由修补式变革触发的创新机制相互博弈的结果。制度锁定趋势与技术抵制效应的共同作用,大于制度自我解锁与技术转换效应的共同作用,构成时间、地域维度下农业经济系统结构转变驱动力量分布的大概率状态。选择机制的非持续作用与间歇性的路径背离,促使多样性成分积累至经济系统结构转变的临界点,并顺利开启农业经济向工业经济的缓慢转型。

第二次转型增长系统内多样性特征的改变,是创新机制主导的产物。由行为主体整体推进的根本性变革,促使系统内以集权、计划为核心的多样性特征,迅速累积至既有经济系统的容纳上限。在土地改革、资本改造等手段的作用下,快速瓦解的选择机制,无法对多样性特征突变作出有效修正,间接提高了计划经济在短时间内彻底替代近代市场经济的可能性。

第三次转型增长系统内多样性特征的改变与第二次类似,均是在创新机制的主导下完成的。两者的区别在于创新机制的触发来源,包括修补式变革与根本性变革两个部分,多样性特征的改变呈现出相对缓慢、可持续的特征。受到行为主体认知演进与既有利益格局的双重约束，根本性变革的发动者有可能转变为修补式变革的发动者，并陷入多重锁定下的路径依赖状态。系统内的权力制衡机制、多样化的变革手段以及试点推广的经验途径，能够修正行为主体的认知、打破趋于固化的利益结构，重新汇集根本性变革力量，并触发系统内的创新机制，从而消除变革僵化，保障多样性改变的可持续性。

(2)经济结构转变的实际效果比较。

历次转型增长均伴随着数量表现与经济形态的巨大变化，但是在发生范围、可持续程度与转变路径上存在差异。

从第一次转型增长来看，经济结构在数量变化与形态兴衰方面具有较强的一致性，即农业经济形态的衰落引发增长表现的严重恶化，资本主义成分与工业经济形态的不规则萌芽，带来了小规模、不可持续的增长机遇。转型增长分化阶段的自然消解力量大于背离力量，致使增长绩效与形态变化不可避免地落入由盛转衰的发展道路。

从第二次转型增长来看，经济结构的转变源自突破性路径的出现，而经济形态的变化先于增长数量的相对变动，即以苏联模式为范本的计划经济形态转换目标，间接驱动了增长表现的快速复兴。但是随着认知的不断演进，发动根本性变革的相关主体，逐渐转变为既有利益格局下选择机制的触发者，增长表现与经济形态也随之落入反复震荡与日趋僵化的转变路径，呈现出不可持续的特征。

从第三次转型增长来看，经济结构的转变是行为主体同时借助修补式变革与根本性变革不断触发系统内创新机制的结果，其增长表现与经济形态呈现出协调演进的特征。较前两次转型相比，由局部到全局的渐进式转变道路，有效保证了路径背离与路径突破相互加强过程的稳定性与有序性。经济增长的速度、规模呈现出质的飞跃，同时还实现了对社会主义形态与市场经济形态的创造性转化，经济结构转变的可持续性明显增强。

8.1.3　最终结果的绩效表现

中国经济转型增长的阶段性演进，同时受到既定生产力约束、理性认知演进与世界整体发展趋势的共同影响。其原因在于“任何生产力都是一种既得的力量，是以往的活动的产物”①。而世界发展是在逐步现代化的过程中实现的。因此，对于实践绩效的判断，需要从历时和共时维度分别作以考察。具体来说：三次转型增长实践既构成历时维度下经济绩效螺旋上升的驱动合力，也为世界增长提供了中国经验，即共时维度下的经济绩效明显改善、异质性特征不断增强。

①《马克思恩格斯全集》(第 4 卷)，北京：人民出版社，2012 年版，第 409 页。

1. 双重维度转型增长绩效表现的共性特征

重置于历史过程的中国经济三次重大转型增长样本，均是依据特定历史条件约束与理性认知演进程度，作出适宜性选择的结果，也是构成以转型增长撬动复兴进程的组成部分，符合“历史接续、时代发展、理论创新、实践探索”逻辑脉络蕴含的绩效累积、改善指向。与此同时，在抽象掉后发追赶、大国定位等身份特征之后，会发现三次重大转型增长，不仅完成了社会过渡性转型由发轫向加速，以实现经济起飞必要条件与环境基础的创造任务；而且承载着规模扩张性转型由推进到创新，以解决起飞自我维持机制建构的工作。由此可见，历次转型增长的共性特征表现在：实现了符合既定历史条件、理性认知演进程度与世界整体发展规律的进化效果。而回返、失序、恢复、繁荣等碎片式“纯粹的偶然性”，仅仅属于“被断定为必然”性转型增长发展趋势抽象过程的经验材料①。

2. 双重维度转型增长绩效表现的异质性特征

历史维度下整体绩效的螺旋式上升过程，意味着三次转型增长的个体绩效存在差异，其发展指向是在曲折中实现的。

(1)绩效表现的基本特征差异。

具体来说，第一次转型增长绩效的改善，属于各路仁人志士零散试错的偶然礼物，以及世界经济体系演进力量不规则深入的催化结果，曲折程度最为强烈，相对被动的改善结果最不可持续，无论是局部制度创新、技术移植，还是经济结构多样性成分累积，绩效状态的改善分力都难以汇集成为稳定、有效，并足以逆转中国经济持续衰退局面的发展合力。第二次与第三次转型增长的绩效改善具有较强的衔接功能，它们既是在社会主义道路选择基础之上有目的试错并修正的结果，也是在历史继承之上努力创新转型增长理论内涵与实践手段的产物。第三次较第二次绩效改善的主动性、联动性与外溢性更强，曲折程度有所下降，而发展指向更为明晰。因此，作为经济复兴重启的继承式创新，改革开放后四十年的中国，创造出了历史上前所未有的超高速繁荣增长状态和良性趋优演进实质。

(2)绩效表现的进化程度差异。

历次转型增长在世界经济整体发展趋势中的进化程度有所差异。虽然转型实现的最终绩效，具有符合世界发展趋势与中国经济复兴的内在指向，但是这一过程建立在不断累积的差异化量变基础之上，如图 8－2 所示。

前两次转型增长的绩效改善，分别创造出与世界经济趋异、趋同的动态结果。其中，第一次转型增长明显滞后于西方现代化、工业化的先行国家，进化属性更多体现为局部、不可持续的量变累积。即使是在一战之后的“黄金期”，费正清(1998)估算出的工业生产指数变化趋势显示：经由 1913 年的 15.6 向 1936 年的 122 成功

①《马克思恩格斯全集》(第 4 卷)，北京：人民出版社，2012 年版，第 251 页。

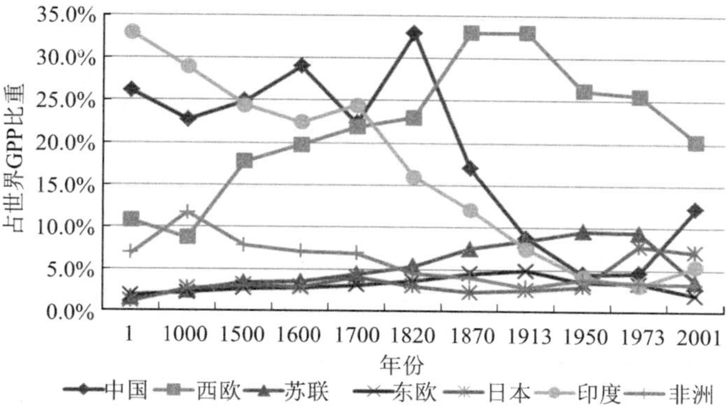

图 8-2　1—2001 年代表性地区、国家 GDP 占世界 GDP 比重
（注：数据来源于安格斯·麦迪森的《世界经济千年统计》）

跃迁，增长了 7.82 倍。但是依旧无法改变工业总量不足的困境，这种状态被称为试图进入工业化的前奏期（费维恺，1990；胡鞍钢 等，2013）。第二次转型增长是在相对封闭并且出现数次失序的状态下实现的，从反映绩效改善程度的主要指标来看，新中国成立后的 30 年里，GDP 增长率经历了 1949 年至 1952 年年均 19.3%、“一五”时期年均 9.2%、1958 年至 1977 年年均 5.77%的阶梯式下降过程；而人均收入水平摆脱了下滑的趋势，与世界表现的差距由 1950 年的 3.80 倍缩小至 1978 年的 3.52 倍。

第三次转型增长在不断开放的过程中，创造出了超常规的繁荣增长状态，并且实现了世界地位的全面、稳定逆转，发展属性更为明显。1978 年至 2012 年，仅有三个年份的增长率低于 6%，成为战后世界高速增长国家的代表性样本；2013 年第三产业增加值超越第二产业，开启了“服务大国”新时代；需求结构的消费力量成长显著，稳定超过 50%的贡献率，见图 8-3。刘世锦（2014）将时间维度下经济结构呈现出的新特征，归纳为“以消费、服务业为主，更多地依靠内需，并从要素效率提升中获取动力”。而上述进化特质，构成中国经济新常态的异质性特征，以及成功跨越并续写奇迹新篇章的信心。

（3）新冠疫情冲击下转型增长绩效表现的趋势性特征。

迈入新常态的中国经济于 2019 年受到新冠疫情的巨大冲击，在稳定向好的基本发展态势下，呈现出波浪式前行、强韧性发展与多挑战并存的趋势性特征，具体表现为：

一是波浪式前行的特征突出。从 GDP 指数的波动趋势来看，2020 年出现明显下滑，由平均数值 6.9%降至 2020 年的 2.2%，在“防疫情、稳经济、保畅通、纾困难、复生产”的政策联动保障下，迅速恢复至稳定向好的态势，远高于发达国家的经

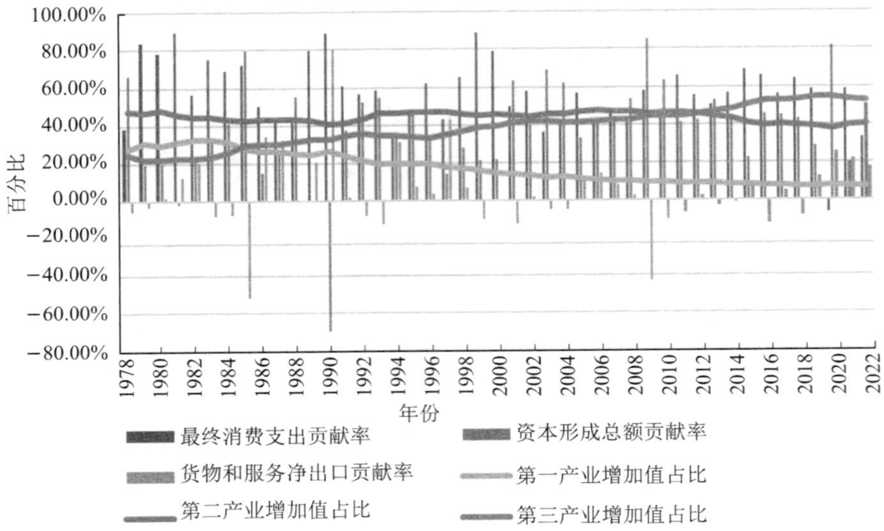

图 8-3 1978 年—2022 年三产增加值占 GDP 比重、三大需求对 GDP 贡献率的趋势

（注：数据来源于中华人民共和国国家统计局网站 http://www.stats.gov.cn/）

济增长表现，成为世界范畴内的复苏稳定器。

二是强韧性发展的趋势增强。从三产占 GDP 比重变化来看，表现较为稳定，第一产业的贡献率小幅上升，第二产业的贡献率呈 U 型变化，第三产业的贡献率轻微下降，但依旧属于 GDP 的最大贡献者。说明前期转型增长的结构性优势已经形成，特别是“围绕产业链部署创新链，围绕创新链布局产业链”的联动效应正在产生，较为稳定的产业根基可以提供风险缓冲与韧性支撑。2017—2022 年 GDP 指数以及 GDP 的三产占比、三大需求贡献率如图 8-4 所示。

三是多挑战并存的压力显现。从三大需求对 GDP 投资贡献率来看，以线上消费、跨境电商等新业态为代表的先进成分逆势增长，有效阻滞了最终消费支出、资本形成总额与货物和服务出口的下降势头，在一定程度上成为贡献率下降的稳定力量，但是内部的分化态势依旧较为明显。其中，受到严重冲击的最终消费在 2020 年出现改革开放以来的首次负增长，经由“促消费”政策的持续刺激，回归至相对正常水平，但是自 2022 年开始呈现出一定明显的疲乏态势。资本形成总额的贡献率尽管出现大幅波动，但受到外部环境与结构优化的共同影响，货物与服务净出口的贡献率维持小幅下降状态。

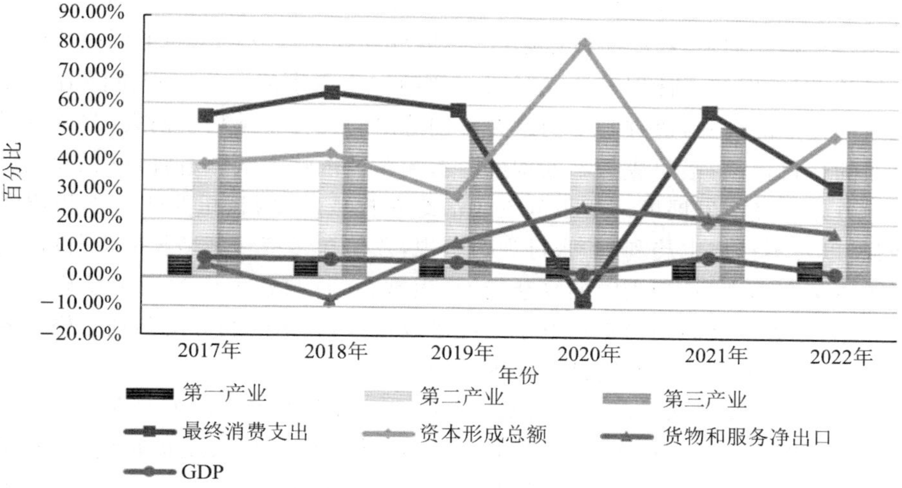

图 8-4　2017—2022 年 GDP 指数及 GDP 的三产占比、三大需求贡献率

（注：数据来源于中华人民共和国国家统计局网站 http://www.stats.gov.cn/）

8.2　中国经济长期转型增长的教训反思与经验总结

顺利开启长期转型增长大逻辑下的发展新阶段，既要从中国经济由衰微到复兴的众多趋势变化中，不断更新经验认知与教训反思；又要厘清经济转型增长互动演化机制的积极成分是如何汇集成为发展新契机下的自信坚守动力，而未能消解的深层次矛盾又是如何转化成新矛盾的。

8.2.1　历史教训反思与复杂新矛盾的识别

根植于中国经济长期转型增长过程的历史教训反思，集中在制度适宜特征减弱、技术进步方式转换压力凸显以及经济结构失衡三个方面。主体认知的历史局限性，是造成上述实践偏差的重要原因之一。由此引发的矛盾运动过程，表现为经济运行系统中旧矛盾的不断消解、转化与累积；而脱胎于旧矛盾的新矛盾，则构成时代趋势下转型增长阶段性演进的新挑战。

1. 制度适宜性特征减弱的历史教训反思与新矛盾的识别

制度构架适宜性程度的判断标准，取决于能否通过重构特定的激励机制，以解决经济转型增长阶段性演进的主要矛盾。这一过程既不具备时间、地域维度下的“普世价值”，也无法规避制度演进的成本与副作用。因此，辩证逻辑下中国经济转型增长的制度适宜性变迁，不仅是增长激励机制重构的过程，也是矛盾消解、转化与积累的过程。

客观来看,改革开放以后,晋升锦标赛、经济分权激励以及竞争开放、效率优先"重叠共识"相互加强,在松绑政治制度绝对权威的同时,成功驱动了可视性产出的迅速增长,有效缓解了计划经济式短缺与超额物质需求的矛盾。但是随着历史依赖低效率锁定的破除,适宜制度构建力量创造出的社会收益趋于消失,改革者对私人收益的盲目追逐,汇集成为制度构架内新的路径依赖力量。适宜特征的减弱,显化为地方诸侯经济发展模式下小范围政治绝对权威的复归,扭曲式资本积累激励的增强,以及不计成本趋利、扩张行为的出现,致使在经济转型增长的新阶段,出现了新矛盾交织涌现、日趋尖锐的复杂局面,表现为:行政权力干预与市场规则运行冲突加剧,地方发展激励与不良竞争内耗难以抉择,改革红利分配与利益格局固化相互并存,全球改革竞争与内部调整困境同时显现。

2.技术进步框架跃迁滞后的历史教训反思及其衍生新矛盾的识别

作为长期经验性演进的成果,尽管"比较优势、市场导向、成本底线"共同驱动型技术进步框架,创造出了巨大的增长效应。但这种方式也只是在技术赶超策略中,增强了技术复杂度比较优势下的分工意识,拓展了技术转移的市场界限,引入了成本控制的理念。整个过程既离不开高储蓄、低消费模式下生产性投资的驱动,大规模要素积累的支持以及"干中学"的扩散机制,也无法克服模仿套利与低成本竞争机制的自我强化风险,依旧属于前沿技术差距驱动下的模仿赶超型技术进步范畴。该框架的自我强化,通过倒逼、引致制度层面的失衡激励,间接削弱了制度构架适宜性调整的动力,致使经济增长不可避免地落入"模仿陷阱"。

因此,从非根本性创新下的经济增长赶超过程来看,收敛时间的延长风险(魏枫,2015)、学习效应递减趋势对制度适宜性调整的负向冲击,以及"干中学"扩散机制可能引发的经济结构失衡隐患,共同构成了亟待化解的技术进步框架跃迁压力,加剧了转型增长新阶段的矛盾对立程度,并且催生出生态约束与资源耗费、规模式增长与效率式增长、分工定位意愿与比较优势约束等一系列新矛盾。

3.经济结构非均衡转变的历史教训反思及其衍生新矛盾的识别

客观来看,长期转型增长伴生的结构转变过程,确实呈现出经济数量比例适宜化、形态内涵高级化演进的历史进步性。但是这种与特定发展阶段相适应的结构表现,不仅难以自发化解经济系统累积的失衡矛盾,同时承载着新一轮经济结构由失衡向平衡调整的矛盾化解新任务。

在以规模扩张为导向的高速数量型经济增长阶段,适宜制度内含的激励机制,无法为技术进步方式由学习模仿向自主创新的转换提供必要的制度、政策支持,而非根本性创新的技术赶超惯性,也难以自发地内生出能够有效冲击既有制度构架的技术构建力量。制度适宜特征的减弱趋势与赶超模仿型技术进步方式的相互加强,在放大经济运行过程中长期、深层次矛盾的同时,促使相互交织的旧矛盾形成连锁反应,并衍生为转型增长演进的新矛盾。具体表现为:产业结构中产能相对过剩与质量效益低下之间的矛盾间接引发了投资需求疲乏，劳动生产率结构失衡通过放大产业间的收入分配矛盾又形成对消费的挤压，从而加剧需求结构的失衡矛盾；而依靠传统工业化引致城市化发展的战略，以及区域发展战略推进的非均衡属性，既无法化解服务保障均等化愿望激增、资源长期错配、区域发展同质化等深层矛盾，也无法改善"强调短期需求、轻视长期供给"管理实践衍生出的众多新问题。除此以外，全球治理新规与优惠政策依赖的冲撞、黑色工业文明与绿色生态文明的权衡，同样构成经济结构再平衡、再优化进程中，无法回避的新矛盾与新挑战。

8.2.2　成功经验总结与多重发展自信坚守

中国经济长期转型增长的成功经验，源自各驱动要素互动演化关系的不断瓦解与重建。在制度构架适宜性调整、技术进步框架持续跃迁和经济结构良性转变的共同作用下，不同阶段经济"常态"的顺次转换，不仅释放出了巨大的增长潜能，而且为发展新机遇下的自信坚守提供了充足理由。

1. 制度适宜性变迁的成功经验与发展新契机下的制度韧性自信

从根植于中国经济转型增长大逻辑的制度适宜性变迁经验来看，决策层对基本国情与目标认知的共识演进，能够通过切换主导战略予以显现，进而松绑政治制度的绝对权威，增强经济制度的分权激励，并且重塑非正式制度的"多元化"意识形态内核。"平衡、兼容、多元"型适宜制度的形成趋势，借助赶超动力激发出大国独有的资源禀赋、内源发展与规模经济优势，有效规避了经济增长回归"绝对均值"的风险，非均衡的相对高速赶超增长趋势以及可观的经济增量，为发展新契机的把握，创造了坚实基础。而制度实验手段的运用，能够创造出特定的成本收益适应性预期，削弱"历史依赖"力量下既有利益主体对适宜制度形成的抗争意愿，有效激发并协调来自"顶层设计""群众共识"与"民间首创"的构建力量，为发展新契机下适宜制度形成动力的重塑，提供值得借鉴的运作范本。除此以外，适宜制度形成过程中，政府、社会、市场分工关系的合理化演进，创造出了相对稳定、有效的激励环境。不断凸显的双向市场力量，在重塑国内外互动竞争机制的同时，创造出发展新契机下制度、技术、结构优化的倒逼机遇。

发展新契机下的制度自信在于韧性特征蕴含的强大生命力。一是承认并尊重制度变迁过程的历史性与整体性。决策层能够合理认知制度变迁的初始约束，特别是作为历史沉淀物可能产生的双向影响，并且将适宜特征的实现视为"目标—实现—反馈"多环节组成的系统过程，同时重视政治、经济制度改革的协调性。其二，能够合理平衡制度适宜性变迁的稳定控制与增长激励功能。张宇(2015)认为在发达市场机制与需求约束主导的条件下，西方宏观问题关注的焦点在于"总量"，而中国的宏观问题，同时受到"总量、结构与制度复杂匹配关系"的特殊现实约束。因此，中国的制度韧性自信，源自于简单增长激励之外，稳定控制、结构调整等多重功能的合理权衡经验与有效运用能力。其三，形成了积极借鉴经验与凝聚创造力量的意识。在制度适宜性变迁的长期实践过程中，能够通过自我革新保障先进性的“顶层设计”力量，越来越重视人民群众的创造能力激发，以及内外经验教训的扬弃界限判断。随之增强的风险抵御、矛盾消解能力与包容、开放特质，构成发展新机遇下制度内在张力与活力的自信源泉。

2. 技术进步框架跃迁的成功经验与发展新契机下的技术创新自信

从根植于中国经济转型增长大逻辑的技术进步框架跃迁经验来看，新中国成立初期对前沿技术的定向模仿、直接引进，90 年代国际技术转移过程对“学习消化、模仿创新”的凸显，以及后期“比较优势、市场导向、成本底线”共同驱动式技术进步方式的出现，既是技术差距认知、赶超动力构建以及扩散路径选择等方面动态实践的关键节点，也串联成为中国技术进步方式独有的经验性演进路线。而构建“适宜制度激励、技术进步方式转换、经济增长动力调整”良性互动关系的战略思维，借助科技战略导向激发产业系统变革进而重塑科技转化、应用与扩散载体的经验做法，通过外资引入带动前沿技术引进与模仿创新的技术赶超运作手段，以及对外部互动竞争、生态资源约束等多重倒逼压力的政策回应，共同构成技术赶超、比较优势驱动下，主动推进技术进步框架跃迁的新经验。有助于在新一轮的要素禀赋条件改变、技术差距形成以及外部竞争环境变化中识别并把握经济增长主导技术动力优化升级的新机遇。

对于新时代而言，技术进步框架跃迁成功经验的继承式创新与新机遇把握，表现为大国全面复兴导向下创新驱动发展战略的确立。其中，技术进步框架跃迁的预期目标，是为了完成世界范围内前沿技术追随者向创造者、引领者的梯次转变。跃迁的可行性信心，源自三个方面：一是发展中大国定位暗含的规模特征（欧阳峣等，2017）。特别是巨大市场容量与产业体系建设两大因素的相互叠加，能够衍生出客观的技术创新直接、间接需求与供给推力。二是技术进步框架跃迁经验实践的承接基础创造。即移植模仿向创新模仿的成功转变与渠道建立。三是转型增长的内源动力充足。“创新驱动发展战略实施—自主创新道路坚守—创新型国家建构”，作为新时代下经济转型增长的重要组成部分，暗含了技术转型的线索，即通过推进自主创新提高关键、高端技术的比重，形成与质量发展阶段相适应的技术进步框架。

3. 经济结构良性转变的成功经验与发展新契机下的结构优化自信

从根植于中国经济转型增长大逻辑的结构良性转变经验来看，资源禀赋空间分布异质特征的优化重组，多层次区域分工关系的协调重建，政策战略非均衡推进的成本考量，以及应对不规则外部冲击的实践积累，既构成时间、地域维度下中国经济结构演化的历史基础，也构成新一轮国家、区域动态崛起过程中，激发“有序竞争、互利合作、发展赶超”示范效应与带动作用的新经验。而城市化、工业化战略的持续推进，催生出“适宜制度激励、技术进步方式驱动”共同引导经济结构动态演化的运作经验（王津津 等，2016）。其中，适宜制度的激励功能，体现在对土地、户籍制度等既有选择机制的修正，以及市场流动秩序、收入分配规则等创新机制的重构；而技术进步方式能够通过战略性演进、创造特定产业载体、倒逼生产效率变革等渠道，来更新系统内的选择与创新机制，引导多样性成分累积。

新时代发展新契机下的结构优化信心，源自于“互联网＋”“中国制造 2025”等局部战略的逐步渗透成果，以及结构性调整战略的主动开启和全面接续。前者促使高技术、高附加值等新经济形态得以顺利涌现、成长，并带动旧经济形态不断升级；后者以“稳增长”为基础，不仅突出既有经济运行系统中结构性矛盾化解的紧迫性，而且强调结构性动力体系建构的高效、可持续性。从结构优化的可行性来看，一方面，结构长期演进过程中建立起的良性升级动力、主动调整意识以及涌现出的新现象，表现为：需求结构中新消费引擎的启动（邱海峰，2016）、产业结构中新兴产业的异军突起、区域结构中平衡发展维度的凸显以及分配结构中改革成果共享理念的确立，共同构成经济发展新时代下结构优化演进的新起点与新期待。另一方面，随着结构性调控的重点由需求转向供给、由短期转向长期、由局部转向全局，根植于总量失衡状态下供给、需求结构错位的深层次矛盾，以及产能相对过剩、有效需求不足等现实困境，将在主动化解、有效破除的过程中，创造出结构转变的“稳”态与“进”势。

8.3　中国经济长期转型增长的经验教训对中华民族经济复兴的启示

经济复兴作为“中华民族伟大复兴中国梦”的重要组成部分，既源自于长期经济转型增长的历史实践，也根植于“中国特色社会主义进入发展新时代”的重大现实判断。历史延续与未来创新的顺利对接（徐勇，2016），取决于能否将纵深链条下的启示性指引，合理运用到未来的经济转型增长中去。特别是通过放大费正清（2008）所说的“持久性变革”而非“钟摆式变动”因素，来消解历史沉浮中的偏见与悲情①。以中国的经验、智慧与担当，助力人类命运共同体构建。为此得到的启示，包括以下五个方面。

启示一：合理认知转型增长的内在逻辑，为中华民族经济复兴汲取历史底气与发展信心。

经济转型增长是历史发展趋势与人类理性演进共同作用的产物，具有连续、多样与非均衡的特征。不同经济转型增长过程之间的内在逻辑，体现为时间维度下

①偏见来自于西方社会对中国崛起是否会诱发“修昔底德”陷阱产生的焦虑与揣测，而悲情体现在特殊价值导向下以他信为前提的自我怀疑，或是急于否定历史，或是刻意放大负面表征。

制度适宜程度认知、技术进步方式选择、经济结构转变效果的创造性继承,但是继承与创造的力量博弈具有不确定性。与此同时,任何时期经济转型增长的阶段性演化都不是孤立、单一与静止的,需要借助长期视域与动态演化思维,合理辨识经济转型增长的时代发展价值,厘清转型内在逻辑与外在表现的进化趋势,并且尊重创造性继承的历史规律,才能在中国经济转型增长道路实践的新理论与新经验中,汲取民族复兴的历史底气与理论自信。

从历史接续与时代发展的双重逻辑来看,新时代中华民族复兴任务的推进,一方面需要重新检视经济转型增长理论创新与实践探索的长期成果,消解"量变"积累的突出矛盾,特别是惰性因子、惯性思维与短视行为造成的制度活力缺失、技术创新不足与多重结构失衡,防止"虚假"转型增长再现与复制历史积淀中的消极元素;同时尊重"质变"指向的现实基础,借助"试错—调整"反馈机制完成创造性继承,主动探索符合中国国情、弘扬优秀传统、改造落后基因的复兴道路。另一方面在主动适应转型增长一般规律的基础上,不断彰显中华民族复兴道路选择、理论升华与制度创新的动态适宜性和世界分享性。以厚实中华文明底蕴并融合绿色、信息等多元文明为契机,主动更新转型增长理念、激发文明叠加优势。从转型增长的历史接续与时代发展逻辑中汲取底气、增强自信,进而为中国经济体量壮大、软实力提升的复兴梦想注入战略定力,为人类命运共同体的现代化探索贡献中国智慧。

启示二:上下联动凝聚转型增长共识,为中华民族伟大复兴提供统一的奋斗合力。

经济转型增长的路径演化过程,总是伴随着矛盾的生成、累积、消解与转化,表现为曲折、回返与前进、发展属性的相互交织、反复博弈。在经济演化规律的刚性界限下,各方行为主体认知、利益演进的冲突与调和,构成经济转型增长矛盾反复生成与消解的深层原因。而政府作用、群众共识与经济演化规律的协调程度,能够通过影响矛盾运动的方向与结果,阻碍或者加速经济转型增长的推进。

中华民族的伟大复兴愿景,构成经济转型增长的长期目标与终极任务,其实现过程既离不开全体民众的努力奋斗与价值创造,也依赖于国家适应性治理能力的不断培育、成长。可以说国家主体性、民众主动性与经济演化规律的反复碰撞,已经帮助中国摆脱了绝对贫穷的困境、化解了丧失"球籍"的危机,并且最大限度激发、汇集了顺次突破"地域限制、关系压制",进而实现"全面发展"的认知共识。但是,对于承载着全面建成小康社会决胜阶段任务、顺利交接"两个一百年"奋斗目标的新时代而言,转型增长是推进动力转换、确保引擎开启的唯一选择,势必面临着更为复杂、多样的意识形态冲突与利益分割矛盾。而上下联动凝聚共识的终极目的,在于有效降低思想观念障碍与利益固化藩篱破除的成本、风险。具体来说,政府作用既不能逾越经济演化规律的刚性界限,也要综合考虑行为主体的认知程度与利益诉求(靳涛,2005);群众共识的达成与利益冲突的化解,有赖于经济演化规律的认知更新、特定利益预期的创造以及政府引导能力的培育；经济演化规律的经验总结与创造性转化，有助于群众与政府在转型过程中加强上下联动、形成推进合力。

启示三：以转型增长促质量、效益提升，为中华民族伟大复兴奠定稳固的物质基础。

构建包容性适宜制度构架、主动优化经济增长主导技术动力与推进经济结构良性转变，是以经济转型增长撬动质量、效益跃迁的必备要素。其中，适宜制度构架本身及其内含的政治发展战略、经济发展模式与文化发展手段可以是多元的，但是三者在目标导向、运作途径与实际作用上应保持协调兼容与相对平衡。技术进步框架的确立要能够驱动特定时期经济增长技术动力的优化，制度有效解锁与技术层面路径构建力量的激发，是破除既有科技范式路径依赖、实现经济增长方式转变的基础。行为主体变革意愿的增强与能力的提升，有助于激发选择创新机制释放出特定的结构转变效应，在引导多样性成分改变的同时，提高数量表现与形态发展适宜性演进的可控程度。

实现中华民族伟大复兴的中国梦，就是要将转型增长与不断提高人民生活水平、推动现代化强国建设相对接。十九大提出的“人民日益增长的美好生活需要和不平衡不充分的发展之间的矛盾”，暗含了生活水平跃迁与结构性失衡调节的双重任务。而开启数量增长向质量增长全面转型，特别是“制度—技术—结构”要素的系统性更新过程，意味着物质基础的创造更加高效稳固、分配更为公平公正、代价更趋缩小可控，同时也是满足生活质量提高需求和实现更加平衡、全面现代化发展的根本途径。

启示四：以改革创新促全面发展，为中华民族伟大复兴注入不竭的动力源泉。

中国经济长期转型增长的价值追求，在于实现民族全面复兴的中国梦，而以“改革促发展”理论探索与经验实践的创新结合，既有助于重构经济转型增长的思想模型，消除转型增长实践的不确定性，也可以为人类文明共同价值的实现，提供资本主义以外的替代经验，进而为中华民族伟大复兴注入更为持久、更加自信且能够引领世界发展的动力源泉。

一方面，系统外部的不规则冲击与系统内部的矛盾演化，是经济转型增长不确定性生成的主要根源。“以改革创新促发展”，一是要将制度创新与制度试验相结合，降低经济转型地方推进过程中改革阻力、发展冲突带来的高昂成本与失败风险。二是要将技术创新支持体系建设与实践主体培育相结合，降低基础科研、技术创新与成果市场化垂直链条的断裂风险，并有效激活企业家创新、风险意识，重塑多元化企业创新主体的横向竞争动力。三是要将经济结构战略性调整与实践性调整相结合，在战略层面提高结构调整的均衡性、协调性与可持续性，并通过实践经验反馈形成结构优化的倒逼机制。

另一方面，“以改革创新促发展”理论探索与实践经验的结合，具有以解决转型增长现实问题为导向，主动识别、适应发展规律并不断贡献中国智慧的内在要求。这不仅增强了民族复兴中国梦和人类发展“世界梦”的逻辑一致性，也有助于传递中国经济转型增长道路探索的“普世价值”（轩传树，2014）。即通过回答中国改革创新对世界发展的积极作用和可能提供的替代经验，来驳斥“唱衰论”“威胁论”与“异类论”，进而为中华民族复兴凝聚内外合力。

启示五：推动全面开放新格局，为中华民族伟大复兴创造坚实的支撑力量。

开放系统下的多方位互动，能够为经济转型的路径选择、修正提供新契机与原动力。“开放带来进步，封闭必然落后”，在中国经济由衰微到复兴的过程中，封闭经济系统向开放经济系统的全面转型，构成道路自信、理论自信、制度自信、文化自信必不可少的力量源泉与现实支撑。开放系统下源自于政治、经济、文化的多方位互动，不仅为转型增长所必需的制度调整与技术进步，提供了模仿、移植与创造性转化的有利契机；还能够借助比较优势与竞争优势的关联互动，在双向市场力量与国际分工体系中，获取规模经济、“全球化红利”以及技术、结构优化的倒逼机遇，进而为破除转型增长路径生成的僵化趋势，降低路径稳定抵制效应的不良反应，以及加速自然消解路径发生背离与突破，创造出开放理念演进下的外部原动力。

站在时代新起点上的中国，既要秉承和平、文明、共赢的开放理念，也要积极适应经济全球化新趋势、准确判断国际经济新状态。以全面拓展开放空间、积极优化开放布局、稳步提升开放质量、不断创新开放形式、有效增强开放的结构调节功能为基点，大力推进全面开放新格局，形成“外部倒逼、内外联动、内部改革”的多向合力。一方面，延续转型增长开放实践的成功经验，充分发挥国家主体在经济开放范围、力度、顺序与方向选择上的自觉性与能动性；另一方面，凸显全面开放新格局建设的内在良性演进实质与外在正向溢出效应，在加速竞争优势创造战略意识形成的同时，强调中国特色开放式转型增长的规模力量与替代经验，为全球化新形势与世界经济“新平庸”下的动能转换、风险化解以及结构再平衡等时代新命题，提供中国方案、贡献引领力量。

第9章　未来中国经济转型增长的数字趋势识别

中国经济的长期转型增长，顺次开启了以供给模式升级推动社会过渡、以需求模式升级撬动规模扩张的历史进程，在成功摆脱衰退状态、迎来经济起飞之后，创造出令人惊叹的增长奇迹。未来中国能否借助结构调整性的数字化发展契机，克服增速转换的内在压力，实现由规模扩张向质量增进的全面并轨，不仅影响着奇迹新篇章的书写，特别是补缺"之"字路径由衰到盛的经济复兴轨迹，而且关乎到中国现代化追赶经验、贡献的世界价值实现，乃至地位提升、力量崛起与智慧彰显。本章立足于经济发展新常态与质量发展新时代的历史逻辑起点，在识别多重背景转换、明晰约束条件变化的基础上，着重探讨未来中国经济转型增长实践层面的数字化发展趋势问题。

9.1　多重背景转换的数字化特征涌现

在全球文明秩序重构、世界经济体系演进、全新经济形态崛起以及经济系统矛盾积累的并行过程中，全球化、工业化、现代化与常态化的数字化新特征交织涌现，汇集成为未来中国经济转型增长必须考虑的背景因素。

9.1.1　工业化背景转换

经济转型增长工业化背景的阶段性演进，可以被视为一系列双向维度交汇点上的历史性转换契机，其既依赖于横向维度下世界工业化发展提供的互动机制，特别是多元成果吸收、成功经验汲取与趋势影响反馈，也需要站在中国工业化特殊的演进路径上，完成继承性创新。

一方面，由资本逻辑主导的传统工业化难以为继。从外部压力来看，由全球文明秩序重构驱动的工业化文明反思与多元价值建构过程，创造出世界工业化发展的新导向。传统工业化局限在经济范畴，作为资本逻辑主导下"中心引领—外围依附"国际化分工演进的历史结果，以"用时间去消灭空间"的方式发挥着物质规模急速扩张的追赶作用。其引发的社会形态分层式断裂、道德伦理失范，乃至精神经济匮乏，均能在现实国家样本的工业化进程中寻找到鲜活案例（唐浩，2014）。更值得担忧的是，基于"数字鸿沟"引发的全球价值链攀升困境，表现为更加陡峭的"微笑曲线”形态，意味着制造业全产业链上各个环节的附加值空间差异弥合难以实现，发展中国家的经济追赶路径将由“向上趋同”走向“失衡分化”。全球工业化文明向社会总体性变革的迈进，暗含着中国经济转型增长的工业化背景转换逻辑，即开启由“大国”向“强国”进阶的崭新征程。一方面，既要创造能够维持民族属性、体现中国特色的多元成果，以及成功经验选择性的“化我”契机，又需要在世界工业化发展趋势影响中，主动探寻融合平衡点的“化他”潜能。另一方面，工具理性导向下的传统工业化，通常面临着难以持续、低质高耗且易于失衡的风险，而生态文明、数字文明与人本文明的汇聚融合，将为中国经济转型增长的工业化背景，植入绿色低碳、科研引领与福祉共享的新理念，使其向着形态优化、包容发展的路径迈进。

此外，以数字逻辑主导的新型工业化全面开启，从主观愿望来看，作为全球文明秩序重构的参与者，中国也将在文明复兴与平等互动中，借助“新型工业化道路—工业化质量提升”的进化机制，对工业化背景作出主动的创造性调整。作为国家推动现代化发展的重要手段，工业化过程贯穿于整个经济转型增长的历史进程。较发达国家而言，中国经济转型增长工业化背景演进的特殊性，蕴含于漫长、间断生发，而后迅速、全面实施的内在逻辑中。由此衍生出的资源能耗压力、“技术改进—产业升级”空间，以及“新四化”协调发展需求，共同构成反思、扬弃基础上的工业化时代新命题，即开启以数字逻辑推进新型工业化实现跨越式发展的新阶段。这就需要充分利用数字经济的效率变革、迭代升级等优势，形成创新引领与质量增进的新动能。通过新岗位创造、生产率改进以及低碳化转型的联动作用，推动新型工业化实现包容发展与生态文明兼容①。它不仅贯穿于“工业化基本向全面实现”背景的梯次转换过程，也与未来中国经济转型增长的取向一致，更是提高自主创新能力化解“脱钩”风险的主动作为。

9.1.2 全球化背景转换

从长期视角来看，世界经济体系演进与全球化齿轮之间的互动机制，似面临着前所未有的挑战。蔡昉(2016)认为挑战的成因，在于政治经济矛盾、冲突的不断累积与加剧。这究竟是难以调和的非中性利益演化过程持续运转，还是会在发达国家内部“投票”下完成自我更新，抑或是在发展中国家的微弱呼声中迎来某种转机，尚无定论。但是全球化治理方式与利益格局的重新调整，将为发展中国家，特别是中国经济转型增长的世界价值体现，创造新的可能。

第一，逆全球化隐患增强。世界经济体系演进伴生、累积的利益矛盾冲突，致使西方发达国家内部涌现出苛责全球化的声音，政治民族主义、民粹主义、贸易保护主义相互叠加，甚至演变为非合作性的逆全球化策略。无论是英国正式脱欧在

①师博：数字经济赋能中国式新型工业化的理论内涵、实践取向与政策体系，人文杂志，2023 年第 1 期。

舆论层面的持续发酵，还是“增长疲软—贸易收缩”经济导火索可能带来的全球政治生态变化，都有可能将世界经济体系演进拉离既有轨道，在放大全球化合作关系瓦解力量的同时，衍生出私利优先、急于站位等倾向。特别是基于垄断利润的内在驱动，发达国家面向 5G、大数据、人工智能等前沿技术行业的“定点打压”“脱钩封锁”，对于未来中国经济转型增长的经贸合作、资金流动乃至技术创新，都将形成巨大挑战。

第二，数字全球化趋势显现。从全球化趋势来看，源自技术与政策的自我强化机制并未失效。一方面，前沿技术的不断突破有效促进线下交通运输与线上网络通信的空间拓展，可触及性持续增强；另一方面，政策规制并未对全球化产生不可逆性的削弱作用。无论是关税水平还是经贸协定，都保持在相对正常的范围，尚未造成国际市场分割的恶果。加之数字经济在全球化生产与贸易领域的不断渗透，由此衍生出的新业态已经成为全球分工深化的重要驱动，间接增强数字全球化趋势。

第三，数字全球化治理重构。全球化趋势呈现出的转折、回返、升级特征，对治理方式的全面调整以及利益格局的重新分配，提出了新的诉求。正是基于“背景转换—预期收益—行为努力”的反馈作用，数字全球化合作机制重建与经济转型增长之间建立了桥梁。对中国而言，能否在未来经济转型增长过程中，建立高层次的开放格局、制定更为适宜的权益分享原则，既关乎到数字全球化的微观气候，也影响着中国“话语权增强—地位提升—价值凸显”链式过程的实现。

在百年未有之大变局中，中国将逐渐由主动参与者过渡至规则制定者，需要在纵观全球化大局转换趋势的同时，保持经济转型增长取向的战略定力，尽可能消除去全球化隐患带来的不确定性，并在治理方式更新与利益分配格局调整两大并行过程中，主动谋求提升话语权、创造制高点的有利契机。

9.1.3　现代化背景转换

现代化作为社会整体范畴持续发生且趋于完善的动态实践过程，可以被视为“一系列现代要素以及组合方式由低级到高级的突破性变化或者变革”(张培刚，1984)。中国经济转型增长的历史形成过程，经由现代化“实践—认知”的反复迭代建立起来，既涉及国家现代化建设的全面、协调取向，也包括国家治理体系与能力的不断优化、跃迁。更新现代化背景转变趋势的基本认知，有利于未来经济转型增长跳脱出传统意义上的“追赶—同质”发展范畴，实现“削弱传统性、增强现代性”的终极目标，在鼓励释放外部正效能的同时，形成具有国际说服力的中国现代化经验与贡献。

一是现代要素不断涌现。数字经济新形态的崛起，是一个数据、信息、知识等现代要素不断创生并持续注入的过程，直接影响着国家现代化治理的体系构建与能力演进。合理运用云计算、大数据等新要素工具，有助于促进治理主体的多元化和治理层级的扁平化，同时提高治理决策的精准性，推进治理范围沿纵深方向拓展。

二是组合方式迭代创新。数字经济形态倡导的商业模式、社会分工与新型思维，会对社会主义现代化导向下的市场经济创新形成倒逼效应，同时推动资源要素配置优化。特别是政府、社会与市场机制的动态协调关系构建，最大限度激发现代化治理理念更新、制度完善与模式创新的内在活力。

三是作用范畴全面拓展。数字经济新形态彰显的共享理念，不仅将现代化背景由单一的经济现代化，拓展至政治、文化、生态等多位要素的社会现代化范畴；而且将现代化的实际受众，由优先策略下的城市、沿海等区域，拓展至涵盖农村、落后地区与少数民族地区的全体人口范畴。

四是价值取向逐阶递增。以“摆脱绝对贫困、解决温饱难题、达到小康水平”等一系列现代化布局实践为基础，“富强、民主、文明、和谐、美丽”的中国特色社会主义现代化强国目标（胡鞍钢，2022），反映出阶段性认知不断完善、升华的内在属性。数字经济新形态的创生、渗入与扩张，将加速现代化由量变到质变的根本性跨越，并有效助力中国的“绿色、共享、智能”全面实践。

9.2 约束条件变化的数字化线索形成

如何通过前瞻性的转型增长战略布局，促进经济向高质量发展状态跃迁，是未来中国乃至世界需要攻破的命题。而识别历史逻辑起点上的约束集，特别是外部环境、发展阶段、要素禀赋、内在动因等方面条件变化孕育出的数字化新线索，构成提高实践层面机制构建有效性和路径选择精准性的重要前提。

9.2.1 外部环境约束条件变化

从全球经济增长的阶段性转换特征来看，缘起于20世纪80年代的“大稳定”光环逐渐消散，以2008年金融危机为节点，发达国家在艰难复苏的过程中，相继陷入了“新平庸”，世界经济增速始终徘徊于2.5%左右的低迷状态。但是全球经济表现的曲折发展属性，不仅意味着衰退危机与复苏势能并存，而且暗含了以数字化推动“新平庸”跨越的基本线索。

一方面，全球经济发展的数字化新趋势，将为未来中国经济转型增长创造出新挑战与新机遇。随着发达国家“再工业化”与“服务国际化”战略的开启，以及多元经济体对科技创新制高点的争夺，可以预期建立在数字逻辑基础上的“技术—经济”演进将迎来突破性进展，孕育出世界经济增长走出危机调整期、迈入发展新阶段的重要转折契机（王姝楠 等，2019）。而在此过程中，有数字化驱动的全球联动、均衡演进需求和科技、创新竞争意识，不仅能为中国经济提供高层次开放的空间拓展机遇，还可以在丰富转型增长价值取向的同时，为竞争优势创造战略实施和质量追赶路径塑造，提供动力保障与经验源泉。但是，思辨视角下的未来中国经济转型增长，也面临着需求不足诱发国际竞争加剧，能源资源短缺放大安全威胁隐患，乃至脆弱金融增强系统性风险等一系列新挑战。

另一方面，数字化驱动结构性改革的加速引擎，将改变中国经济转型增长的世界角色。为了破除产能过剩与总量失衡并行、非匹配供需矛盾增强、财富收入分化加剧、人口老龄化趋势显现等诸多“结构性困境”制约，世界各国相继开启了结构性改革的数字变量运用(权衡，2022)，而未来中国经济的转型增长，被定位为驱动世界经济稳步复苏的重要“主引擎”和“稳定器”。其角色定位，也将由工业化驱动规模扩张式转型的追随者、经验学习者与红利享受者，转变成数字经济驱动结构性调整的先行者、替代经验的提供者以及新平庸的引领者(蔡昉，2021)。

9.2.2　发展阶段约束条件变化

随着新常态下结构性矛盾的显现与质量赶超战略的部署，未来中国经济转型增长面临的发展阶段约束条件，不再局限于现代化社会初建或者经济总量扩张早期的单一、低层次范畴，而是转变为数字化叠加下的更加复杂的多重约束集合。

从阶段定位来看，以中华民族经济复兴进程作为参照系，中国经济已经迈入了发展新时代，处于社会过渡性转型增长任务尚未彻底完结，规模扩展性转型增长机制亟待深化而结构调整性转型增长导向逐渐明晰的关键阶段。转型追赶增长阶段沿时空重叠和多重增长机制相互并存，共同催生出未来中国经济转型增长的发展新约束，表现为“多重发展陷阱”跨越和系统性风险的新挑战。具体来说，既存在传统农业生产方式困局下要素流动不足、制度激励失调以及技术固化引起的“结构性”贫困陷阱，也存在工业生产方式下“东快西慢”梯次发展格局可能面临的“多重陷阱”隐患；既受到“比较优势衰减”“既得利益固化”等因素的制约，工业化中期地区的收入水平持续徘徊于中等区间，而工业化后期地区在福利增进与创富导向之间的艰难取舍，又极易催生出“过度福利”偏好、“资产泡沫”现象乃至“产能过剩”困局。而上述问题在数字化叠加作用下，有可能衍生出风险增强、分化加剧的新问题。

9.2.3　要素禀赋约束条件变化

影响未来中国经济转型增长的要素禀赋约束条件变化，涉及自然资源和人口、技术、资本四个方面。

一是自然资源要素禀赋的相对短缺约束增强。中国自然资源禀赋的“大国优势”主要体现在总量层面，而非人均水平。但是在不计成本的“自然资源要素投入—经济总量扩张”导向下，能源、耕地、矿产等资源的密集、粗放化使用，使得总量供给硬约束趋于增强，并且衍生出环境质量提高和二氧化碳减排内外压力的新约束。如何平衡能源的生产与消费、耕地的占用与保障，乃至化解自然资源使用的外部效应，构成未来中国经济转型增长必须应对的自然要素禀赋约束变化。

二是人口要素禀赋的结构化约束显现。劳动人口的大规模供给，构成改革开放 40 年来中国经济实现快速增长的重要条件。但是随着老龄化程度不断加剧，人口要素禀赋结构性指标中的老年抚养比趋于上升，而劳动年龄人口趋于下降。再加上教育资源分布不公和社会保障力度不足，间接削弱了人力资本投资的自我驱动空间，人口要素禀赋的质量亟待提高。趋于衰减的传统人口红利，难以为未来中国经济转型增长提供充足动力。

三是技术要素禀赋约束面临“低端锁定”困境。技术要素禀赋约束的变化，表现为技术存量拓展和质量提升的双重压力。一方面，“引进、模仿”或者“引进＋创新、模仿＋创新”手段形成的技术要素禀赋，难以为追赶进程提供充足的后发优势；另一方面，自主创新型技术要素禀赋的相对匮乏，不仅阻碍了技术追随者向前沿创造者的身份转变，而且降低了改造通用型技术以提升技术质量的可能性，同时还存在国家安全和价值链固化隐患。除此以外，以数字技术为核心的禀赋优势亟待建立，特别是数据要素与技术要素的迭代联动将引发价值重塑，构成未来高质量发展制高点争夺的关键。

四是资本要素禀赋约束的“提质、增效”压力突出。袁富华和张平(2016)认为，由资本要素高强度投入驱动的经济快速增长逻辑，正在失去现实基础。无论是资源环境成本、内外市场空间，还是金融支撑力度、传统劳动力供给，抑或是地方政府竞争内耗带来消解压力，都使得资本要素禀赋的“质量、效率”双低约束不断增强，而资本形成总额对 GDP 增长的贡献率和拉动作用也将趋于下降，见图 9－1、表 9－1。

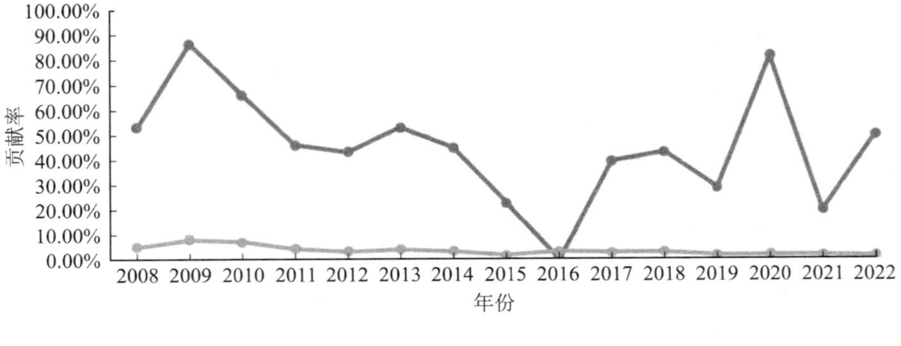

图 9－1　2008—2022 年资本形成总额对 GDP 的贡献率与拉动趋势

（注：数据来源于中华人民共和国国家统计局网站 http://www.stats.gov.cn/）

表9-1　2008—2022年资本形成总额对GDP的贡献率与拉动百分点　（单位:%）

项目	2008年	2009年	2010年	2011年	2012年	2013年	2014年	2015年	2016年	2017年	2018年	2019年	2020年	2021年	2022年
贡献率	53.20	86.5	66.30	46.20	43.40	53.10	45.00	22.60	0.00	39.50	43.20	28.90	81.50	19.80	50.10
拉动百分点	5.10	8.10	7.10	4.40	3.40	4.10	3.30	1.60	3.10	2.70	2.90	1.70	1.80	1.70	1.50

9.2.4　内在动因约束条件变化

早期影响经济转型增长的内在动因条件，多局限在挑战应对与压力化解范畴，具有被动、单一、割裂的特征。未来中国经济转型增长的动因，产生于政府职能转变、优化和人民群众发展需求表达、满足相互交织的过程，具有主动、复杂、系统的特征。

一方面，“顶层设计”纳入数字化治理效能提升目标。作为政府职能转变的关键，面向数字时代更为高效、系统的“顶层设计”，不仅反映了发展新阶段下社会对政府服务质量的内在要求，而且是保障未来中国经济转型增长顺利推进的重要前提。考虑到世界“新平庸”与中国“新常态”跨越的并行特征，以及数字化趋势的叠加因素，“顶层设计”可能面临实践经验欠缺的现实约束。自主治理的组织欠缺、私人领域发展的相对滞后以及线上线下业务的融合壁垒，致使原有的“顶层设计”难以实现政府职责体系与数字治理要求的匹配共振（江小涓，2021）。除此以外，结构性调整具有的系统属性，对“顶层设计”在数字化治理效能的整体提升，特别是政治民主回应、经济质量激励、社会秩序保障、道德界限制定等方面，均提出了更为务实、更难抉择的新要求。

另一方面，人民群众的数字化发展需要更为多样。人民群众能够通过反复的数字化需求表达与物质财富、精神创造，来推动经济转型增长。随着社会发展阶段的演进，由数字化创造的良好生活环境，高质量产品、服务供给以及偶发危机的缓冲机制，共同构成人民群众对美好生活的向往。与此同时，不同收入、地域、民族、文化条件下的异质性发展需求，促使多变、复杂的偏好结构，成为未来经济转型增长战略规划与绩效评价的重要评判标准，而由数字衍生的利益矛盾冲突更为激烈、格局再造任务更为紧迫，间接提高了转型增长目标实现与成本控制的权衡难度。

9.3 增长速度转换的数字化环境稳定

从全球范围内梯次追赶的经济演进轨迹来看，亚太国家赶超分流特征事实下的“模仿陷阱”之困，连同新兴大国静态要素禀赋差异驱动下的“比较优势陷阱”之虑，共同催生出中国经济增速趋势认知的一系列悲观论调。未来中国经济转型增长作为对速度、数量赶超型经济旧“常态”的继承与扬弃，涉及数字化驱动的动力再造、方式转换、秩序重建等众多内容，属于动态优化基础上的全面转型范畴。其适应性调整，体现在制度构架的非断裂式重塑，以及自主创新对模仿引进式技术进步方式的非彻底性替代；创造性破坏的引入，表现为传统增长过程中数字化引领的熊彼特动力的增强；而“调整、创造”的融合，既是对要素禀赋非均衡分布现实约束的主动回应，也是在动态演化视角下重塑并协调数字化引领竞争优势塑造的尝试性努力。无论是从历史接续与时代发展的逻辑指向来看，还是将理论创新和实践探索逻辑作为分析基点，我们都会发现：未来增速降级换挡符合中国基本国情，能为世界“新平庸”跨越提供可持续、稳定性的数字化发展环境，具有质量提高、效益提高、可持续性增强的良性进化内涵。

9.3.1 历史接续逻辑下的增速转换走向

长期视角下的中国 GDP 增速变化，呈现出“相对下降—反复震荡—超常规跨越—合质并轨换挡”的顺次演进特征，既是连续性、整体性与差异性的有机统一体，也是转型增长过程曲折、前进属性相互交织的集中表现。

从转型增长历史接续的连续性来看，早期工业化、现代化的曲折探索，新中国计划经济的建立、扬弃，以及“前改革时代”增长动能的全面激发，数次差异化转型增长内核的最终指向，均是挖掘追赶潜力并创造出经济增长的加速机制，相对忽视了高速增长势头下经济基数扩大所面临的理论上限，以及结构性矛盾累积的潜在风险。因此，受到庞大经济基数与转型增长教训的双重制约，超常规跨越阶段的后期，会出现结构性调整过程驱动的 GDP 降速新常态，区别于周期性因素驱动 V 型复苏的非持续性减速。

从转型增长历史接续的整体性来看，新常态处于中国经济盛衰转化阶段定位的全面复兴冲刺期。无论是国家层面对现代化建设作出的系统性战略部署，还是人民由温饱到小康再到美好生活向往衍生出的求富意愿，都将汇集成为“将改革开放进行到底”的勇气和决心，以及对抗增长降速趋势的延缓力量。因此，随着新时代社会主义市场经济完善与现代化任务的不断推进，新常态下“超高速—相对高速—正常速度”增长状态的顺次转换，会是一个长期渐进的过程；而低速增长则属于中国顺利迈入发达国家行列，塑造数字化新动能，进而完成数量向质量增长轨道跃迁，乃至建成社会主义现代化强国之后，可能出现的增长常态。

从转型增长历史接续的异质性来看，新常态承载着以竞争优势创造为内核的结构调整性转型增长任务，旨在突破传统比较优势战略下要素禀赋的现实制约和追赶空间的理论上限，重建数字驱动型经济运行系统良性演化动力以消解结构性矛盾的内在属性。因此，不断推进并调整的转型增长任务，将强化新常态增速转换"稳中求进"的内在实质。供给、需求改革协同发力的整体性、系统化宏观调控思路，能够将根本动力与适应环境构建，同时纳入政策选择的逻辑框架，为增速转换过程提供"维稳"能力；而质量发展动力新体系的重塑，有助于在关键宏观指标之间建立良性互动关系，并放大累积效应，为新常态下的"多重陷阱"跨越，提供"进势"信心。国家统计局公布的数据显示，7 次季度性反弹，构成 2012 年至 2017 年间增速降级换挡趋势下的新亮点。尽管 2018 年至 2020 年间经济下行压力较大，特别是疫情冲击产生的延迟效应极大干扰生产、消费、外贸等领域的经济表现，但是随着改革红利释放与增长新动能开发，2022 年 GDP 同比增长 3%，远超美国、德国、法国、日本等发达国家。2023 年前三季度同比增长达到 5.2%，快恢复、高韧性特征明显。随着消费基础逐渐回暖，外需动力趋于苏醒，经济发展新动能以 30%左右的速度持续增长，网络经济与创新经济持续领跑，联动就业、物价、货币增长率、财政收支等关键宏观指标，有力支撑起"稳中求进"的总态势。图 9－2 所示为 2018—2022 年经济发展新动能的组成及其变动。

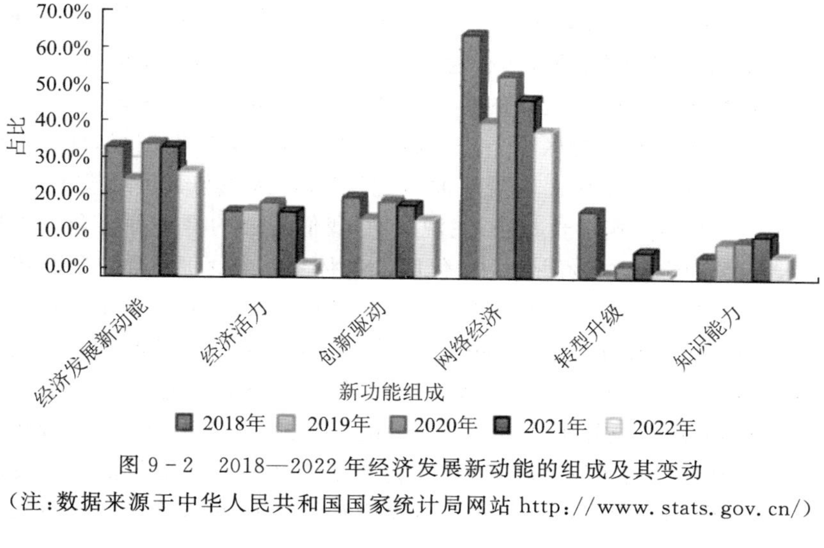

图 9－2　2018—2022 年经济发展新动能的组成及其变动

（注：数据来源于中华人民共和国国家统计局网站 http://www.stats.gov.cn/）

9.3.2　时代发展逻辑下的增速转换走向

时代发展逻辑生成的核心主线，蕴含于中国经济长期转型增长的历史过程之中，其既需要感性、偶然、现象材料的获取与支撑，也需要理性、实质、必然认知的抽象与深化。新常态作为时代发展逻辑主线上链接现实与未来的关键环节，承载着主动探索质量型适度 GDP 增速区间的重大任务。

根据感性与理性相统一的时代发展逻辑，新常态下的增速转换，是一个主动顺应客观规律的抉择与调试过程。世界经济增长史范畴存在着经济增长由高速向低速转换的万有引力，这种基于历史经验判断的概率预测，提出了如何完成增速转换的时代发展新命题，即最大限度避免被动、剧烈的不正常减速，同时降低减速的系统性风险与代价。中国新常态下的增速转换，不仅伴随着多样化案例经验教训的汲取与扬弃，而且是以结构性调整转型增长战略内核代替增速约束直接干预的主动抉择行为，属于对感性实践过程中 GDP 高速偏好的经验修正与理性再建构，而可控与可持续的双重特征，将赋予数字化增长新路径探索过程相对充足的时间与良好的环境。

根据现象与本质相统一的时代发展逻辑，新常态下的增速转换，符合质量维度多元价值标准的内在要求。转型增长价值哲学的最终指向在于人的全面发展，而现实指向蕴含于功利主义的动态判断之中。新常态面临的诸多结构性矛盾及其衍生出的增速下行现象，属于上述两个共时存在、历时演进的“向善”与“逐效”过程偏离累积的必然结果。现象背后的本质逻辑，在于重新构建数字驱动下经济增长“数量、速度、质量”协调统一的价值判断体系。“数字驱动＋质量导向”的经济增长价值判断内核，既包括产出效能的最大化、增长代价的最小化和社会福利的最优化，也包括经济结构合理均衡、经济运行稳定可控以及国民素质状态优良。

根据偶然性与必然性相统一的时代发展逻辑，新常态下增速转换的最终目标，在于形成新的动态适宜可行区间。一方面，时代发展的必然性逻辑，规定了新常态下增速可行区间的理论上限。客观层面，在实现经济起飞与数量规模扩张之后，无法维持 9％以上的超高速增长状态；主观层面，我们需要的是一种符合质量型经济增长导向，有助于塑造数字经济动力、化解既有体系运行矛盾，通过全面转型切实能够达到的增长速度。另一方面，时代发展的偶然性逻辑，暗示了中国新常态速度运行区间的下限可能存在异质性特征。尽管学界对于实际与潜在增长速度回落时差产生的具体反馈方向未能达成一致，但是实际的经济增长速度会受到多元因素、潜在增速、周期波动以及外生冲击共同影响的认知共识，意味着一旦完成传统型旧动能向数字化新动能的系统性转换，建立起数字经济驱动下增长潜力激发的短期渠道与长效机制，同时提高压力化解与风险应对的能力，就完全有可能延长回落时间、降低回落幅度。

9.3.3 理论创新逻辑下的增速转换走向

作为提高生产力水平的重要条件，增长速度的理论探索，贯穿于中国经济转型增长的长期过程。与新中国成立前的无意识选择与被动实现状态不同,新中国的经济增长速度,承载着摆脱落后、全面追赶的历史使命,但是脱离国情的冒进基因与强调共性的扭曲惯性,削弱了恢复性增长速度的良性演化动力。而建立在经验教训总结基础上的中国特色社会主义理论体系建构过程,创造性地将探索增长速度演变规律与实现中国特色社会主义发展道路联系在一起,形成与国情相适应,并且能够凸显中国特色社会主义优越性的增速选择与实现意识。

从新常态战略性判断依据的国情认知基础来看,增长速度与质量效益协调关系的构建,是未来结构性调整转型增长的关键命题。改革开放以后,邓小平依据建设中国特色社会主义的总体方针,多次强调经济增速应该秉承发展导向下的适度原则,先后提出:无法摆脱落后国情和满足规模扩张需求的“低速度就等于停步,甚至等于后退”,而“勉强追求太高速度”又可能出现“经济发展的速度反而慢”的被动局面。唯有符合“积极的、留有余地的、经过努力才能达到的”原则,才能推进规模扩张性转型。1994年党中央提出的转变经济增长方式,将质量效益维度融入增长速度选择的国情认知基础,旨在通过“分步走”战略下的指标翻番,来实现扩张性转型持续、稳定、协调的发展目标。新常态作为中国特色社会主义理论的创新成果,将增长速度与质量效益协调关系的构建,纳入优化结构、转换动能等战略性的大框架内,以解决不平衡不充分发展新矛盾替代过去“分步走”战略的翻番目标,为增速换挡释放出更贴合国情需要且具有高质量发展内涵的新信号,即将增速换挡视为探寻符合结构性调整转型增长取向的发展速度实现过程,以期在顺利交接“两个一百年”奋斗目标的基础上,实现从小康社会到基本现代化建设,再到全面建成社会主义现代化强国的梯次愿景。

从新常态战略性判断体现的中国特色来看,增速换挡过程具备相对高速状态维持与空间拓展机遇创造的能力。世界增长史范畴提供的追赶经济体案例表明,日本、韩国与我国台湾地区均在20年之内,完成了“高速增长—相对高速增长—中低速”状态的阶段性转换。中国在增速换挡过程中可能表现出的异质性,取决于相对高速状态的维持能力以及增长空间的拓展机遇,这既关乎到能否实现“十四五”保持在合理区间的总体要求,也影响着增速由相对高速状态(6%～9%)向中低速正常状态(3%～6%)转换的时间跨度。中国长期转型增长实践与理论良性互动过程,能够不断更新激励导向,一方面传递出倡导实干兴邦、防范过度异化、凝聚公民向心力等中国基因。这在极大程度上降低了过度福利化、实体经济乏力、社会保护机制缺失诱发“滞胀”“泡沫”等问题的可能性,为相对高速状态维持能力的持续培育与不断释放创造了良好基础。另一方面形成主动创新转型增长思路、积极开拓增长空间的中国意识。前者依据中国转型增长的新约束,提出了以供需协同改革推进质量型增长的新思路,后者将数字经济动能培育视为开拓增长空间的落脚点,构建以“新要素投入—自主创新型技术进步—改革开放升级”为核心的新供给模式，同时强调“消费结构优化—投资效率提升—出口价值创造”需求模式升级的支撑与协调作用。而随着知识创新投入的不断增多、技术高级化的持续演进以及开放平台的逐步建设，由数字经济驱动的新消费、新产业、新主体等“经济新形态”不断创生，势必会释放出客观的增长新空间。

9.3.4　实践探索逻辑下的增速转换走向

尽管中国经济新常态也出现了平行于世界经济阶段性转换的减速过程，但是长期经济转型增长实践提供的经验性规律表明：“制度—技术—结构”经济增长动力体系的深层次调整，有助于激发数字型经济增长潜能，增强增速降级换挡的韧劲与回旋余地，并产生巨大的外溢效应。因此，中国经济增速的降级换挡，是建立在高速增长阶段向高质量发展阶段转换战略部署之上的实践创新，不依赖世界经济复苏的先行带动，而是未来数字化转型增长实践的先行探索。

一方面，具有逻辑递进关系的转型增长实践新取向，将赋予新常态下增速降阶换挡表现更强的韧性特征与回旋余地，形成对数字经济发展的稳定支撑。数量向质量并轨导向下的结构调整性转型增长实践新取向，是对社会过渡性转型增长向规模扩张性转型增长顺次转变基础上的继承式创新。从制度变迁层面来看，是“深化改革、推进创新”双驱动齿轮共同开启的新一轮适宜性制度探索过程，旨在实现长期质化激励替代短期量化激励，并积极破除体制机制性障碍的双向目标；从技术进步层面来看，是主动推进技术模仿移植向科技自主创新的路径升级过程，旨在实现传统比较优势战略向竞争优势创造战略的平稳转换；从结构变迁层面来看，不仅涉及差距、失衡状态的复归式调整，也包括鼓励经济新形态创生和旧形态转化、淘汰的良性演进，旨在以结构优化升级实现质量突破式增长。上述具有系统、复杂与进化特征的转型增长新取向，本身就暗含了增速降级换挡的实践脉络，即以数字化潜能激发的主动作为，来提高对增速降级换挡的控制能力与导向作用，同时创造回旋空间来降低“失速”风险、托底相对高速增长区间。

另一方面，新发展理念导向下的数字经济增长潜能激发，将为世界经济复苏与转型注入新动力、提供新样本。站在新的历史起点上，中国更为重视数字经济增长的潜能激发、可持续性与世界分享性。胡晓鹏、刘子源（2023）认为社会主义理念从实践标准的角度指明数字化手段运用的基本要求。遵循新发展理念的基本导向，创新理念明晰了数字化驱动质量型增长速度实现的原动力在于制度创新、技术创新、要素创新共同驱动动力体系转换过程；协调理念强调了数字化驱动质量型增长速度实现的重要手段在于缩小城乡、区域差距以凝聚要素合力；绿色理念确立了数字化驱动质量型增长速度实现的基本要求在于降低资源环境代价、合理调整代际分布；开放理念体现了数字化驱动质量型增长速度实现的共赢属性在于利用并创造全球化红利;共享理念突出了数字化驱动质量型增长速度实现的终极目标在于落实公平正义准则、实现人的全面发展。对于急需复苏的世界经济而言,同样面临动力转换、失衡复归、可持续发展、全球化推进与包容性提升等重大转型命题,中国数字化驱动质量型增长的实践探索作为创新增长路径的重要组成部分,势必会为世界经济提供新经验、作出新贡献,以潜能激发引领世界经济走出"新平庸"、实现新发展。

9.4　经济转型增长的数字化趋势增强

随着数字中国建设的明确提出与相关政策红利的不断释放,我国在向高质量发展的转型增长过程中,已经开启顶层设计与地方实践的协同推进,不仅在规模扩张、结构比例等方面实现了突破性发展态势,更在社会再生产过程的全环节发挥着巨大的变革效应。

9.4.1　突破性发展态势

国家围绕数字经济培育,先后发布了涵盖整体布局、应用推广等一系列政策。在经历初始孕育、稳步成长、聚力推动的阶段性演进之后,数字经济已经成为新动能形成的关键力量,在高速增长向高质量发展的经济转型增长中,起到先进成分创生的引擎带动作用,其突破性态势表现为以下特征。

一是总体规模扩张显著,持续加速态势明显。数字经济规模由 2013 年 8.3 万亿元增长为 2017 年 27.2 万亿元,再攀升到 2022 年 50.2 万亿元,凭借快速发展态势保持世界第二的位置。从速度来看,整个"十三五"期间,数字经济年均增速达到 16.6%以上,自 2014 年开始基本持续发挥超越 GDP 增长的引擎作用,除却 2021 年两者相差仅为 2.8%的幅度之外,其余年份基本呈现 5%～10%的领先差距,个别年份甚至超过 12%。

二是结构比例较为稳定,功能定位协调互补。一方面,随着数字技术在改造、优化、迭代传统产业中的效应释放,产业数字化规模不断上升,占数字经济的比重已经超过 80%,具有"范围广泛、程度加深、应用全面"的主阵地特征;另一方面,随着数字要素、技术、产品及其应用的关键载体不断成长,数字产业化稳步扩大,较 2021 年同比增长超过 10%,占据 GDP 比重达到近五年以来的最大增幅,"基础牢靠、创新力强、优势明显"的主引擎特征。2013—2022 年数字经济规模结构及其占 GDP 比重的变化情况如图 9 - 3 所示。

三是效率改进表现突出,经济支撑作用明显。全要素作为衡量除去传统劳动、资本等要素投入的效率型指标,能够反映数字经济在技术进步、配置优化等方面的"超预期"增长,具有效率判断的内在指向。从 2022 年与 2012 年的数字经济全要

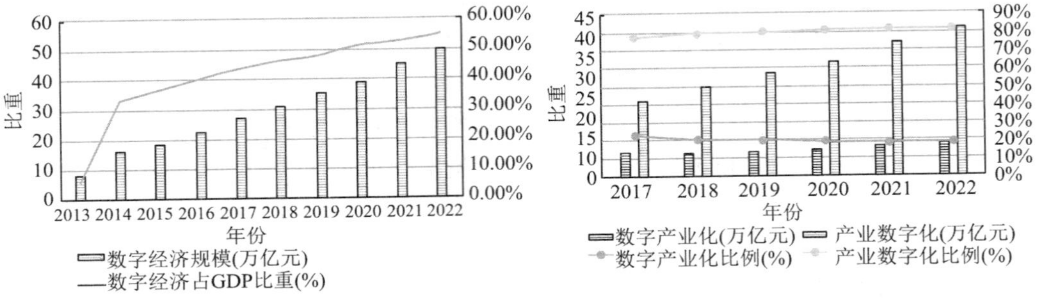

图 9－3　2013—2022 年数字经济规模、结构及其占 GDP 比重的变化情况

(注：数据来源于《中国数字经济发展研究报告 2023》)

素各维度数据比较来看，增长超过 9%，明显优于同期国民经济全要素生产率 6% 的上升幅度，除去第二产业有所回落、第一产业微幅上升之外，第三产业提升明显，幅度超过 10%。从结果来看，数字经济全要素生产率在各个产业维度的良好表现，在一定程度上佐证了其已经在高质量发展中开启全域式增效过程，为克服鲍莫尔结构性困境提供了积极支持。

四是渗透应用范围广泛，结构效应稳定释放。从产业数字化维度来看，数字经济在农业、工业与服务业的渗透程度持续增强，以数字农业、工业数字化与服务数字化建设为契机，新业态、新模式与新产业不断涌现，基本实现数字经济对转型增长的全面支撑；从数字产业化的维度来看，以电信业新兴业务、软件和信息技术服务为代表的细分行业，分别以同比增长 32.4%、11.2% 的速度成为结构优化的先行引擎，其余细分行业均开启在调整中重建创新引领的发展新过程。2012 年与 2022 年数字经济全要素生产率比较与数字经济渗透率如图 9－4 所示。

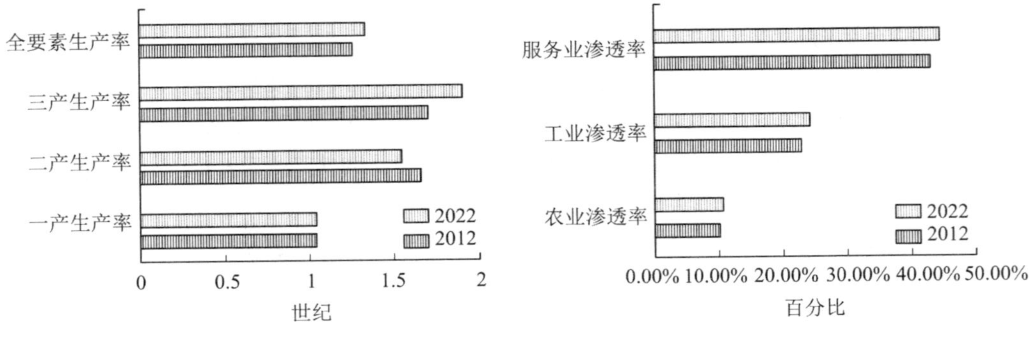

图 9－4　2012 年与 2022 年数字经济全要素生产率比较与数字经济渗透率

(注：数据来源于《中国数字经济发展研究报告 2023》)

9.4.2　全过程渗透赋能

建立高质量的社会再生产过程，构成未来中国经济转型增长的关键内容，从现状来看，数字经济已经全面渗入“生产、分配、交换、消费”四大环节，成功开启面向高效率增长与现代化发展协调并推的赋能过程。

一是生产端渗透赋能。在数字经济作用下，面向数字生态环境、采用数据生产资料、依托数字化劳动力的生产过程已经形成。第一，数量规模扩张与质量价值创造之间不再成为相互替代的矛盾对象，而是能够统一于数字经济与实体经济深度融合的过程。第二，数字经济向生产过程的全面渗透，不仅将推动先进生产力不断向高水平跃迁，更加快“结链成网”的社会分工纵深演进。第三，数字经济不断开拓面向生产端的应用场景，通过数据资源信息共享迭代，已经成为越来越多企业自主创新的经验信息来源，产业链条与生态体系不断涌现并形成“聚链成群”的发展态势。

二是分配端渗透赋能。数字经济发挥要素扩展效应赋能分配端，主要包括：一方面，纳入数据信息、数字治理等新要素成分，通过新业态的岗位供给使其参与到生产要素分配中。2022 年，围绕方案设计、大数据技术、网络安全等衍生出 97 个数字职业，并成功进入《中华人民共和国职业分类大典(2022 年版)》，年薪待遇、社会地位远高于传统职业。另一方面，数字经济已经成为乡村振兴、区域协调的关键动力，覆盖范围涉及教育、医疗等各个领域以及农业、工业等细分各业，在拓宽不同地域、不同职业、不同群体增收渠道的同时，地方政府积极探索整体收入水平提升与既定收入分配优化的系统化治理方案，从而建立“数字经济—行业应用—成果共享”的良性互馈关系。

三是流通端渗透赋能。流通环节对于畅通国民经济循环具有重要的支撑作用，受到数字技术加持的平台经济能够有效促进主体现代化、市场整合化与体系完备化。第一，技术经济的扁平化渗透，将激活市场主体现代化意识，利用平台信息、产业联盟等创新组织实现网络化嵌入，实现跨地域、跨时空的信息共享、精准对接与实时反馈。第二，数字经济有效改善点状市场“脱钩断链”的高风险属性，特别是在加速产业生态布局的过程破除市场壁垒，借助流通网络化建设促进供应链整合。第三，遵循双循环发展新格局建构的战略方向，数字经济全面渗透，成功启动要素流通、跨界融合与组织创新的联动过程，加快以跨境结算、物流、供应链等现代化流通体系建立。

四是消费端渗透赋能。数字技术在消费环节快速渗透的经济效应，主要通过改造消费的对象、方式、环境等要素来实现。具体来说：第一，消费内容呈现产品与服务的交互多元态势。在数字经济的连接下，金融产品、教育培训等无形服务与穿戴设备、数码产品等有形产品之间形成有致互馈。第二，消费方式具有媒介与空间的双重突破效应。人工智能、数字孪生等新兴技术的无感化接入，改变传统消费对于线下现金支付的依赖，通过电商、直播等新媒介的创新探索有效拓展消费空间。第三，消费环境面向生态与共享的并重发展演进。特别是针对个性化消费打造的“泛共享服务”，促进全世界消费者接入的同时，实现成本降低与效用提升的目标协调。

9.4.3　关键性变革效应

随着数字经济实践探索的不断推进，逐渐释放出面向生态建构的集聚效应、促进融合创新的长尾效应以及多元正向迭代的溢出效应，在发展质量增进过程中发挥关键性的变革力量。

一是面向生态建构的集聚效应。随着地方政府对数字经济发展战略重视程度不断升高，各地实践基本按照核心竞争力培育、产业集群打造、生态圈层建立的逻辑展开，通过完善跨领域协调机制推动集聚效应释放，具体表现在：第一，围绕未来产业、战略性新兴产业的“软环境＋硬设施”生态集聚，对于区域经济发展产生巨大的辐射效应。第二，突出“产学研用”协同创新的“技术流＋人才流＋资金流”生态集聚，对于统筹关键核心技术攻关起到重要支撑作用。第三，立足“前沿技术开发—应用场景创新”的“融合式＋众创式”迭代升级，对于加快整合数字资源优势释放乘数效应。

二是促进融合创新的长尾效应。数字经济依赖于网络平台的数据传输，随着用户数量不断增加，将按照接近零边际成本的规则持续运行。当下多样化、细分化的需求相继涌现，数字经济在各个产业的渗透成功启动“碎片捕捉—融合创新”过程，不仅有效支撑非主流中小企业逆势翻盘，而且调动更多市场主体参与价值共创，通过融合创新的迭代升级，获取基于长尾效应的价值增值。由此衍生出的“互联网＋”“智能＋”等新兴成分，将进一步模糊既定产业发展边界，在制造业服务化与服务业制造化的跨界联动过程中，衍生出更具包容性、共生性的变革力量，促进生产力不断跃迁。

三是多元正向迭代的溢出效应。不同于传统经济学对适宜规模识别与横向壁垒破除的隐忧，数字经济同时具有两大优势，即基于快速扩张的规模经济与依托多元联动的范围经济。前者对于零散用户主动接入网络平台媒介形成正向激励，后者指向融合创新不断推动数据共享连接的价值创造可能。基于此，未来中国经济转型增长的溢出效应体现在：第一，空间维度，中国的数字经济发展已经形成对东南亚、非洲等发展中、落后国家的溢出效应，通过开展人才培训、技术援助推动“数字鸿沟”弥合。第二，协同纬度，中国数字经济发展已经完成“东数西算”前瞻性布局，经由“城市—乡村”“东部—西部”的辐射轨迹，有效推动区域经济协同联动。第三，反馈维度，中国的数字经济发展为转型增长提供“生产要素拓维—产业转型优化—收入水平提升—消费结构升级”的正向迭代机制，促进经济发展开启质量增进的加速溢出过程。

第 10 章　数字经济赋能高质量发展的任务逻辑解构

中国经济转型增长的理论探索承担着回应现实与指引实践的双重使命，着眼于世界百年未有之大变局的数字化关键变量识别，立足中华民族伟大复兴的现代化强国历史使命，新时代中国特色社会主义经济转型增长理论创新，应该在识别高质量发展的赋能引擎基础之上，深入探索全域式赋能逻辑阐释、高效率赋能运行实现等关键问题，以建立在历史自觉基础上的价值更新成果书写百年大党的国际担当，为发展经济学理论与世界经济实践贡献中国原创性的经验、智慧与方案。

10.1　基于情景迁移的理论回顾及其问题提出

发展经济学聚焦以工业化为核心的经济转型增长过程，将其视为国家崛起乃至文明演进的重要动力，通过细分研究、方法引入与流派融合，不断更新、丰富规律性的认知，形成较为完整的理论体系。但是，“发展经济学的历史就是从广泛概括和高度抽象向较为特殊和较为具体的转变过程”（迈耶，1988）。其理论演进的“西方中心论”惯性、“主流化发展”倾向与“普世化价值”困境，降低了应用情景迁移的可行性。“我们在学习借鉴发展经济学理论时，必须立足于我国的具体国情，经过冷静思考和科学分析之后再作出正确的选择”（习近平，2001）。

10.1.1　理论发展演变的基本脉络

早期发展经济学家致力于探索第二次世界大战之后发展中国家的重建跃迁，沿着“如何实现发展”“为什么不发达”与“落后农业国应该怎么做”的逻辑，描绘工业化驱动经济转型增长的发展蓝图。一是强调结构转变价值。以刘易斯、普雷维什为代表，基于“现代—传统”部门并存与“中心—外围”关系隶属，指明工业化主导经济转型增长可能带来的“仿效”机遇与“向心”风险。二是识别资源配置困境。以罗森斯坦·罗丹、纳克斯、亚历山大·格申克龙为代表，将克服“资本积累不足、农业劳动力过剩”要素配置缺陷，寄托于计划管理与行政干预，以解决投资服务、劳动力组织等活动的市场失灵问题。三是立足农业国特殊起点。以威廉·吕彼克、尤金·斯特利、曼德尔·鲍姆为代表，在“政府为了摆脱持久贫困以及应该如何努力”命题阐释中，工业化作为经济转型增长的核心驱动，被赋予撬动资金积累、加快人口就业与引致经济起飞的重大功效。

但是，发展中国家的实践表明，城乡差异扩大、失业现象加剧、损害农业发展、排斥市场机制等衍生问题难以自行消除(任保平 等，2004)。在全面反思之后，“被质疑”的发展经济学出现一系列新变化。第一，研究视角由工具理性转向价值理性，经济发展目标延展到收入增长、贫困消除、公平分配等多个维度，重新审视农业在经济转型增长中的发展价值。第二，研究观点由“唯计划”论转向“计划危机”论，过度干预与全面计划可能造成的“资源低效配置—经济增长放缓”连锁反应进入分析视野，开始重视市场机制对工业化驱动经济转型增长的积极影响，重点谈论如何使价格正确。第三，研究方法引入历史比较与统计分析，工业化驱动经济转型的过程差异成为经济增长与经济发展研究的重要主题，以“经验总结—类型识别—绩效评价”范式为基础，相继建立起发展形式理论、补缺“贸易—工业化”战略研究。第四，研究内容围绕“正确激励最重要”的基本假设展开，从阐释绩效差异、制定判断标准、识别驱动因素、推进可持续发展等多方面探讨发展中国家工业化驱动转型增长的绩效提升路径。表 10 - 1 为发展经济学工业化驱动转型增长理论体系的要素扩容。

表 10 - 1　发展经济学工业化驱动转型增长理论体系的要素扩容

研究主题	主要观点	代表学者
绩效差异阐释	宏观上归因于“激励—人力资本—技术—制度发展”的不同组合，微观上取决于企业“技术努力—新技术—外部信息”的相互作用。	John Weiss, Hollis B. Chenery, Richard R. Nelson, OECD, etc.
判断标准制定	短期出现物质能力或者生产增加，长期通过“生产率—竞争力”提升实现更具效率、活力的可持续增长，表现为长期制造业增值增长。	Sanjaya Lall, Jorge M. Katz, Carl Dahlman, etc.
驱动因素识别	贸易战略、产业政策的激励导向，物质投资、人力资本与技术进步的综合能力，工业化战略克服市场失灵的制度设计，三者共同影响。	Bela Balassa, Anne O. Krueger, World Bank, etc.
关联影响分析	工业化与城市化：循环累计因果，工业发展一定阶段后出现良性反馈；工业化与产业结构：工业产值占比呈倒“U”型、就业份额由升转降。工业化与农业发展：识别农业生产率提高与剩余存在的基础作用。	Karl G. Myrdal, Simon S. Kuznets, William A. Lewis, etc.
可持续发展研究	从代际资源分配的公平性原则出发，对工业废水、排污项目等征收环境税可行且必要，有利于“解决环境问题、保护自然资源并实现财政总预算平衡”。	Thomas Sterner, David Pearce, etc.

10.1.2　回归中国情景的行动自觉

生发于中国实践情景，基于现实需求探寻国别知识与普遍知识之间的内在联系，聚焦发展过程、反映大国基础以及体现根本立场的独特意蕴，共同构成超越发展经济学的行动自觉，并由此建构起具有中国特色的工业化驱动经济转型增长理论体系。

一是采用系统分析视角，刻画中国工业化驱动经济转型增长的发展过程。发展经济学倾向从工业（制造业）替代农业的过程描述经济转型增长，以此说明结构变化过程的一般性与复杂性。它缺乏“以中国工业化为中心目标，从世界范围来探讨经济落后的国家在工业化过程中必将面临的种种问题，特别是农业和工业的相互依存关系及调整变动的问题”（张培刚，1984）。尽管苏联式工业化提供的指标具有借鉴意义，即“工业总产值在整个工农业总产值中占 70%以上和建立一套比较完整的工业体系”（庞松，2004），但是这种评价标准脱离了中国国情，无法从根本上解决中国共产党人面临的工业化认知更新问题。张培刚以熊彼特创新理论为基础，回归中国情景，对工业化内涵给予广义延展，即“国民经济中一系列重要的生产函数，或者生产要素组合，连续发生由低级到高级的突破性变化的过程”。至此，发展中国家工业化驱动经济转型增长的核心任务被提炼为：撬动基要生产函数创新以诱导社会生产函数变化①。通过高效率现代部门占比不断上升以获得优势地位，低效率传统部门占比相对下降至次要地位，来吸纳剩余劳动力、改善贸易条件与提升人均收入，最终实现经济发展状态跃迁的终极目标。

二是反映大国现实基础，探索工业化驱动经济转型增长的发展规律。作为研究发展中国家迈向发达国家序列的理论，发展经济学演进呈现“关注小国、忽视大国”的研究倾向。唯有对问题特别复杂的大国进行重点研究，揭示出大国经济发展的规律，找出解决途径，才能使其理论观点和政策主张更具普遍性与实用性。沿着这一逻辑，准确判断发展中大国的现实国情，成为精准拟合发展经济学理论与中国经济转型增长实践情景的关键点。由此衍生的特色研究内容包括：第一，将自然地理、社会经济等特征纳入发展中大国的甄别体系，从工业化实践的经验事实中提炼出经济转型增长典型事实，识别可能出现的资源环境约束、虚拟经济风险等特殊问题。第二，从“体系—布局—技术—趋势”等目标维度出发，建构中国工业化驱动经济转型增长的系统动力机制，强调“比较利益、后发利益、资本投入与市场需求”的联合效应激发（欧阳尧，2019）。第三，以发展形式建构指引中国工业化驱动经济转

①认知上，工业化超出份额、收入占比变化，被视为基于创新代替手工劳动的技术革命，旨在实现生产效率提升；范围上，工业化不仅包括制造业或者次级生产增加，还涉及农业与其他初级生产增加；影响上，工业化作用同时具备引起组织制度变革、生产结构调整及观念素质更新的渗透作用。

型增长实践，通过规律发现、学理凝练，在“先发国家技术外溢、后发国家技术模仿”的传统路径之外，立足方式转换的现实需求，为发展中大国提供超越发达大国主导，且独立自主开展工业化驱动经济转型增长的强国经验。

三是明确根本立场遵循，聚焦中国工业化驱动经济转型增长的方法借鉴。基于理论情景迁移的有益尝试，关键在于秉持为中国人民谋幸福、为中华民族谋复兴的初心使命，体现为科学借鉴由经验样本阐释、研究方法拓展、历史过程接续引致的理论范式转换，吸纳生发于中国现实情境与非主流核心议题的适宜成分。代表性的研究成果包括：第一，新结构经济学分析框架。回归中国经济结构转型内生过程的天然试验场，聚焦要素禀赋与产业结构的联动反应，关注“传统农业—工业化—后工业化”连续发展的自生能力培育。立足政府因势利导的战略转变，提供了塑造比较优势、推动发展跃迁的升级路径。第二，新兴古典经济学分析框架。立足工业化驱动的经济转型增长过程，将其视作“分工演进、商业化和贸易依存度增加、经济结构多样化、内生比较优势增强”等众多并发现象组成的集合（杨小凯 等，2000）。利用超边际分析方法建立内生专业化的斯密模型，实现了对刘易斯二元经济结构思想的数字化。通过制度分析补缺还原了技术主导后发优势理论的真实应用情景，从行政分权与制度创新对中国经济转型增长进行辩证评价。第三，演化经济学分析框架。立足“低质量锁定”的状态突破需求，着重捕捉技术创新演化过程生发出的经济转型增长质量增进契机。建构“全面参与国际分工、培育自主创新能力、抢抓技术机会窗口”的正向反馈，为中国提供符合高质量经济活动发展规律的施策思路（黄阳华，2020），以此规避相互嵌套的普适性命题：可能面临的“过早去工业化趋势”“后工业化效率困境”与“智能生产率优势重构”。

10.1.3　研究问题的提出

无论是发达国家总结经济腾飞的经验教训，还是发展中国家追赶世界前沿的路径探索，均无法绕开经济形态变迁内含的工业化过程。西方中心论的教条阐释为工业文明打上西方文明的烙印，试图利用生产力优势裹挟不同国家进入发达资本主义国家主导的工业化路径，以带动城市化与社会化的标准形式植入西方同质元素，在发展的具体转变中，不断地冲击文明多样形态、削弱内在动力生成与固化增长经验认知。

由工业化驱动的中国经济转型增长，作为自我驱动、拾级而上的动态发展过程，“仅用几十年时间就走完发达国家几百年走过的工业化历程，创造了经济快速发展和社会长期稳定两大奇迹”①。无论是“启动—提速—扩容—升级”的纵深推进，还是大国后发追赶向强国自我超越的顺利衔接，均得益于中国共产党对“世界

①中共中央关于党的百年奋斗重大成就和历史经验的决议[N]. 人民日报，2021-11-17(001).

经济发展必由之路"普遍命题展开的百年理论探索。"认知生成—学理凝练—自我革新"的发展演进，蕴含着促进文明交流、探索发展规律与汲取先进成果等天然基因，经由情景迁移激发了聚焦"系统协调"、考虑"大国国情"、体现"人民立场"的独特意蕴，实现对西方话语体系、国别经验教训的双重超越，内生出"系统性、科学性、包容性与开放性"的创新动力，为"如何让工业在拉动世界经济增长、实现可持续发展中发挥关键作用"全球倡议贡献中国原创方案。

在新的历史条件下，经济转型增长的数字趋势不断显现，回到中国式现代化的基准情景，理论阐释所需具备的时代内涵性，必须能够纳入数字经济赋能高质量发展这一重大现实问题。包括三个层次：一是长期过程视角如何识别赋能任务的要素构成与层级体系？二是从全域发展视角如何解构赋能逻辑的作用载体与功效发挥？三是从特色生成视角如何归纳赋能运行的内在机理与规律遵循？

10.2　锚定中国式现代化情景的赋能任务识别

从长期过程来看，工业化及其伴生的产出持续增长、就业比例优化与生产方式变革，共同构成中国式现代化纵深演进的核心线索，通过"持续扩散引起整体变革"创造出"并联式"推动的独特轨迹。以大数据、人工智能为代表的前沿技术不断渗入传统领域，在有效缓解鲍莫尔病结构性低效困境的同时，为协同推进后发国家现代产业体系建构与国际分工深化提供新的可能。基于数字技术底层逻辑衍生出的新业态、新动能与新模式，同样也是驱动结构优化以实现高质量发展的多样性成分，暗含着文明形态创造性探索的价值追求，即撬动"物质—精神"文明的联动反应与"人—社会—自然"关系的反思重构。从根本上超越"中心—边缘"体系设定，为后发国家突破"依附"与"脱离"二元选择困境，提供国家强盛路径的发展经验。回归以高质量发展引领中国式现代化推进的现实情境，数字经济承载着"文明形态创新、治理模式升级、发展优势塑造"三重任务。

10.2.1　文明探索价值追求

在人类认识并改造世界的命题框架下，技术文明与制度文明的互动耦合反映出中国式现代化探索的时代内涵性。遵循人类文明新形态创造的实践递进逻辑，人的全面发展的目标实现贯穿于工业化向数智化转型升级的全过程，不仅构成狭义范畴"物的现代化"的全面超越，更蕴含"多样性文明交流互鉴""引领性探索普惠共享"的天然基因，全面统摄生产力演进的客观规律发现与生产关系变革的主观价值判断。随着大数据、人工智能等前沿技术的渗透扩散与迭代升级，以生产力发展跃迁与命运共同体主动建构为核心的系统演进过程，被视作打通数智文明成果共享以带动人类福祉增进的新进路，衍生的任务要素嵌套于特定战略导向下的优势塑造过程。

1.战略联动:探索现代化强国建设的特色新路径

数字经济作为发展方式转变衍生出的变革力量,能够直接推动新资源整合、新技术应用、新产业成长乃至新环境调试等良性反馈。一方面,立足新时代新阶段主要矛盾转变、增长动能转换等现实约束,积极推进模仿追赶向创新引领转变的高质量发展战略;另一方面,放大中国式现代化产业体系完备、超大规模市场等特征优势,全面落实政策驱动向制度引领转变的高水平开放战略。建立“产业链自主可控与外贸持续发展”的良性反馈机制,带动高标准规则对接、国际化营商环境完善与协调型合作机制等系统实践的中国经验凝练,全面畅通后发国家以数字经济增长点培育撬动高质量发展“换道超车、竞争领跑”的特色化“强国路径”。

2.系统变革:塑造双循环发展格局的竞争新优势

数字经济作为价值能级攀升引致出的动力引擎,能够有效催化“分段式序贯生产”向“系统化创新重构”转变的全球分工深化过程。在“产业回归”趋势与“循环再造”需求的共同引致下,广大发展中国家面临共通性的紧迫问题,即如何打造“产业链、价值链、创新链、供应链”深度融合的协同升级新生态,进而完成“全球资源重置、创新网络生成、竞争优势更新”的系统变革任务。中国以创造性建构高水平、强韧性的国民经济循环格局为契机,激发前沿型新兴技术与规模化市场体量对数智化转型实践的共驱合力,将数字经济作为高质量经济活动的培育载体,有助于加快开启后发国家“焕活传统产业、催生新兴成分”,进而重塑结构性优势的示范型“机会窗口”。

10.2.2 治理模式全面重构

技术革命的数次浪潮通过触发多元系统交互影响释放现代化效能,在影响范畴与具体程度上存在明显差异,经由循环累积作用实现共性经济形态与特殊国家表现的有机统一。前沿技术应用的创新迭代,需要产业载体完善、经济利益激励乃至配套制度的适应性调整。因此,内嵌于中国式现代化“以人民为中心”的发展目标,给予“技术—经济”演化范式明确的“社会稳定、政治安全、生态文明”牵引,特别是围绕“创新、协调、绿色、开放、共享”的新发展理念发展形态兼容的新型治理模式建构,贯穿在数字经济系统性扩散的全过程。

1.范式拓展:激活多元领域的协同转变新机制

从现代化演进的长期视角来看,技术革命作为渐进式(incremental)“改进”相继的“体系建构—结构变迁”双重过程,能够促进“新产品、新模式、新业态”全面创生并形成机会利基,被视作强国战略导向下发展中国家由“追赶”走向“引领”的关键变量。不同于单一“技术”范式向“技术—经济”范式转变所强调的效能扩散机制,嵌套于中国式现代化的数字经济培育过程,应该超越最佳惯性模式(a best-practice model）的应用范畴。释放超经济溢出效应，直面“制度惰性、技术垄断”共同导致的无序竞争、资源困境与分配偏向等紧迫问题，以顺应新技术浪潮引发的全局性协同演化规律为出发点，形成“技术—经济”范式与“社会—政治—生态”范式耦合式升级的治理实践新经验，以此提升多元领域的适应联动与交互反馈能力。

2. 模式构建：形成高效治理的创新探索新经验

随着非均衡发展的极化特征不断增强，地缘政治竞争的泛化风险日趋明显，全球先进生产力激励政策呈现出明显的施力错位与零和竞争，放大碎片化规则下的利益冲突、监管失效甚至鸿沟分化等多重风险。因此，不同于线性思维下社会制度与技术变革的因果关系认知，基于共同演化的动态分析能够有效克服主导地位的逆转困境，即借助“治理模式重构”的适应调整，突破“制度要素补缺”的锁定效应与作用边界。依托数字经济的赋能效应，激发促进技术进步红利沿着文化交流、教育公平、绿色发展等社会维度辐射开来，同时将国家安全、秩序重构、冲突应对等政治维度的主动作为纳入数字经济治理体系。

10.2.3　提质增效工程实现

超越“传统—新兴”的对立思维与“中心—外围”的认知惯性，高质量经济活动生发自技术演化释放的“机会窗口”。依赖于生产率持续改进的条件创造，具有动态异质性的复杂特征，暗含着联动利润生成与工资增长的内在要求。秉持创新发展引导与增长成果共享的一致性逻辑，数字经济作为生产领域“低效锁定状态瓦解、现代高效模式建构”的结构优化动力，承载着启动“宏观增长、中观产业、微观企业”提质增效的系统赋能任务。

1. 结构秩序：塑造转型发展的创新演化新动力

多轮次技术创新与适应性制度调整驱动经济演化发展，周期性巨浪的产生得益于特定增长引擎释放出的结构转变效应。即超越生产过程的狭隘认知范畴，引发“社会结构、意识形态和文化的治理制度的转型”。对于前沿技术驱动的结构秩序过程，“创造性破坏”体现为多样性成分增强伴生的传统样态衰减与新兴样态生发，“破坏性创造”源于实体经济与虚拟经济深度融合释放出的增长引擎再造契机。要保障作为过程载体的产业结构实现合理化转换与渐进式升级，关键在于激发战略性新兴产业、未来产业等先进成分的赋能效应。因此，数字经济的形成作为链接资源整合、生产生活的系统化变革过程，既要放大需求引致力量，倒逼传统生产方式的业务流程改造升级，又要拓展战略性、先导性的新兴产业供应链的应用场景，促进问题导向的潜在需求创造，以协同关系建构激活要素联动反馈累积与体系层级功能进化的复杂过程，借助“占比增加”的量变迭代驱动“结构跃迁”的系统质变。

2. 时空过程：抢抓能级攀升的超越引领新契机

在技术周期演进与全球分工深化的交互加强作用下，迈入数字经济大变革阶段的“生产、消费、流通、分配”各个环节均呈现出较强的空间分割能力。一方面，通过提升搜索匹配、质量改进、效果反馈等环节的效率，在“消失的距离”（death of distance）中有效降低贸易交易的可变成本，为后发国家赶超提供“产业链—供应链—价值链”的介入机会窗口。另一方面，基于产品中间投入、服务环节延伸形成的细致化分工有助于获得长尾效应，但是也面临全球标准争夺、生态系统控制与前沿技术封锁等多元风险，难以突破“两头在外”出口加工的惯性依赖。因此，亟须在系统内外之间建立“耦合再造”的链接桥梁，特别是利用数字经济前沿技术建立集“生产研发、贸易流通”于一体的平台链接，提升物流供应链、金融支付、市场营销等业务环节的协同效应，通过“安全可控、自主创新”的能力培育引致持续推动高质量发展的路径突破。

10.3 启动全域式高质量发展的赋能逻辑解构

先进生产力的全域式扩散被视为撬动经济转型增长并带动国民财富积累的关键前提，直接影响着国家兴衰的长期演化。全面建成富强民主文明和谐美丽的社会主义现代化强国，要求不断培育、壮大具有高质量特征的经济活动，作为人类文明跃迁的中国回应，工业经济转向数字经济的关键在于培育并壮大数字生产力，以高质量发展逻辑驱动中国式现代化纵深推进。因此，面向共同富裕、产业体系与人本价值的现代化全域式驱动，构成中国式现代化基准情境下数字经济赋能高质量发展的逻辑遵循。数字经济全域式赋能高质量发展的逻辑体系如图 10－1 所示。

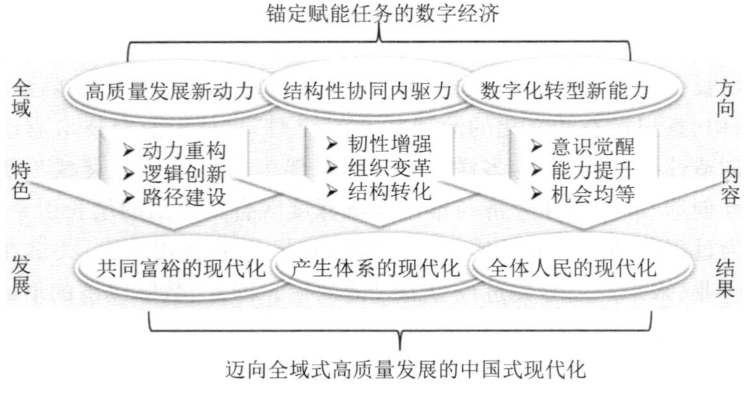

图 10－1 数字经济全域式赋能高质量发展的逻辑体系

10.3.1　宏观赋能逻辑

中国式现代化视域下的高质量发展具有共同富裕的内在要求，基于大国基本国情、社会主义要求与时代特征演进的前提条件，高质量发展的目标转向推动现代技术全域式扩散以加快多元现代化并联任务的纵深推进。依托前沿技术创新、转移与应用的数字经济，它能够促进质量型先进生产力的形成与壮大，并通过充裕共富动力、创新共富逻辑与开辟共富路径赋能高质量发展。

1. 顺应发展阶段转换的共富动力重构

随着粗放式高速度增长转向集约型高质量发展新轨道，适应新阶段的共富动力重构成为一项紧迫的系统性任务，生发于“国家治理能力提升、对外开放战略升级、全产业链优势形成”的历史条件。基于产业链群组织方式的不断创新，数字经济通过启动高效率增长为共同富裕创造坚实的物质基础。在供给侧激活“成本控制、竞争倒逼、创新驱动”的协同作用，促进全要素生产率提升，充分释放生产规模与经营范围的经济效应；在需求侧产生“消费升级”“投资转向”“分工拓展”的联动影响，引致商业模式创新，高效聚合细分市场碎片需求的长尾效应。与此同时，数字经济所具有高渗透、强韧性与广覆盖特征，可以在多领域联动中推动高质量发展。围绕网络化链接的多元流通过程整合，可以形成物理空间与数字空间之间的交互映射，增强数字技术下现代化转型升级的市场接受程度，不断抵消传统成分解构的负面效应，克服供需双侧协同升级的时空约束，将充分发展的共享式增长与人民美好生活的多元化需要同时纳入现代化发展模式重构过程。

2. 聚焦发展过程重塑的共富逻辑创新

依托网络平台运行、海量数据处理、个性功能定制与低碳减排流通等技术实践，激活了数字生产力在国民经济中的赋能效应，实现了质量共富增量的平衡式植入，间接推动了高质量发展的共富逻辑创新。一方面，促进质量型“物质＋精神”的共富增量生成。数字经济具有动力引擎属性，能够发挥知识、数据等先进生产力要素的引领作用，启动“物化规模扩张与质化效能提升”一体化过程，优化劳动生产效率以促进物质富裕增量的生成。同时引发生产组织方式变革，以“主观创造性”回应“全面发展性”，克服“物化的人”分工内卷引起的“精神生活异化”，将质量型发展动力内嵌于物质生产与精神生产的并行过程。另一方面，推动并联式“充分＋平衡”的共富维度拓展。数字经济依托“信息高铁”支撑，有利于在供需双侧形成联动反馈，即依托前沿技术渗透催生新需求，以大规模的外部市场创造能力倒逼供给端的数字化转型，发挥先进生产力在物质财富创造中的积极作用，促进经济领域的充分发展。同时借助发展机会溢出与共生关系建构带动多元领域的平衡复归，将合规治理监管、社会服务支持、文化价值引领与生态文明建设纳入赋能实践，以并联式的先进生产力应用促进共富维度的协调发展。

3.实现发展价值追求的共富路径建设

一是由后发追赶到前沿赶超的中国共富路径升级。数字经济与实体经济深度融合的生态体系建构，将引致基于"连接红利"的"产业共生体"与"价值共创体"形成，保障"共谋式"熊彼特租金在更大范围内得以产生与分享，夯实高水平开放新格局下价值链能级攀升促进收入水平跃迁的中国共富路径。二是由失衡发展到协同推进的区域共富路径贯通。数字经济向消费端与生产端的全面渗透，间接促进了网络化生产组织方式的样态创新。围绕信息交互中心形成的要素集聚、产业集群，为农业现代化与新型工业化向高级化阶段转型升级提供了有力支撑，借助强大的网络辐射效应，将先发"高地"与后发"洼地"纳入一体化发展新轨道，保障新时代"四化"并联式叠加任务沿着"信息化引领、多产业协同、跨区域联动"全面升级。三是由脱贫攻坚到乡村振兴的城乡共富路径开拓。依托于面向分工深化的新兴岗位创造、适应需求倒逼的产业融合创新与体现技术外溢的应用场景生成，数字经济将释放瓦解城乡壁垒、弥合数字鸿沟的普惠效应。在促进资源要素互通化、产业融合共生化与公共服务均等化中实现共建共享共治，打通"脱贫攻坚—乡村振兴—共同富裕"发展新进路。

10.3.2 中观赋能逻辑

现代产业体系作为高质量发展纵深推进的重要支撑，承载着打破"中心—外围"式扩散、探索"多级—共创"式发展的价值链攀升任务。数字经济以建构生产与服务的全球网络载体为契机，直接推动实体经济产业链与供应链的数字化转型，顺次触发"优势特征塑造—创新生态支撑—结构效应释放"的系统优化过程，充分汇聚产业深度融合的协同内驱动力。

1.植入优势特征以增强产业链供应链的发展韧性

数字经济基于非线性的网络链接实现生产过程与商业模式的迭代创新，能够将"低物耗、强关联、快扩散、高附加值"等韧性特征植入传统产业链与供应链。一是针对"大而不强"，激活能级攀升的内驱动力。以铺设数字经济的基础设施为契机，畅通前沿技术渗透带动产业链与供应链的高级化升级路径。通过建立全球高端价值链的云上对接平台，实现技术外溢的跨域辐射、资源配置的效率改进与质量监测的优化反馈。二是聚焦"连而不畅"，提升自主安全的可控能力。数字经济提供的网络化链接能够产生海量数据，实现多元参与主体和动态调整行为的高效联动。特别是基于"链—图—群—策"的"并联式"动态、柔性管理模式，将有效促进供需精准匹配，增强产业链与供应链的自主、安全与可控。三是围绕"双碳"目标，培育可持续的发展潜力。数字经济将为产业链与供应链的治理模式转向提供契机，立足全业务流程的低碳改造推广、技术标准制定与市场需求引导，发挥技术创新与结构优化在高水平绿色循环开放体系建构中的协同效应，促进产业链与供应链形成可持续发展，突破发达国家"俘获型"生态价值链"低端黑色锁定"。

2. 建构创新生态以支撑产业组织方式的转型升级

在现代化经济体系框架下，产业子系统的组织方式将由传统线性产业链向创新生态集群演进。数字经济与现代化服务业的深度融合，展现出极强的前沿技术渗透式应用与创新式迭代能力，将带动产业链、创新链与人才链等系统要素整合，引致"数字经济+产业集群"生态圈层的新型组织形态探索，发挥着启动"资源配置—价值创造"结构转化过程的"头雁效应"。从产业强国战略驱动来看，数字经济全力支撑特定产业载体的发展跃迁。围绕物流、供应链、营销、通关等配套性基础设施建设，将直接放大创新驱动在各类产业中的"乘数效应"，以空间布局优化促进特色产业、新兴产业集群式发展。从贸易强国战略驱动来看，数字经济具有链接"两个市场、两种资源"的重组能力，通过植入分工深化、高效运行等先进服务业特征，快速启动传统服务业的数字化转型，在地方实践创新中持续吸引人才、资金、技术等创新要素集聚与链条融合，促进生产性服务业向更具国际竞争力的价值链高端迈进。产业强国与贸易强国的互馈联动，将有效助推高质量的新兴产业组织体系建立。

3. 释放结构效应以重塑产业体系演进的发展动力

从结构转化动力来看，关联效应与扩散效应共同驱动产业体系演进向高阶状态跃迁（任保平，2022）。关联效应即数字经济凭借数字技术突破式创新与扩散式应用的外溢效应，促使更多的产业部门从事高附加值的经济活动，以业务流程为中心的扁平化、高级化运作方式促进交易效率提升与价值持续创造。精准联动国际市场政策性红利传导与国内大规模市场优势发挥，出口方向形成全球分工深化与价值链攀升的正向反馈，进口方向促进高端服务、原材料乃至部分中间品的生产内嵌以改善成本结构，在内外联动的过程中汇聚产业体系发展演进的结构变迁新动力。扩散效应源自数字经济发展伴生的后向回顾反馈、空间布局优化与前向需求引致，以"不合比例增长"的全方位辐射撬动结构变迁过程。一是上游产业链供应链借助"要素投入—产出结构"数字化升级持续赋能数字经济发展，循环累积并放大罗斯托在质量跃迁阶段强调的"新兴部门—效率提升"扩散效应。二是空间布局重构衍生出的数字经济国际合作联盟、创新发展试验区与全生态产业园等实践探索，以数字空间开拓辐射带动促进"技术—经济"与"社会—政治—生态"范式联动耦合。三是数字经济产业链延伸与复杂生态建构将形成可迭代的前向需求引致，依托基础设施建设、全业务流程升级与多产业融合发展，促进大数据、人工智能全纳入的产业转移与创新演进。

10.3.3　微观赋能逻辑

不同于传统模式下生产价值创造向消费价值实现的线性逻辑递进，数字经济引领的企业转型依赖于互联网平台媒介的可视化数据沉淀、挖掘、处理与应用，能够诱发“生产要素更新—业务流程改造—应用情景拓展”的系统优化过程。围绕数字化新优势塑造，形成对自主意识、发展能力与机会创造的全面赋能，体现“人本”内核的高质量发展价值追求，具有惠及巨大人口规模、坚持和平发展道路的鲜明特色。

1. 生产要素更新撬动自主意识觉醒

数字经济依赖数据要素投入，具有低成本、可复制与非竞争等特征，叠加劳动力、资本、技术等传统要素能够释放倍增效应。随着价值增值的方式与载体发生转变，基于链式传递的实物产品拓展至依托网络链接的数字产品，消费者、供应商与合作企业均成为品牌、流量等虚拟价值的创造主体，面向开放生态的数据、信息资源全面融通，进而拓展利益传递与价值外溢的可能空间。“一个国家，只有当它的人民是现代人，它的国民从心理和行为上都转变为现代的人格，它的现代政治、经济和文化管理机构中的工作人员都获得了某种与现代化发展相适应的现代性，才能成为现代化的国家”。数字技术作为现代人对自然的能动改造，已经由基本工具的应用范畴上升到思维观念的整体变革。从人民的现代化价值诉求来看，数字化、生态化与系统化的思维观念植入，能够增强“理性科学”累积对整体现代化的推动能力，以数字综合素养提升撬动的“人才红利”持续供给，将在“传统人”向“现代人”的微观转变中释放更大生产力，通过激活自主意识促进全体人民真正参与数据要素价值的共创共享共治。

2. 业务流程改造助推发展能力提升

作为企业国际竞争力提升的重要支持力量，数字经济承载着信息流、物流、资金流的一体化整合任务。一方面，为企业、生产线、员工等要素资源的全面接入提供可能，通过分布式生产组织形式释放共享效应，促进有效需求与产能供给实现动态、精准匹配。另一方面，高效嵌入研发创新、仓储物流、金融支持等核心环节，推动全链路的业务协同创新与定制化的生态模式建立，帮助企业在“数据、信息、知识、决策”的自组织过程中实现指数式效率增进。而业务流程改造的实质，在于高效联动特定发展阶段下的比较优势识别与前沿技术扩散，通过培育以跨境电商、虚拟产业园区等重要领域的新兴业态，引导企业将竞争优势转变为数字化转型的自身发展优势，探索缩短传统国际化进程的“借船出海”方式，真正参与高水平开放下的深层次国际分工并实现“多链”攀升。从人民的现代化利益保障来看，“数字经济＋特色产业带＋跨境电商”的生态圈层打造，聚合产业集聚创新与贸易成本降低的良性反馈效能，增强“出海口”对具有“生态友好、高附加值”产品的拉动作用，在倒逼企业落实主体责任、提升可持续发展能力的同时，保障人民对于绿色生态、健康生活与收入改善等方面的发展权益。

3. 场景应用拓展促进均等机会创造

随着数字经济应用场景的不断拓展，无边界、非中心交易特征愈发明显，能够精准回应“小批量、高频次、碎片化、个性化”的市场订单，同时在生产端与消费端触发规模扩张对成本降低的正向反馈，放大异质性创新的“长尾效应”。而基于网络化的“知识生成—社会运营”交互模式符合梅特卡夫定律，借助网络外部性(externality)激活企业多场域联动探索的内驱动力，主动适应生产转型、出海实践与消费升级的多重场景应用，在现代化均等机会供给中实现边际收益递增。功能上已经超出“信息撮合”“在线交易”等单一化传统服务范畴，在全面建立“产品网络”“技术链接”与“创新联盟”的同时，拓展至“生态建构”“价值共创”的系统化方案设计。模式上聚焦于生产过程、物流仓储、金融支持、营销运营等要素的系统整合，规律上呈现出以创新迭代激发协同效应进而带动全域式扩散的演进路径。从人民的现代化途径拓展来看，数字经济在西部地区发展与乡村治理推进中异军突起，不仅激活了地方群众的能动性与创造性，更以拓岗、增收等方式促进劳动者的数字、文化等综合素养的提升。而数字产业联盟、离岸孵化器与公共服务平台等实践模式创新的不断涌现，应用场景拓展带动全球医疗、文化、教育等资源的扁平化流动，以主动弥合“数字鸿沟”的均等化方式回应人民的现代化诉求。

10.4 遵循演化发展基本规律的赋能机理阐释

经济转型增长作为动态发展的复杂过程，具有“制度变迁—技术进步—结构转变”的内在机理。数字经济是否能够产生高效、可持续的赋能效应，需要回归中国式现代化迈向高质量发展的基本场景，识别系统视域下路径演化多要素作用、多向度运行的内在机理，完成研究的框架拓展与分析应用。

10.4.1 基于演化发展经济学的框架拓展

数字经济赋能高质量发展的运行机理，符合演化发展经济学的基本规律(任保平，2022)。其框架拓展主要表现为：以国家发展能力为全面统领，在国家能力增强确保演化发展的运行方向、发展规划先导引领技术进步的运行模式、产业政策优化提供结构转变的运行环境的基础之上形成。基于演化发展经济学的框架拓展如图10-2所示。

1. 国家能力增强确保演化发展的运行方向

从超长视域下世界各国的工业化实践来看，受到外部冲击、内部矛盾、条件获取、主导思想乃至政策选择等诸多因素影响，极易出现停滞、倒退与偏离。而“国家—发展”的关系重构，不仅关乎“迷恋增长”还是“理性退却”的方向选择，也影响着优势塑造、转型升级等一系列关键环节。因此，对于工业化单一驱动线向数字经

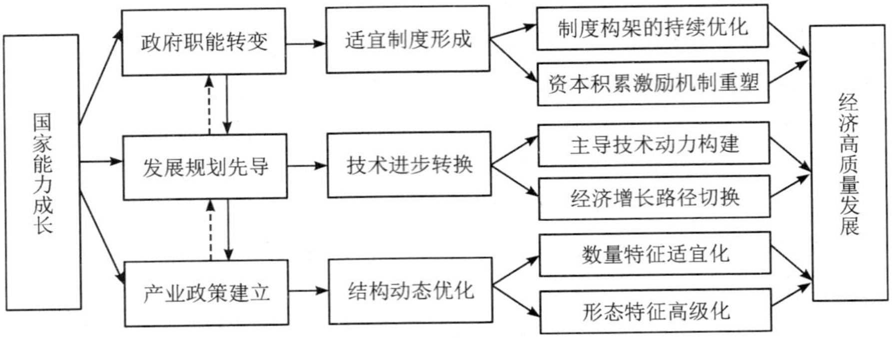

图 10－2 基于演化发展经济学的框架拓展

济叠加赋能的全面升级。首先需要解决内生动力问题，即数字经济发展的共识凝聚与系统调整，特别是由利益格局变动引发的新矛盾、新冲突化解，而这离不开国家引领发展的能力培育。从中国情境来看，充分发挥数字经济赋能效应的战略目标源自社情民意，经由中国共产党主动凝聚、融合与表达之后，上升为国家意志、群众路线与民主集中制良性耦合，内生出强大的自我更新力量。不仅有效保证了数字经济赋能高质量发展道路探索的过程完整性与逻辑递进性，也从根本上规避了国家意志缺位与发展动力不足交织产生的偏好、利益冲突等问题。

2. 政府职能转变保证制度变迁的运行效果

制度变迁生发自供给与需求的动态匹配过程，制度供给作为中国式现代化重大问题导向下的“中国之治”，制度需求作为发展实践过程中自下而上涌现出的“中国之智”，均超出数字经济领域的适应性调整范畴，需要政府通过“顶层设计指导—底层需求诱致”的特色聚力策略。因此，其职能转变过程贯穿于数字经济赋能效应发挥的全过程，既要保证目标引导的发展性与演进的可行性，放大制度优势创造向治理效能提升转化的创新属性，也要实现重点判断的精准性与学理凝练的科学性，保障短期与长期、总量与结构等关系处理的协调导向。从中国情境来看，发挥数字经济赋能效应的实践运行，需要政府充分考虑现实基础约束、发展条件创造与微观主体激励的联动性。在治理向度上，推进消除纵向职能同构，构建利益和谐的政府新型关系，即协作式的中央与地方政府关系、伙伴式的地方政府关系，凝聚数字经济赋能高质量发展的推进合力。在任务向度上，坚持统一性与灵活性相结合的原则，政府通过职能发挥为数字经济高质量发展创造条件，包括规划先导、要素培育与安全维护等内容。

3. 发展规划先导引领技术进步的运行模式

技术进步的运行模式选择源自特定市场秩序环境的信号指引，同时影响新技术赋能的具体领域及其产生的影响程度。基于“发展阶段—发展观—发展战略”相互适配的系统规划，涵盖了从方式建立、技术选择、结构调整与政策体系等激励约束机制的主动建构，旨在推动技术进步的运行模式沿着特定的发展战略辐射开来。从中国情境来看，在发展理念引导、基础条件创造与政策体系支持的共同作用下，数字经济赋能高质量发展获得充裕的条件基础，以全面贯彻落实新发展理念为导向，形成系统化的技术进步运行模式拓展思路。在落实创新理念方面，将科技创新驱动、先发优势塑造与供给创新引领，作为数字经济赋能发展动力转换的新要求；在落实协调理念方面，提出以促进新时代"四化同步"发展与区域推进差异化策略设计的新方向；在落实绿色理念方面，强调能源节约、循环经济、污染治理、低碳发展等手段的综合应用；在落实开放理念方面，聚焦国际竞争新优势培育，以双向开放与"一带一路"倡议为契机，以数字经济推进国际产能深度合作；在落实共享理念方面，着重促进区域内经济效率整体提升、部门间工业产出水平均衡提升。

4. 产业政策优化提供结构转变的运行环境

由产业政策建立起的数字经济赋能高质量发展运行环境，不仅为迂回生产创造可能，而且在生成递增报酬机制的同时，促使多样性成分不断涌现、累积，为路径依赖向路径创新的反复突破提供源源不断的内生动力，使其在"条件—激励—约束"更新的动态过程中实现螺旋式上升发展。从中国情境来看，沿着功能转型与关系优化的逻辑要求，新时代政府通过产业政策开启数字经济赋能优势培育的系统性实践，旨在消解前期结构失衡、效率损失等负面影响。政策目标上坚持总体国家安全观，形成由"创新、协调、绿色、开放、共享"的新发展理念引领的质量型发展取向；政策类型上逐步引入"基础建设、技术进步、产业创新"的功能性政策，以及"创新支持、公平竞争、回归民生、建立大市场"的普惠性政策。政策内容上重点构建"当前与长远""整体与重点""自主与开放"等经济协调发展关系，引导市场机制与创新发展共同驱动数字经济赋能优势培育。

10.4.2 数字经济赋能高质量发展的运行机理

中国的数字经济赋能高质量发展，始终坚持立足中国式现代化的基准情境，坚持运用政治经济学的立场、观点与方法。通过推动"国家与革命"向"国家与发展"的政治秩序转换，引致数字经济成长的规模化市场开发能力，植入质量增进的结构发展演化特征，在巩固"经济快速发展"与"社会长期稳定"中国奇迹的同时，遵循演化发展的政治经济学逻辑，进一步保证赋能效应的持续发挥。

1. 聚焦发展引领的国家能力建设维度

嵌套在中国式现代化发展宏伟框架下的数字经济探索，需要国家发挥"必需的通过点"的引领作用，持续促进"知识生产积累、恰当产业选择、国民财富增进"的良性迭代，实现聚焦人类发展"一般性"与锚定中国情境"特殊性"的有机统一。首先，已经建立的稳定政治秩序可以规避碎片化治理衍生的复杂矛盾，坚持以人民为中心的价值引领能够有效保障自主性知识生成与更新,带动数字经济增长,进而带动社会全面进步、经济高效运行;其次,塑造逻辑一致的"国家与市场"良性关系,聚焦长期与整体利益的国家力量主动纳入数字经济的安全、共享等变量,发挥竞争与配置功能的市场力量不断激活数字经济的创新、开放等动力,在制度重构过程中推动战略意志与经济效率的统一;最后,拓展国家能力的建设维度,实现战略判断、社会治理、资源整合、创新推动、安全防范等整体效能提升,全面统筹数字经济的体系建设与能级攀升。中国共产党凭借"党的全面领导"与"全过程人民民主"特色优势的创造性植入,促使国家战略部署与国民经济运行之间形成良性反馈,通过顶层设计与基层探索相结合的方式,以推动现代化为蓝图,高效解决数字经济的宏观调控、分工协调与活力激发等问题。

2. 面向利益协调的政府职能优化维度

以数字经济为核心的现代化战略部署,遵循政治、经济、社会的系统化转型逻辑。政府作为国家代表被赋予实际推动者角色,依据长期"成本—效益"原则采取差异化策略,诱发"要素禀赋—优势塑造—方式选择"的梯次反应。一方面,通过要素优化重组、基础设施建设推动专业化分工,释放数字经济发展潜力;另一方面,借助商业动力培育、网络体系建设加速内外市场扩容,放大数字经济市场需求。源自供需双方的螺旋式结构性调整,可能面临系统性转型的僵化风险。政府表达并执行国家意志的过程,需要高效建构协调互补的政府职能以消解潜在的利益冲突,同时积极探索共同发展的互动机制来打造竞争合作、互利共赢的崭新格局,通过凝聚国有企业、民间力量、社会组织等多方主体共识,以"帮助之手"替代"掠夺之手",不断培育具有创造性破坏特征的资源"错配"与推动专业化分工演进的需求"引致"内生动力,以数字经济演进驱动符合现代化发展趋势的经济结构系统性重塑。政府通过集权与分权的动态调整,将中央与地方法治化关系探索贯穿于"规模化市场开发先行撬动、重构式市场供给反馈优化"的发展策略实施过程,为数字经济建构出优势重塑与方式转变的利益协调机制,通过内生动力与外在助力相结合的方式,高效解决数字经济的低效竞争、结构失衡与治理代价等问题。

3. 体现逻辑递进的发展规划制定维度

从后发国家借助经济追赶实现发展跃迁的演进历程来看,正确选择特定活动(activity-specificity)构成良性反馈建构的逻辑起点,无论是生产率增长空间判断还是循环累积效应激发,均无法由市场自发完成。中国的发展规划作为战略导向的总体安排,经过不断完善形成以五年计划(规划)为主体,包含远景目标、专项规划等要素支撑的庞大体系,不仅是国家加强、改善宏观调控的重要手段,更是地方政府统一衔接中央政府发展指引的参照载体。国家及其权力机构的职能履行贯穿于推动社会经济发展的实践过程,围绕预期框架、行动方案展开的民主、政治决策,具有相互照应、递进深化的内在属性。已经超越了同质化模仿治标思维下"自然需求”的制度提供者，转变为异质性创造治本作为下“必要但未被清楚表达事务需求”的主动创造者。包括：以系统发展的长远规划为蓝图，成功发动并序列推进工业体系建立，为内部迂回生产伴生的需求扩张、成本压缩创造基础条件；以前后相继的弹性治理为依据，不断重构并适应内生递增报酬机制，为要素投入到工业产出的单向过程创造反馈链接；以时代内涵的认知更新为引领，持续利用数字经济赋能并叠加升级工业发展任务，为“技术—经济”范式变革创造机会窗口。我国正是通过发展规划的创造性运用，高效解决了结构优化、循环累积与适宜开放等条件创造问题。

4. 强调有效实施的产业政策引导维度

从现代化发展的世界性历史过程来看，无论突出因势利导的“产业结构演进—经济赶超实现”框架建构，还是旨在规避过度干预的“企业家精神—经济增长驱动”逻辑阐释，产业政策均被视为国家作用的主要工具。以动态系统替代静止线性的思维方式，能够还原产业政策在内涵、力度与工具上的阶段性差异，进而突破“政府与市场”关系探讨引发的必要性争论（黄群慧，2021）。作为现代化的核心内容，中国数字经济实践形成了一套具有复杂演进特征的产业政策支持体系。其中，选择型产业政策把国家能力体现在“指导目录发布、市场准入审批、项目流程管理”的具体过程，发挥“特定产业培育—完整体系建立”的基础作用；功能性产业政策为市场运行创造出“基建乘数效应、产权有效激励、良性秩序建构”的高效环境，撬动“多样特征涌现—创新动力积聚”的良性反馈；普惠性产业政策将优势塑造显化为“机会窗口打造、风险防范应对、利益共享实现”的引导支持，促进“协同关系完善—质量稳定增进”的结构变革。现代化进程中数字经济赋能过程的启动具有复杂性，存在追赶空间约束、反馈断裂可能与协同脱耦风险，基于演化发展视角不断识别并持续诱发高质量经济活动，构成三类产业政策梯次、叠加应用的有效性标准。

第 11 章　面向高质量优势培育的系统赋能实践

遵循追赶式现代化的基本逻辑，发展中国家普遍借助以技术模仿为内核的产业政策来缩小与发达国家的经济差距。原因在于重大通用技术创新伴生的扩散、拓展过程蕴含着周期性的增长潜力释放机制，能够促使基于比较优势的产业间梯度式分工转向依托规模经济的产业内链式分工，同时将前沿追赶路径由启动工业化的条件创造切换至推动价值链攀升的策略制定范畴。问题的关键也随即聚焦在产业载体调整的主导力量归属，除去对发达国家“踢掉梯子”与发展中国家“双重失灵”的共性担忧之外，工业革命演进的底层技术逻辑跃迁也对追赶式现代化提出新的挑战，即围绕竞争新优势培育的内在驱动能否顺利生成并形成合力。本章聚焦数字经济赋能的系统实践，包括：塑造优势培育新格局的赋能动力生成、激活优势培育新任务的赋能机制设计、面向优势培育新场景的赋能路径建构、体现优势培育新导向的赋能施策思路，据此探索高质量发展新优势培育、壮大的赋能实践。

11.1　塑造优势培育新格局的赋能动力生成

从系统演化的视角来看，数字经济赋能高质量发展，关键在于动力体系运转的持续性，需要“战略政策牵引、技术创新内驱、生态共享支撑”的协同配合。

11.1.1　战略政策牵引动力

经济增长的周期性波动构成现代化发展演进的基本单元，由数字化技术驱动的重组式创新已经成为第四轮工业革命撬动现代化纵深推进的主导逻辑。不同于通用“技术—经济”范式，旧思想重置衍生出的新思想通过组合反馈作用能够不断激发创新行为，经由递归化逐级触发效应，启动新技术突破周期性衰减、旧技术实现集成式焕活的并行过程，使其在多领域范畴内产生更为深刻、广泛的更新迭代。一国经济要迈向质量增进新轨道进而推动现代化纵深发展的关键，不再局限于传统、既定的产业链攀升追赶路径，而是要立足具体国情与发展阶段，抓住报酬递增的高质量经济活动以塑造“弯道超车”的竞争优势。

1. 突出数字经济在增长要素扩容优势培育中的极化价值

基于现代化的增长要素扩容优势培育，不仅意味着数据、信息等新要素的主动嵌入，更要求联动传统增长要素升级重组以释放倍增效应。通过引发“市场—技术—组织”的协同变革，可以打破颠覆性创新可能面临的“结构—行为—绩效”进入壁垒，为高质量经济活动的极化效应释放创造条件(许佳琪 等，2023)。不同于围绕资源要素禀赋开展成熟技术模仿并嵌入产业价值链低端的传统追赶思路，以数字经济为载体的颠覆性创新，除去前沿技术大规模渗透与已有技术交叉式应用共同催生出的颠覆性价值创造，还涉及组织方式根本性变革与整合能力进阶式提升之间的相互促进，特别是由此引发的颠覆性地位逆转。布局前瞻性的产业全域数字化、智能化，发挥数字经济对颠覆性技术的需求引致与应用赋能作用，能够实现战略性新兴产业培育与区域性增长极打造的高效联动，放大现代要素聚集高地的辐射带动与示范引领效应，开辟由自主创新驱动的引领型现代化强国新路径。

2.供给持续激发现代化增长要素扩容效能的牵引动力

在经济增长速度放缓、传统要素红利衰减与全球产业链回缩等多重变化的交互作用下，如何推动经济增长要素沿着数据化、全纳化、虚拟化应用与高效化配置的路线升级扩容，成为引爆并跑乃至领跑型技术重组前沿开拓的关键前提。而这离不开国家发挥“必需的通过点”的引领作用，通过供给适宜的战略政策持续促进“知识生产积累、恰当产业选择、国民财富增进”的良性迭代。一方面，双循环新发展格局的战略牵引能够高效连接增长要素扩容的双向通道。在超大规模市场吸引与强大供应能力支撑的良性耦合作用下，数字经济更容易嵌入、改造甚至诱发“供应链、产业链、价值链”网络化布局的重构过程，以“内需激活”的主动整合替代“外需依赖”的被动适应，放大数据信息、组织管理、虚拟链接等新型要素的“技术—经济”市场拉力，形成“社会—政治—生态”供给应用的正向牵引，进而规避要素失衡惯性造成的低水平分工陷阱与收入分配困境。另一方面，质量型增长新动力的政策牵引有利于加快推进增长要素扩容的模式重构。在数字化增长动能培育与高质量发展价值回归的交互牵引下，数字经济更容易吸纳并引致人工智能、大数据等先进生产力的持续迭代，放大虚拟要素在经济运行中的“疏通”作用，通过溢出效应带动全要素生产率提升，借助数据分析与信息共享增强供需匹配的精准程度，在间接减少生产过剩和资源浪费的同时提升资源配置效率，形成持续的质量型增长模式建构牵引。

11.1.2　技术创新内驱动力

不同于主流经济学试图将面向转型增长实践嵌套至普适性的解释框架，“域观”范式把社会发展、经济演化等复杂子系统纳入研究范畴，有效规避了线性思维下的“殊途同归”，基于时空发展、场域联动等异质性特征的客观反映，还原特定国家样本非线性发展的真实图景(金碚，2019)。经济体系作为孕育特定发展动力的系统载体，其现代化转型正是“域观”范式下非同质“域态”生成的重要体现。对于二十大提出的“2035年建成现代化经济体系”战略目标而言，就是要汇聚不同行业的技术创新内驱动力，将高质量发展逻辑贯穿于社会经济活动各个环节、各个层面与各个领域相互作用的有机体中。而这离不开技术创新引擎作用的发挥，特别是面向价值共创形成一体化自主创新优势培育的内驱动力。

1.强化数字经济在现代化经济体系建构中的引擎作用

传统经济体系向现代化经济体系跃迁作为一项系统性工程，在供需精准化对接面临矛盾性约束的现实条件下，"美好生活需要"对于产业体系的引致性重塑，不仅表现为工业向服务业演进伴生的结构性主导地位变化，更强调由价值共创主体驱动的技术创新将高效率模式植入产业内部的高级化过程。沿着这一逻辑，强化数字经济在现代化经济体系建构中的引擎作用，应该围绕高质量发展动力塑造的两大线索展开。一方面，在产业载体层面嵌入高效率模式。借助数字经济在原料采购、生产制造、终端销售等业务环节整合的技术创新应用支撑，促进产业内部的高级化、产业体系的现代化与产业融合的协同化，以解决发展过程中供需错位导致的不充分问题。另一方面，在时空演化层面提供全域扩散契机。发挥数字经济在市场开放、城乡联动、收入分配等组成体系升级的技术创新牵引拉力，强化价值理性的正牵引、秩序建构的协同性以及域态演进的强联动，纠正结构变迁过程中数据孤岛引发的发展失衡问题。

2.植入创新引领现代化经济体系建设推进的内驱动力

不同于高速增长阶段由要素投入驱动的传统经济体系运行方式，体现高质量取向的现代经济体系建构依赖于自主创新优势的塑造。从内容来看，除去实体经济向中高端价值链攀升，也涉及现代服务业"微笑曲线"扁平化趋势的制高点迈进，更囊括"三新"经济勃发、创新高地辐射与引领能力提升。由此衍生的机制设计与配套措施旨在协调市场与政府在科技创新中的作用，激活现代化经济体系建设纵深推进的内驱动力，以实现产业转型升级的均衡发展、经济循环调整的供需对接等结构优化任务(王跃生 等,2022)。数字经济作为高效连接实体经济、服务经济与贸易经济的创新试验田，直接推动科技创新范式变革。具体来说：一是依托数字经济发展战略的前瞻规划，经由国家主导的"培根模式"，形成由知识生成到科技应用"自上而下"逐级转化的理性建构路径；二是借助数字化转型主体意识的行为激励，打通企业策动的"斯密-熊彼特模式"，激活由分工秩序到组织制度"自下而上"全面引致的自发生成路径；三是通过非中心网络化的交易媒介开拓传统创新主体的数字化能动空间，开拓价值共创的"新熊彼特模式"，撬动由线性思维到多元协同"内外联动"复杂交互的系统演进路径。最终，在"政产学研用"一体化优势培育过程中，促进"研发端—生产端—用户端"全链条协同创新，实现基于价值共创的"新产品、新技术、新模式、新服务"反馈升级。

11.1.3　生态共享协同动力

由“工业化—全球化”双齿轮共同驱动的现代化实践呈现出极强的空间异质性，以发达经济体“新平庸”、中国经济“新常态”为代表的增速转换长期趋势，反映出“前沿主导—后发追赶”传统路径的演化瓶颈，即“禀赋优势衰减、技术扩散放缓、结构变迁引致”三者叠加催生出减速增长及其治理的全新命题。随着数据要素、数字技术被纳入经济增长框架，围绕数字化转型展开的“结构性重塑—全球化升级”将成为开拓新一轮增长周期的关键变量。

1.释放数字经济在现代化开放发展中的熵减开源效应

在更高水平开放条件下主动引入数字技术、服务合作等经济新变量，需要借助数字经济发挥熵减开源效应。从具体机制来看，负熵流注入与能量源挖掘能够不断打破既定“均衡”路径的惯性依赖。数字经济的嵌入可以增强数据资源密度，使不同类型的企业跨越时空约束提供更为精准的服务产品，同时借助数字孪生技术提升液化能力，进一步实现数据资源与物理媒介脱耦（decoupling），推动开放发展的局部熵减，以实现高水平跃迁的多样成分累积。从相互关系来看，数字经济构成“熵减—开源”良性互馈的重要载体，一个领域的创新终会影响到其他领域，产生新的创新反应，进一步丰富了多样性（Kauffman，1992）。通过“前沿技术渗透—应用场景开拓”的持续迭代，为供应链重组、智慧型海关与精准化营销等业务创造可能空间。“建立新的社会链接与认知模式来释放创造性与开发创新机会”，不仅有助于自组织持续创造新组织与新秩序，更能够通过以数字经济为媒介的网络化链接推动多业态联动式升级，进而增强产业发展韧性、提升城乡融合效能以及助力高水平开放，启动低级有序向高级有序转变的结构耗散过程。

2.汇聚协同推进现代化开放发展生态共享的支撑动力

遵循复杂经济学的演化逻辑，开放性是一个有机系统的基本属性（鲁特 等，2022）。全球化形成的庞大市场关联通过资源竞争激励创新行为，促使参与者构建专业化分工的适宜性生态位。受到市场失灵、利益冲突等因素的影响，市场扩张的边界约束会阻碍全球化红利的持续生成。因此，需要利用数字经济释放高水平开放发展的熵减开源效应，并且立足人类命运共同体建构，汇聚增进人类福祉的数字经济生态共享支撑动力体系。一是以市场资源配置为基础的高效率支撑。平衡打破创新要素流动壁垒与独立自主发展战略的动态关系，促进数据、资金、技术和人才等要素在内外两个市场的合理化、平衡化与高效化配置。二是以战略平台搭建为载体的强辐射支撑。发挥数字经济多平台集成在复杂生态系统网络中枢纽角色的整合能力，依托高水平开放战略提升“生产型、服务型、交易型、数字型”平台核心竞争力，形成高效治理、拓宽渠道、吸纳就业的强辐射。三是以基础设施完善为重点的硬联通支撑。围绕数字产线的“数据＋算力＋算法”全要素建设、现代物流“通道＋枢纽＋网络”全维度布局、支付手段“牌照＋技术＋场景”全生态升级、智慧通关“口岸＋系统＋环境”全节点覆盖，完善新型基础设施建设。四是以规则标准制定为关键的软对接支撑。以对接、加入高水平贸易协定为契机，推动制度型开放创新与高标准市场布局的全面对接，同时在“双边、多边、区域、跨区域”层次化开放合作实践中，促进数据流动、试点先行、规则制定、高效监管与争端应对等治理经验积累。五是以民生项目带动为核心的新交融支撑。聚焦共同现代化的发展愿景，立足资源要素、产业结构、细分市场的互补优势，发挥数字经济在教育培训、医疗服务、文化交流等民生项目中的便利化优势，让各国民众切实从可持续、包容性发展成果中获益。

11.2 激活优势培育新任务的赋能机制设计

数字经济赋能高质量发展的新优势培育，应该建立在已有转型增长成果之上，立足系统效率增进、生产关系重塑、质量增进聚力以及数字风险治理的新需要，通过识别阻滞任务推进的关键约束，面向优势培育的可持续性设计长效赋能机制。基于演化发展经济学的框架拓展如图 11－1 所示。

图 11－1　基于演化发展经济学的框架拓展

11.2.1 效率变革的增长动力机制

传统产业旧动力改造与数字经济新动力生成的并行推进，构成未来高质量发展新优势培育的关键内容，其前提在于激活要素更新过程及其协同演化关系的建立。

1. 更新优势培育的动力机制构成要素

在数字经济时代下，改造旧动力并非彻底摒弃经济增长的传统驱动及其主导要素，而是要立足传统要素禀赋比较优势衰减的现实约束，通过优化劳动力、资本与能源的投入结构，促进供需双侧同时形成高质量发展优势培育的新动力。具体来说：第一，从需求侧来看，利用数字经济发展契机，实现对“三驾马车”的全面改造，形成“消费暖、投资稳、外贸韧”的新拉动。以数字经济改善投资效率、优化出口结构，就是要在充分发挥其在引擎、倒逼作用下，推动科技进步设备载体的数字化改造与战略性新兴产业的定向化扶持。与此同时，发挥数字经济在消费空间拓展、消费动能培育与消费环境优化等方面的积极作用，通过生产效率提升、长尾效应释放、收入渠道拓展等方式，促进数字型、服务型成为消费结构转换的主要动力。第二，从供给侧来看，着重塑造创新引领“要素投入—连接媒介—产品产出”全过程升级的新动力。在理顺需求侧改革与结构性矛盾调整辩证关系的基础上，以可持续的高质量发展动力培育为目标，通过引入数字新型生产要素、建立虚拟网络链接以及扩大优质产品供给等方式，促进供给端全面升级，彻底扭转传统 GDP 虚高与质量低下并存的增长惯性。第三，从动力源来看，机制构成要素包括：新型体系化制度要素，旨在形成“价格引导、正向刺激、规模效应”的正向激励；新型网络化技术要素，旨在打造科技进步与自主创新的双重引擎；新型高级化结构要素，旨在推进面向数字化的工业化、城市化战略转型。

2. 建构优势培育的动力要素协同关系

系统效率变革依赖于动力要素重组过程中形成的新型协同关系，涉及“制度、技术、结构”的全方位互动。

一是“制度—技术”协同演化关系的构建。围绕制度生产力激活与技术经济范式拓展的良性互动，培育数字经济赋能高质量发展的效率优势。不同于传统生产要素的有形特征，制度生产力能够在产权界定、意识激活等方面发挥巨大作用，被视作技术经济范式拓展的内驱力量。因此，既要突出制度适宜性调整释放出的生产力效应，包括对于数字技术创新、选择与扩散的正向激励，面向落后技术复制、依赖与转移的负向约束；也要重视数字技术动力要素演化的制度反馈支持，通过产权明晰、交易拓展以及知识创造，诱致自下而上制度动力演化的可能性。

二是“技术—结构”协同演化关系的构建。积极运用数字技术动力要素演化产生的结构效应，包括生产转型的新部门创造、消费升级的新产品供给、分配优化的新岗位生成以及交换畅通的新媒介链接，立足“数字化、智能化、绿色化”的结构变动趋势，形成面向高质量发展的需求新拉力与供给新推力。与此同时，还要考虑结构要素演化在偏好干预与载体创造过程中面临的内外约束，例如逆全球化行为衍生出的不对等责任转移，抑或是既定利益格局变动面临的变革桎梏，从而最大限度规避数字技术要素演化形成的空间挤压与反向激励。

三是“制度—结构”协同演化关系的构建。破除制度动力要素演化的路径依赖，通过形成数字经济发展趋势不可抗性的认知共识，不仅要克服政策安排偏好与传统规则观念的内在约束，畅通多样性创新成分累积与全域式结构良性演化的良性互馈链条，而且要积极识别并化解结构动力要素演化伴生的新矛盾，借助“智能化、绿色化”的创新融合双向驱动，不断消解制度动力要素演化的路径依赖力量。

11.2.2 质量增进的层级激励机制

数字经济赋能高质量发展的优势培育目标之一，就是通过系统化的激励机制构建，形成“高位运行、优化结构、自主发展”的全方位引导，以“价值、持续”的认知重塑替代“总量、速度”至上的偏好固化，汇聚宏观、中观、微观三个层次的质量增进系统化合力。

1. 宏观运行优势培育着重强化五大理念牵引

宏观维度质量发展激励机制的构建，需要立足“新发展理念”导向，形成全面牵引，围绕条件约束、过程实现与环境支持，形成全方位质量优势培育氛围。具体来说，从激励对象来看，主要涉及国民经济总产出的各个关键变量，包括投入环节的数字生产要素高效应用、过程环节的数字管理运营手段应用，辅助环节的数字基础设施全面支持，产出环节的复合价值评估判断。基于内部系统与外部系统的协调演进，主要涉及“效率、结构、创新、稳定、持续、分享”六大维度的激励机制构建（任保平 等，2017）。从构成要素来看，数字经济赋能优势培育要符合“技术—经济”范式拓展的基本原则，关键在于形成以增长质量为核心内容，以发展质量为最终要义，同时涵盖公共服务、政策实施等质量发展激励机制，进而保障增长质量与发展质量在协调增进过程中形成全域式发展优势。从主要内容来看，主要包括围绕传统要素的稀缺性条件约束突破，聚焦“要素、产品、场域”的数字化运行过程的建立，突出多元效应释放的高效率生态环境支撑。从最终结果来看，将突破短期导向下“速度、质量”之间的相互替代困境，实现长期发展下“稳定、协调”两者的内在一致目标。

2. 中观结构优势培育着重突出中高端迈进导向

确保产业与城乡的结构转变实现双向互馈，构成中观维度质量发展激励机制构建的关键内容。一方面，形成面向产业结构高级化转型的质量发展激励机制。针对数字化驱动高级化的深化与联动双向过程，既要聚焦产业内部发展演进，特别是自发式数字技术的扩散式应用以及自主型创新动力的规律性成长，增强传统产业数字化转型的可持续性，提升中高端产业国际化发展的竞争能力；也要注重协调关系建构，特别是促进数字经济在农业、工业与服务业之间形成的协同升级关系，促使在产业融合发展过程中实现结构升级与价值链攀升。另一方面，强化城乡结构转型的质量发展激励机制。遵循“适度规模、合理速度、可持续发展”的一致性要求，城乡结构的良性转变，依赖于城镇化“既有质量提高—发展质量增进”的激励机制构建，应该围绕数字化治理驱动人、地城镇化过程同步推进实施，同时面向创新能力培育的数字化城市群协同发展关系构建展开，而这离不开“数字空间治理、数字产业培育、数字市场开发”的赋能战略布局。

3. 微观主体优势培育着重激活自主创新意识

推动产学研深度融合，挖掘人力资本积累潜力，破除商业模式升级阻力，共同构成微观维度质量优势培育激励的关键内容。具体来说：一是探索多主体参与的协同机制构建，有效激励劳动力质量提升。明晰企业运营的岗位画像及行业发展的现实需求，释放人力资本积累对消费结构高端化升级和数字智能劳动力供给的倒逼效应，与此同时，通过产学研融合模式的创新探索促进人力资本积累潜能开发，经由资源优化配置形成先进管理经验、新型生产要素的“蒲公英”效应，支撑技术创新扩散式演进与经济结构高级化转型。二是借助多层级覆盖的协同机制构建，有效促进商业运营质量提升。立足“发展战略转换、管理方式优化、网络生态建立”的商业运营全过程管理，确保自主创新成为企业发展战略中的优先选择（任保平 等，2016）。同时引入数字化手段提高企业的核心竞争能力，重构“知识生产—技术扩散—价值攀升”与异质市场需求适应的良性互动关系，以提升企业自主创新的意愿与能力。三是立足多环节联通的协同机制构建，有效推动综合服务质量提升。数字化、智能化、精准化的服务生态环境优化，已经成为破除商业模式升级现实制约的重点内容。它需要通过资源整合、关系重塑与系统规划的系统实践，增强信息化、精细化、集约化手段在全产业链管理中的应用程度，提升微观企业主体的综合服务能力，促使投资、生产、经营、流通等环节的服务效能提升，从而为市场提供更具质量优势的供给。

11.2.3　关系重塑的容错纠偏机制

创新力量的激发与汇集，构成数字经济赋能效应发挥的关键前提，关乎实现数量增长向质量增进轨道的平稳跃迁，涉及价值维度重塑、动力体系转换等诸多内容，具有极强的创造性与不确定性，需要重塑容纳并促进数字生产力生成的新型生产关系，例如，针对数据权力再分配的生产组织形态创新，面向信任体系建立的先进治理能力提升，汇聚智慧人口红利的合法身份权责对等，上述内容均离不开容错纠偏机制设计。以“学习—试错—调整”为核心的正向反馈循环，能够在尊重数字化运行主体异质性的同时，有效连接上述三个环节，降低发展新优势培育过程中的不确定演化风险与结构性失衡代价。因此，数字经济赋能高质量发展的关键，在于改变以传统工业化驱动经济转型增长的狭隘认知，借助数字经济形态发展壮大的变革契机，建立“先进生产关系—发展新优势”的良性互馈互动关系，从而步入运行高效、动力强劲且更具核心竞争力的高维轨道。

1. 符合中国特色社会主义道路的发展方向

一方面，改革构成发展持续推进的动力源泉。新时代下以全面发展为导向的新优势培育,有赖于改革创新的不断推进。容错纠偏机制的构建,绝非"任性拍板"与"肆意变通",而是要在坚持马克思主义根本立场、立足具体国情实际的前提下,将法治准绳、发展自信、道路坚守,作为"容"与"纠"的判断界限,以新优势培育的风险控制、代价降低和稳定维护为基点,激发能够体现中国特色社会主义优越性的制度创新、技术创新与结构创新。例如在劳动力数字化、智慧化转型的大趋势下,应该承认财富创造者的主体地位,坚持按劳分配的主导形式,同时积极推动劳动价值论创新发展,特别是在要素高效配置、生产组织方式等方面的体制机制支撑。另一方面,创新势必存在失败的风险。围绕数字经济与实体经济的深度融合,前沿技术颠覆性突破与产学研应用全场景创新的良性迭代关系建立,需要企业投入大量资金、技术以开展分散性、自发性的落地实践。与此同时,针对新优势培育的数字产权与竞争监管均存在界定的灰色地带,特别在对接国际经贸规则的过程中,中小企业家极易受到不公正对待进而消磨创新探索精神,亟须建立并完善涵盖金融支持、政策补贴与试点引领等方面的激励机制体系,降低新优势培育主体的试错成本。

2. 凝聚"中央—地方"改革创新的实践合力

一方面,发挥新型举国体制优势培育的"顶层设计"引领力量。一是在整体设计上,突出立足全局、把握方向、强调共性、体现原则的内在属性,在方案修正、分层对接、政策实施等环节实施个性化设置,为地方具体实践留出较为宽松的试错、反馈、调整环境。二是在具体关系上,处理好"顶层设计"发展战略部署与"摸着石头过河"行业特色发展,自上而下释放出"解放思想、勇于创新、允许失败"的良性信号。三是在最终目标上,最大限度调动"中央—地方"改革主体的主观能动性、实践积极性及创新创造力,重构顶层设计与地方探索的良性互动关系。另一方面,鼓励地方改革主体在差别化优势培育探索实践中的创新积极性,并且总结可供"顶层设计"借鉴的改革经验。一是在实际约束上,考虑地方经济在发展阶段定位、主要矛盾转化与现存利益格局等方面的现实差异,设计以"创新容错、难题突破、实践检验"为导向的容错纠偏机制。二是在判断标准上,突出优势培育的可持续性,积极探索数字政府的共建共享,有利于提高优势培育的决策科学性、治理精准性以及运行稳定性。三是在互动反馈上,既要保障"顶层设计"的优势培育改革方案,能够切实落地生根,也要有利于在地方实践探索过程中形成二次创新与经验反馈。

11.2.4　风险治理的社会保护机制

从世界范围来看,多重"发展陷阱"的识别与跨越,构成各国经济长期转型增长面临的共性难题。钱运春(2012)将其归因为社会保护机制构建过程的"时滞"效应及其负面结果极易诱发的复杂系统性风险,其容易造成转型增长过程中的发展陷阱。这主要包括:针对传统向现代的社会过渡性转型,立足财富增长与发展实现的双重目标,探索价值判断的主要依据;针对准备向起飞的规模扩张性转型,面向新型需求建构与主导作用激发的双重目标，探索加速动力的培育路径；针对落后向高级的结构调整性转型，围绕福利增进与效率保障双重目标，探索平衡共赢的实践策略。因此，数字经济赋能高质量发展的优势培育，需要考虑数字风险治理的现实约束，设计有效应对复杂转型任务的社会保护机制。

1. 建立完善数字经济治理体系

改革开放以来，中国经济迎来飞速扩张的发展态势，基于地方竞争的增长激励成为关键的动力源，由此产生的"唯 GDP"发展模式，不仅对公共服务均等化形成无意识挤压，也极大阻碍了社会保护机制的有效运转。随着数字经济时代的到来，科林格里奇困境不断被提及。面向价值理念与规制体制的二元评价标准，不仅无法降低复杂风险、压缩纠偏成本，甚至有可能错失前沿技术创新伴生的"赶超机会窗口"，如何高效治理、科学管控现代化的前沿技术，已经成为国家推动高质量发展过程中不容回避的紧迫问题，这就需要形成完善的数字经济治理体系。面向高质量发展的社会保护机制构建，首先要回到"中央—地方"的层级分工逻辑起点。具体来说，突出中央政府的统筹规划优势，特别是在基本保障兜底、代际公平考量与优先序列确立等方面，既要引导地方保护机制构建符合数字经济健康、可持续发展的基本导向，又要借助社会保护政策的补缺、完善契机，形成对地方数字经济赋能效应发挥的有效激励。其中，带动产业结构优化方面，注重融合创新的协同推进，防范传统成分转型升级内生动力衰减；激励创新能力提升方面，注意伦理道德的约束形成，防范创新失败与意外后果的长期影响；驱动增长方式转变方面，注意动态调整机制的全面引入，防范先激励后治理引发的粗放扩张路径依赖。

2. 主动消解数字鸿沟的致贫风险

针对数字经济发展引发的就业结构变化、收入水平分化，设置弥合数字鸿沟、覆盖特殊群体的社会保护网络。从脱贫攻坚到乡村振兴，再由全面小康迈向共同富裕，中国经济转型增长的重要成就具有极强的时代内涵性。因此，考虑到二元经济结构和多重增长机制并存的特殊性，新时代面向新优势培育的社会保护机制构建应该具备双向功能。具体来说，一方面，主动应对全球数字化进程伴生的鸿沟分化。由显性绝对贫困帮扶任务的全面实现，拓展至潜在相对贫困的延伸范畴，扭转传统减贫思路过度依赖"涓滴效应"的低效、被动状态，通过资源优势整合，探索数字手段应用与扶贫模式创新，推动数字鸿沟消解沿着农村落后地区与欠发达国家同时辐射开来。另一方面，遵循"精准、长效、包容"原则实施数字贫困治理。刘欢(2017)认为预防"精英捕获"和体现"靶向思维"，也是精准扶贫的应有之义。通过新型基础设施建设推动数字素养提升，有利于发挥数字经济赋能的红利生成与减贫效应。采用源头治理的方式有助于弥合城乡、区域、群体之间的数字鸿沟，形成面向相对贫困治理的长效机制。在具体手段上，以数字收入再分配优化、数字发展区域逆向补偿、数字劳动力政策滞后等现实问题为导向，建立灵活、分层的社会保护网络，有效降低、分化数字时代经济转型增长的社会风险。

11.3 面向优势培育新场景的赋能路径建构

无论是按照“条件准备、起飞实现、走向成熟、大众高消费与追求生活质量”的任务逻辑递进，还是依据工业化推进过程中产业结构动态变迁的演进标准划分，抑或“收入水平—陷阱跨越”层级转变的显性结果识别，中国经济均已由阶梯式的量变积累迈入质量型飞跃的全面冲刺。基于“高质量域态探索、升级版四化同步、数字化消费升级、高水平对外开放”新场景的重大现实需求，既是全人类现代化自主性、前瞻性、创造性探索的共同愿景，也是数字经济赋能路径特色化建构的内在驱动。基于演化发展经济学的框架拓展如图 11－2 所示。

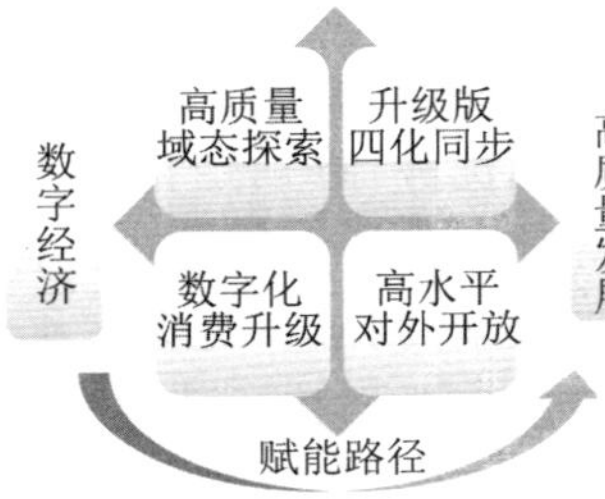

图 11－2 基于演化发展经济学的框架拓展

11.3.1 高质量域态探索场景的赋能路径

作为线性化思维与趋同性认知的双重超越，中国式现代化并未按照由落后到发达的西方“标准型式”推进，而是基于系统演化视角不断识别转型增长中的关键场景，积极培育并放大先进生产力的赋能效应，并行推动发展状态跃迁的“组织、范式、关系”特色实践。因此，面向高质量域态探索场景数字经济赋能路径建构，应以前沿技术创新成果的转化应用为契机，立足经济绩效、政治影响、自然环境与社会发展子系统目标的协调耦合，将体现多元化最优效应的高质量发展价值内核植入数字化驱动的域态探索场景。

首先，利用数字经济的技术驱动机制激活高质量域态探索的自我组织能力。在前沿技术加持下，基于物理连接与空间延伸的可贸易性趋势不断增强，应该充分利用数字经济作为生产转型与服务提供的技术驱动机制，发挥其带动高质量域态探索的牵引功能，形成面向产业发展演进与空间布局优化的重构拉力。在规避工具理性盲目扩张、引导价值理性回归的同时，识别域态探索过程中“未被满足的需求”，主动触发“技术融合跃迁、商业组织模式、社会公共服务、绿色合规发展”维度的颠覆性创新，全面激活以质量提升为中心的自组织能力。

其次，借助数字经济的文化价值载体促进高质量域态探索的特色范式生成。网络应用迭代、数字内容生产等创新手段不断涌现，数字经济成为价值文化载体成长的天然适配场所。应发挥其在回归发展价值本真与探索多元文化聚合中的积极作用，立足共同富裕发展观引领的“产业生态—商贸流通”高质量联动实践，形成符合个体、地方、国家文化特征的融合性、创造性探索经验，使数字经济成为非物质遗产出海、传统优秀文化勃兴乃至中国品牌形象打造的有效抓手，真正夯实高质量发展的特色生成根基。

最后，依托数字经济的制度形态支撑推动高质量域态探索的竞合关系重构。立足超大市场规模潜力开发与全球资源内外协同集成两大任务，充分利用双循环新发展格局下全国统一大市场建设与高水平对外开放相互促进的制度支撑。把握数字经济技术演化快速迭代可能释放的赶超“机会窗口”，抢占全球化资源跨境式配置与产业价值链攀升的制高点，发挥数字经济孵化器驱动产业转型的延链、补链、强链契机，帮助更多新兴产品实现赶超、带动更广，以小切口带动产业链、供应链的价值攀升，在信息化技术迭代引领、多元产业现代化转型升级与新型城镇化高质量发展等多元良性互馈关系建构中，推动域态探索向更高水平跃迁。

11.3.2　升级版四化同步场景的赋能路径

内嵌于中国式现代化进程中的“四化协同”具有系统演化的动态特征，同时也是既定国情下中国经济长期转型增长解决的关键问题。从工业化反哺农业、牵引城镇的初步链接，拓展至信息化推动新型工业化、农业现代化与新型城镇化的连锁反应，独特的并联路径生发自内外双重涨落冲击的共同作用，即内源性的互馈关系建立与外源性的前沿技术吸纳。随着信息化向数字化、智能化迭代释放出新的发展契机，四化同步全面升级的外向型牵引动力得以汇聚。因此，新时代数字经济的赋能效应将围绕“四化同步”纵深推进涌现出的紧迫需求场景展开，充分利用并联推动“四化同步”的基础优势，启动转型升级过程并持续供给牵引动力，通过外源冲击赋能内源冲击进而实现全域式赋能。

企业组织、产业集群与系统环境共同构成多领域现代化生产力培育的关键载体，如何实现创新能力的全面提升已经成为四化同步向更高水平跃迁的紧迫问题，不仅关乎带动地方经济社会全面发展的系统性乘数效应激发，更影响着后发地区识别并抢抓“弯道超车”的数字化“机会窗口”。数字经济的赋能作用应该贯穿于转型升级的“主体激励—载体布局—环境支撑”全过程，具体包括：

第一，针对“成本—收益”的转型升级意愿约束难点，激活数字经济赋能企业生产、流通、管理等环节组织创新的内在动力。借助“小轻快准”的供给侧结构性改革措施，发挥先进企业高效链接国外消费者的示范效应，面向更广范围提升数字经济嵌入企业组织框架的程度，彻底焕活信息化迭代引领效能发挥、农业现代化短板补齐、新型工业化数字升级与新型城镇化高质量发展的微观动力。

第二，针对"范围—程度"的转型升级效率约束困境，打造数字经济赋能产业集群创新的融合载体。随着创新发展试验区的城市梯队相继建立，"淘宝村"的乡村出海口不断涌现，东南沿海地区依旧发挥着扩散、带富的"头雁效应"。亟须在后发地区启动产业集群的空间整合与数字协同并行过程，发挥跨境电商平台的流量打造与整合引擎作用，高效促进融合创新。

第三，针对"运行—治理"的转型升级环境约束短板，提升数字经济赋能生态系统创新的辐射效应。从数字经济在"四化协同"中的作用发挥来看，已经由特色产品的价值增值与出海实践，拓展至产业链状的空间集聚与生态优化。因此，应该充分发挥数字经济在虚拟网络联结与多元资源整合的引擎决策，将企业、消费者、政府、高校、科研院所等主体纳入价值共创共享共建体系，促使四化协同的互馈能力与融合创新能力不断增强。

11.3.3 数字化消费升级场景的赋能路径

不同于工业化初期消费刺激侵蚀资本积累的理论认知，进入后工业化与服务全球化共同主导的现代化纵深推进阶段，物质投资效率衰减与人的发展需求激增两大特征并行出现(史琳琰，2023)。"大规模"转向"质量型"消费升级路径的主动建构，将促进人力资本积累的空间溢出效应释放，成为新型增长点培育并带动收入陷阱跨越的关键环节。技术在贸易领域引起的"创造性破坏"，具有效率优势发挥与功能风险生成并存的"双刃剑"属性，平台核心物种直接促进跨境电商生态系统的创新输出与鸿沟弥合，表现为以知识产权为媒介的"看经济""听经济"等多样化形态被纳入营销矩阵，从而弱化教育背景、地域隶属乃至收入差距等要素在数字贸易促进消费升级过程中的绝对影响。但是，建立在高弹性契约与低准入门槛之上的注意力公平契机，难以自行消除由数字算法底层逻辑引发的资源集聚趋势(杨虎涛，2022)。在强化基于流量变现的利益格局演化逻辑同时，间接诱发消费欺诈、行业内卷与内容失范等现象。面向中国式现代化数字化消费新场景的数字经济赋能路径，应围绕人口发展规律与普惠发展导向两大线索展开。

立足人口结构转变趋势，畅通消费升级的内外联动赋能路径。随着人口负增长时代的临近，少子化与老龄化衍生出的多样化、个性化、品质型消费需求明显增强。2022 年，跨境电商进出口规模达到 2.11 万亿元，进口方面，美妆、医疗保健、母婴等高品质消费占到 90%以上，类别扩展、市场下沉与渠道创新特征明显；出口方面，贸易伙伴更多元，"外贸基础好、品牌意识强、聚集程度高"的业态头部效应不断显现。因此，既要借助细分市场识别、应用场景开拓与配套服务完善，以推动数字经济赋能进口需求的精准对接为目标，促进消费内容多样化、消费方式数字化与消费环境便利化，激活数字经济创新发展试验区引领高质量消费与人力资本积累互馈关系建构的内源赋能路径；又要依托全景化供应链体系升级、品牌化运营模式建立与生态化创新能力培育，以强化数字经济赋能出口供给的倒逼升级为契机，促进产品质量增进、业务环节更新与多链深度融合，打通海外高端消费外回流带动国内质量型消费结构升级的外源赋能路径。

推动平台组织共建共治，建立普惠发展的多元共享赋能路径。一方面，立足多元主体协作，明确合规化运营监管体系的基准赋能路径。将业务运营主体、内容创作主体、产业监管主体与社会组织主体纳入多元共治体系中，在"有为政府引导、有效市场作用"协同联动的顶层框架下，发挥"企业自治自律、用户监督共创、机构协调影响"的并行赋能作用。另一方面，强化分类试点引领，探索多功能价值共创共享的协同赋能路径。以人机交互体验、出海品牌打造、传统产业焕活与数字乡村建设等消费场景创新为抓手，引导数字经济适时切换企业运行、中心媒介与公共服务的角色功能，将长期价值创造与整体发展观念嵌入"技术—经济"范式，在"生产向善—商机挖掘"的持续联动中放大超越涓滴阻滞的共创共享效应。

11.3.4　高水平对外开放场景的赋能路径

高水平对外开放要顺应全球化的发展新趋势，体现共同现代化的内在要求。数字经济时代下全球范围内商业秩序、经贸关系与产业生态的全面重构，不仅依赖于国家间共同推动传统贸易转型升级的协定达成、规则对接与标准对接，更需要在安全可控的前提下增强全球数据资源配置能力，形成符合高质量共建共享共治原则的数字经济发展特色、可推广的经验。

在全球化非平衡齿轮推动下，数字经济成为各国抢占产业与贸易制高点的核心赛道，能否摆脱野蛮生长的低效困境、顺利开启精耕细作的生态创新，关键在于现代化开放治理能力的全面提升。具体来说，在数据安全维度，立足数字经济赋能高质量发展的治理需求，结合数据生命周期的各阶段特征，围绕全产业链条的数据收集、流出、使用、传输等关键环节，将法域共通、安全评估、科学监管、信息保护纳入开放治理体系，实现数据高效生成、有序跨境流通与企业守法、合规持续发展的协调统一。在规则对接维度，利用全球经贸合作组织的红利集成效应，充分挖掘数字经济合作对话机制潜力，主动对接《全面与进步跨太平洋伙伴关系协定》《数字经济伙伴关系协定》高标准经贸规则，引导数字化转型企业充分利用自贸协定，形成生产、物流、通关的示范效应，汇聚国际接轨的信心、能力与优势。在标准建立维度，通过"搭平台、建网络"多力齐发，推动全方位、多层级、系统化的开放合作手段创新，发挥中国"一带一路"倡议在上海合作组织成员国发展中的引领作用，以共同现代化利益实现为基本框架，推动高标准自由贸易区网络建设不断拓维。在经验共享维度，立足培育、壮大数字经济发展的现实需求，以完善配套业务、优化营商环境、创新合作手段与培养专业人才等全方位实践为基础,通过带动品牌出海、标准引领乃至价值链攀升,助推数字经济背景下中国式现代化的高水平开放推进,为后发国家提供“学理规律发现—实践路径创新—成果红利共享”的高质量发展系统化经验支持。

11.4 体现优势培育新导向的赋能施策取向

11.4.1 遵循转型增长逻辑的施策取向

从世界范畴来看,三次重大转型增长构成中国经济发展演进的重要组成部分,在顺次开启社会过渡性转型、规模扩张性转型之后,迎来由数字经济驱动的跨越式“质变”追赶新阶段,承载着既有逻辑的继承与开新任务。因此,施策取向应该嵌套于多重转型增长过程向高质量发展新取向并轨的系统化大框架,同时遵循追赶式发展的规律指向。

1. 遵循社会过渡性转型逻辑的施策取向

一方面,发挥数字经济作为启动传统改造的先导力量,增强社会过渡性转型的包容、发展指引,主动规避破坏效应与成本代价。数字技术借助供给优化能够提供质量增进的可行性,而围绕生活、生产、消费等全过程的观念变革,才是促进全域式“技术—经济”范式升级的关键变量,需要建立工具理性与价值理性相互融通的“诉求回应”机制,推进数字经济赋能理念的更新、重塑。即加速突破由功利主义驱动的狭隘增长认知,主动植入“创新、协调、绿色、开放、共享”的新发展理念,基于广义发展视域建立社会过渡性转型的良性牵引,形成促进新优势培育符合高质量发展的价值判断。

另一方面,明晰数字经济作为优势培育的核心变量,增强社会过渡性转型的现代、智慧特征,积极创造赶超条件与协同关系。新一轮全球科技革命浪潮释放出的跃迁式“机会窗口”具有特殊性,指向能够在“生产、消费、流通、分配”全过程建立协同互馈关系的高质量经济活动,同时具备时间竞争赶超与空间格局再造的双重效应。因此,数字经济赋能高质量发展的优势培育,关乎制高点的争夺与国际竞争力的提升,需要同时推进“改造传统、激励新兴、融合创新”的并行策略。第一,明确“可持续、智能化、协调性”升级方向,联动推进新型工业化、农业现代化以及人的城镇化道路转型升级。第二,以智慧特征主动创生为契机,消解工业化、城镇化“快速扩张”伴生的结构性矛盾,促进劳动力质量提升、产能效率增进与二元结构转化。第三,以数字经济为链接,推动制造业服务化与服务业制造化的融合创新,形成传统农业转型升级与“制造、服务”双重引擎打造的新局面。

2. 遵循规模扩展型转型逻辑的施策取向

新常态阶段出现的经济增长速度降级换挡，有效撬动了既有规模扩张性转型的全面性反思总结，需要立足数字经济赋能高质量发展的新优势培育，赋予规模扩张性转型质量增进的新逻辑、新内涵与新动力。

从逻辑继承来看，需要承认发展阶段的必然性。特别是其在工业化基础创造、经济起飞加速等环节的积极价值，有助于数字经济在特定产业形成前后双向关联以及产业融合释放横向连接效应，为高质量赋能创造可能条件。从内涵拓展来看，需要识别动力体系衰减的趋势性态势。融入效率增进、协调稳定、创新引领、生态友好、成果共享等维度的价值判断，立足数字经济赋能全过程，围绕条件识别、模式选择、过程实现以及绩效反馈等环节，撬动面向高质量发展的转型增长新共识。从动力体系来看，明晰转换启动的根本遵循。针对"低价工业化"的总量失衡式扩张动力体系，启动以全域式数字转型推进的动力转换过程，以需求结构的协调化、高级化为基点，放大基于质量增进、良性发展要义的动力重塑倒逼效应，有效扭转传统动力转换滞后、新型动力成长迅速的发展现状。

3. 遵循结构调整性转型逻辑的施策取向

中国特色社会主义市场经济建设取得巨大成果，通过启动规模扩张式追赶转型增长过程，创造出"经济快速发展和社会长期稳定"的双重奇迹。但是受到传统"高投入、高消耗、高污染"发展模式的影响，路径依赖的低效困境并未完全消除，系统演进过程难以持续内生出结构性矛盾的消解力量。因此，需要充分利用数字经济赋能契机，基于已经形成的成果与优势之上，探索更为精益、集约的路径，而这需要改变依赖初级生产要素成本比较优势的传统思维，聚焦以数据信息、现代通信等较高门槛且需要持续投资的高级生产要素培育，将综合竞争优势提升置于数字经济赋能高质量发展的核心位置。

推动高质量发展与解决结构性问题作为同一过程，两者互为依存、彼此影响(郭克莎，2016)。基于此，数字经济赋能效应的发挥也应该遵循结构性转型的基本逻辑。第一，以数字经济驱动供给模式升级，摒弃"短期规模导向—要素比较优势—技术模仿移植"的传统依赖路径，推动"长期质量激励—综合竞争优势—科技自主创新"的突破路径建立。第二，回应全体人民美好生活向往的需求牵引，以数字经济带动需求模式升级，发挥"新型消费主导—投资效率改进—出口价值攀升"的支撑协调作用，形成产品、服务与环境的高质量供给。第三，秉持系统发展与动态演进相结合的施策视角，将结构演进旧矛盾消解与数字经济新形态创立纳入并行推动的大框架，发挥先进动能创生、培育、壮大的引领作用，挖掘传统落后动能改造、替代与淘汰的潜能空间。

11.4.2 面向供需改革深化的施策取向

新一轮的加速动力形成构成数字经济赋能高质量发展的新特征之一，依赖于既有供给、需求模式的全面升级，通过重建数字增长轨道来适应社会发展新阶段的高质、高效需求。因此，宏观经济政策导向，既涉及供给侧技术进步框架的良性跃迁、要素结构的调整优化与产业结构的全面升级，也涵盖需求侧消费、投资、出口需求变化之间的协调关系构建。

1. 以供给侧改革为主线的施策取向

坚持供给侧改革的主线逻辑，促进新质生产力生成、壮大，通过推动供给模式升级，促进数字经济赋能高质量发展的新优势培育，施策取向包括以下几方面。

第一，畅通数字技术前沿创新成果向新质生产力全面转化的关键环节。纠正浅约束、低成本的粗放式传统生产要素供给惯性，通过激发知识、信息、智能等新兴部门的创生与成长，放大新要素投入在生产过程升级中的作用，通过溢出效应、成本内化来塑造新质生产力的发展优势，增强动态适应、自我扩张与主导筛选等功能发挥的内生力量。

第二，促进通用技术绩效增进与自主创新供给模式形成的互馈关系建立。具体来说，打通横向合作、纵向应用以及生态支持的关键环节，提升数字经济新型通用技术的创新概率；借助组织创新、项目牵引、资源流动的重组契机，肃清、改造与迭代传统高耗能、低效率的传统通用技术；围绕自主创新供给模式生成，营造优势认知更新、人力资本投入、研发体系建设与法律法规支撑的外部环境。

第三，积极推动高质量对内改革与高水平对外开放的联动实践创新。加大政府在新优势培育中的政策和支持，围绕数字政府、数字产业等关键要素，积极推进制度体系建设、破除垄断格局以及债务负担消解，推进以数字经济合作共赢、数字贸易“优进优出”为导向的新型开放经济，激活竞争优势创造的内源、外源动力，启动以自主创新战略引领的价值链攀升过程。

2. 以需求侧升级为支撑的施策取向

除却破除供给侧结构性难题之外，汇聚数字经济赋能高质量发展的新优势，还依赖于需求模式升级的良性牵引，施策取向包括以下几点。

一方面，发挥需求政策的刺激作用，激励数字经济高效驱动消费需求结构升级与投资方式转变。第一，新时代的消费需求约束已经发生根本性转变。较多元化的人民需求而言，具有“生存型、传统式”的有形物质产品不再面临绝对短缺的硬约束，“发展型、新奇式”精神服务产品的相对短缺成为主要矛盾。第二，碎片化、粗放式、外向型的传统投资需求惯性亟须逆转。只有建立面向新动能培育的高效率投资，特别是发展前景广阔且具有较低“资本—产出”比例特征的数字经济行业，充分发挥数字化转型在畅通信息与结构优化的积极作用，才能够彻底突破效率衰减与驱动不足的双重发展瓶颈。第三，受到数字经济加持，以“四新经济”为代表的新型经济形态不断涌现。新型经济形态作为“转方式、调结构、去产能”的关键力量，能够为微观主体提供精准决策的新契机，通过建立“效用体验—认知更新—选择修正”过程，反复激发数字经济消费与投资的内生动力。第四，发挥制度改革的协同效应以提高转化的可行性。一是优化收入分配格局，将中产阶层、中小企业等作为主导力量，联动培育面向数字经济的投资新主体与消费需求新拉力；二是立足政府治理数字化转型的新趋势，通过推动数字政务建设、数字要素市场培育与数字消费规范形成发挥示范、引领作用。

另一方面，建立需求改革的内外联动，促进数字经济精准驱动贸易发展模式转型升级。第一，加快数字技术在贸易领域“供给—需求”双端的渗透与应用，通过多元化政策引导与高水平标准对接，形成对市场竞争能力和质量价值实现双提升的倒逼效应，放大“技术—经济”可能引致的绿色贸易、新兴职业与教育改革新趋势，助力实现全域式高质量发展新优势。第二，围绕产业链供应链建立系统化的数字生态服务体系，通过优化营商环境、破除市场分割等方式畅通内外流通渠道，引导企业积极、科学利用国内大市场规模优势，真正参与到高水平开放平台的共商共建共享中去。第三，全方位降低国际贸易的传统成本，充分释放贸易主体的生产和消费潜能。锚定双循环新格局下的价值链攀升要务，在“引进来”与“走出去”的高效联动中，发挥数字技术的降本提效优势，重建竞争优势、创新引领、质量优先的发展意识，提高产品与服务的科技含量、产品附加值。

11.4.3　突出系统适宜整合的施策取向

经济增长转型依赖于特定的信息生产体系支撑，无论是简单指令性还是复杂集成化的封装方式，都是为了消除生产过程的不可控性(杨虎涛，2022)。经由数字经济加持，以数据形成的连接单元，承载着巨量的信息生产功能，能够更加有效增强“生产、消费、分配、流通”全环节的可控性，有助于建立高效的信息交互共享模式，不断引致组织创新与产品创新的良性迭代。从而将全域式的经济转型增长过程牵引至开放状态，致使“共识形成—经验反馈”再到“共识更新—经验修正”的动态适宜调整跨越封闭范畴，在继承与修正传统路径的过程中，获得更多的扩容、创新可能。从信息源泉来看，胡尹燕和周密(2011)通过观察制度演进观念、理论的创新，认为全球化带来的转型实践新契机，将成为撬动认知“解锁”的关键点。因此，数字经济赋能高质量发展新优势培育的关键任务之一，就是畅通以数据为基本单元的连接渠道，为产品、产业的转型升级创造源源不断的内生动力，需要建立以高水平开放发展与学习型社会建设为基点，以数字化网络媒介连结“经验材料获取—竞争优势创造”的内外渠道，进而保证策略实施的优化、发展属性。

1. 建立高水平开放的安全社会

随着数字经济新动能的不断汇集，世界范围内由发达国家引领的逆全球化态势为后发国家带来巨大挑战，显化为“资本逐利”动机与零和博弈思维。以前沿科技制高点争夺为目的的“控制权竞赛”现象与“技术性封锁”事件不断涌现。因此，在高水平开放新格局下，充分发挥内外联动的结构优化效应同时，还需将安全理念贯彻到数字经济赋能高质量发展实践中，延续“两个奇迹”发展优势。

一方面，以竞争合作关系的优化重构为契机，开辟高质量发展优势培育的数字赋能新源泉。第一，释放竞争优势塑造的熵减开源新效应。积极引入、科学利用与主动应对国际化市场外部竞争机制，倒逼出国内数字经济壮大与赋能效应提升，对解决“卡脖子”难题形成全力、精准支持，促进高质量发展范围拓展与绩效改进。第二，打造共同现代化的深度合作新引擎。依托“一带一路”倡议的持续推进以及区域全面经济伙伴关系红利的不断释放，打造以数字贸易、直播电商等高质量发展优势培育的新引擎。第三，塑造独立自主安全的稳定发展新环境，立足人类命运共同体建构的数字治理需求，主动平衡全球治理框架重塑过程中极化力量，为经济高质量发展创造独立自主、协调共赢、安全高效的外部环境。

另一方面，以数字经济发展的连接重构为契机，探索做大做优做强的优势培育新经验。尽管世界经济“新平庸”与中国经济“新常态”存在本质区别，但是均面临结构性困境的化解压力。新一轮全球改革竞赛的开启，涉及高质量经济活动的识别、特定类产业载体的培育以及关键性发展战略的选择。一是要抢抓价值链重塑契机，针对数字经济发展的广阔前景，制定高质量经济活动的评价标准与筛选依据，形成更加科学的优势培育经验。二是要聚焦数字技术智能化发展的新趋势，通过前沿技术转移应用与颠覆性技术创新的双向路径，同时推动制造业与服务业的效率模式重塑。三是要立足先进制造业和现代服务业深度融合趋势，打造以数字经济为支撑的新型网络链接生态，驱动高质量发展新引擎的红利生成。

2. 建立数字化驱动的学习型社会

数字经济赋能高质量发展的优势培育，具有长期性、复杂性与系统性，需要建立取向明确、过程完备的学习型社会予以支撑。

一是形成符合数字化趋势的学习指向。针对数字经济发展，例如安全隐私、规则对接与歧视性应对等关键内容，激发自主学习、对标规则与参与治理的主动意识。针对数字生态建设，探索“资金链、技术链、人才链、数据链、供应链”融合创新的实践经验。针对数字风险治理，形成动态监管评价、精准战略判断与多元主体参与的治理管控体系。

二是建立突破认知依赖的学习过程。斯蒂格利茨和格林沃尔德(2017)的研究发现，学习型社会的建立，有助于在加速既有观念系统失调的同时，改变社会态度，突破思维定式，促进社会的数字化转型。对于数字经济赋能高质量发展的新优势培育而言，需要借助学习过程来建立精准施策的经验支持，除去国情认知更新、核心矛盾识别的硬约束之外，还要关注利益冲突化解、创新意识形成的软能力提升。

三是强化面向结构优化的学习效果。将学习型社会拓宽至高级化结构创建层面，营造有利于创新与分享的社会氛围。围绕数字经济发展，新一轮制度学习途径与技术进步空间已经开启，应该积极畅通经验教训反馈、认知更新渠道，在世界范围内数字经济引领结构性改革的实践经验样本中，合理汲取先行者的成功经验，识别后发者的启动困境，推动面向数字经济赋能效应提升的实践探索。具体包括：完善数据要素市场体制机制，加快数字化发展新动能培育，探索开放式创新数字化等。

参考文献

埃塞姆格鲁，约翰逊，罗宾逊，等，2006. 制度：长期增长的根本原因[J]. 南大商学评论 (3)：1－20.

艾德荣，2005. 职权结构、产权和经济停滞：中国的案例[J]. 经济学（季刊）(1)：541－562.

奥尔森，1999. 国家兴衰探源：经济增长、滞胀与社会僵化[M]. 吕应中，陈槐庆，等，译. 北京：商务印书馆.

白永秀，吴航，2003. 我国基本经济制度下非公有制经济的发展前景[J]. 经济体制改革 (2)：5－8.

包心鉴，2010. 中国道路与中国特色社会主义社会形态[J]. 科学社会主义 (6)：22－25.

波兰尼，2007. 大转型：我们时代的政治与经济起源[M]. 冯刚，刘阳，译. 杭州：浙江人民出版社.

波斯坦，2002. 剑桥欧洲经济史（第一卷）：中世纪的农业生活[M]. 王春法，译. 北京：经济科学出版社.

勃兰特，罗斯基，2016. 伟大的中国经济转型[M]. 方颖、赵杨，等译，上海：格致出版社、上海人民出版社.

蔡昉，2016. 全球化的政治经济学及中国策略[J]. 世界经济与政治 (11)：4－24.

蔡昉，2015. 理解“李约瑟之谜”的一个经济增长视角[J]. 经济学动态 (6)：4－14.

蔡昉，2017. 中国发展经验的世界意义[J]. 经济研究(11)：4－6.

蔡昉，2021. 生产率、新动能与制造业：中国经济如何提高资源重新配置效率[J]. 中国工业经济(5)：5－18.

钞小静，任保平，2008. 中国的经济转型与经济增长质量：基于 TFP 贡献的考察[J]. 当代经济科学 (4)：23－29.

陈爱贞，刘志彪，2015. 进口促进战略有助于中国产业技术进步吗？[J]. 经济学动态 (9)：70－80.

陈昌兵，张平，2016. 突破“中等收入陷阱”的新要素供给理论、事实及政策选择[J]. 经济学动态(3)：43－55.

陈端计，2004. 中国经济转型中的三元经济失效及其制度修正[J]. 云南民族大学学报（哲学社会科学版）(1)：117－120.

陈昆亭，龚六堂，2006.《大分流》模型化解析：文化，制度与经济增长[J]. 北京大学学报(哲学社会科学版)(2):114-124.
陈平,2004. 文明分岔、经济混沌和演化经济动力学[M]. 北京:北京大学出版社.
陈启能,姜芃,2010. 世界文明通论:文明理论[M]. 福州:福建教育出版社.
陈甬军,2004. 中国为什么在50年代选择了计划经济体制[J]. 中国经济史研究(3):48-55.
陈勇勤,2012. 中国经济史[M]. 北京:中国人民大学出版社.
陈宇峰,陈启清,2011. 并非有效的制度:对制度分叉路径的差异性解释[J]. 经济社会体制比较(2):104-113.
陈璋,黄彪,2013."引进式技术进步方式"下的中国经济增长与不平衡结构特征[J]. 经济理论与经济管理(3):5-15.
陈长江,高波,2015. 中国"双重"二元经济的转型分析[J]. 经济学家(10):11-18.
陈振汉,1999. 社会经济史学论集[M]. 北京:经济科学出版社.
程承坪,刘素春,2009. 经济竞争与有效经济制度的演进:以中国改革开放三十年有效经济制度的演进为例[J]. 中国软科学(10):23-31.
代谦,别朝霞,2010. 蒸汽机为什么没有推动晚清的经济增长:基于外生技术冲击与利益集团阻碍的探讨[J]. 财经研究(6):133-143.
代谦,李唐,2010. 技术传承方式与长期增长:对传统中国增长停滞的一个解释[J]. 经济研究(6):143-158.
戴蒙德,2006. 枪炮、病菌与钢铁:人类社会的命运[M]. 谢延光,译. 上海:上海译文出版社.
邓正来,2008. 国家与社会:中国市民社会研究[M]. 北京:北京大学出版社.
丁日初,1994. 近代中国的现代化与资本家阶级[M]. 昆明:云南人民出版社.
丁长艳,2015. 国家治理类型与中国国家治理模式的现代化转型[J]. 社会科学论坛(7):221-227.
董辅礽,1999. 中华人民共和国经济史:上卷[M]. 北京:经济科学出版社.
董智勇,2010. 技术进步与工业结构调整关系研究:以近代天津为例[J]. 特区经济(3):50-51.
杜焱,2014. 金砖国家经济制度变迁对经济增长影响的比较[J]. 经济社会体制比较(2):168-177.
杜玉申,王广亮,张屹山,2013. 政治权力、经济权力与中立政府的经济制度选择[J]. 经济社会体制比较(5):128-141.
范世涛,2013. 包容性制度、汲取性制度和繁荣的可持续性[J]. 经济社会体制比较(1):12-20.
范志勇,赵晓男,2014. 要素相对丰裕度改变与中国供给结构调整[J]. 世界经济

(8)：24－41.
方朝晖，2009. 多元现代性研究及其意义[J]. 马克思主义与现实 (5)：124－131.
费维恺，1990. 中国早期工业化：盛宣怀(1844－1916)和官督商办企业[M]. 虞和平，译，北京：中国社会科学出版社.
费正清，2008. 美国与中国[M]. 北京：世界知识出版社.
弗兰克，2000. 白银资本：重视经济全球化中的东方[M]. 刘北城，译，北京：中央编译出版社.
傅芳宁，李胜兰，2023. 是绿色虹吸还是绿色涓滴：低碳试点政策对绿色技术创新的邻里效应研究[J]. 南方经济 (8)：115－133.
傅晓霞，吴利学，2003. 制度变迁对中国经济增长贡献的实证分析[J]. 内蒙古财经学院学报(1)：7－14.
高文杰，2013. 历史大转型中的中国经济转型：160 多年中国经济发展道路的回顾与反思[J]. 浙江社会科学 (11)：4－20.
高文杰，2014. 文明冲突、国家重建与中国历史大转型中的两次经济转型[J]. 西安交通大学学报(社会科学版) (2)：1－15.
葛剑雄，1994. 统一与分裂：中国历史的启示[M]. 北京：生活·读书·新知三联书店.
葛扬，2009. 基于六十年整体视角的计划经济模式历史评价[J]. 福建论坛(人文社会科学版) (9)：4－9.
管汉晖，李稻葵，2010. 明代 GDP 及结构试探[J]. 经济学(季刊) (3)：787－828.
郭克莎，2016. 中国经济发展进入新常态的理论根据：中国特色社会主义政治经济学的分析视角[J]. 经济研究(9)：4－16.
哈耶克，1997. 自由秩序原理[M]. 邓正来，译，北京：商务印书馆.
韩波，徐梅，2007. 转型期中国经济增长对产业结构变迁的需求诱致与技术促进效应分析[J]. 探索 (2)：87－91.
韩忠亮，2015. 中等收入的“增长陷阱”：一个“适宜制度”的视角[J]. 首都师范大学学报(社会科学版) (2)：52－61.
何瑞文，沈荣华，2015. 权力结构、制度类型与经济兴衰[J]. 云南行政学院学报(1)：4－9.
何一鸣，罗必良，2010. 产权管制、制度行为与经济绩效：来自中国农业经济体制转轨的证据(1958－2005 年)[J]. 中国农村经济 (10)：4－15.
贺新元，2013. 辩证思维下的“中国道路”解读[J]. 马克思主义研究(6)：130－139.
洪银兴，2003. 社会转型、体制转型与经济增长方式的转型[J]. 江海学刊(5)：55－61.

侯家驹，2008. 中国经济史(上)[M]. 北京:新星出版社.

胡鞍钢,高宇宁,鄢一龙，2013. 从落伍者、追赶者到超越者:中国工业百年发展之路(1913—2013)[J]. 浙江社会科学(9):4-13.

胡鞍钢,马伟，2012 . 现代中国经济社会转型:从二元结构到四元结构(1949—2009)[J]. 清华大学学报(哲学社会科学版)(1):16-29.

胡鞍钢,王洪川，2017. 中国人类发展奇迹(1950—2030)[J]. 清华大学学报(哲学社会科学版)(2):148-157.

胡鞍钢,2022. 中国式经济现代化的重大进展(2012—2021)[J]. 南京工业大学学报(社会科学版),21(06):1-25,109.

胡晓鹏,刘子源，2023. 数字经济的理论特征、实践困境与发展思路:以社会主义理念引领数字经济高质量发展研究[J]. 上海经济研究(9):66-77.

胡尹燕,周密,2011. 经济转型路径整合可行性探析[J]. 人民论坛(29):146-147.

黄凯南,2016. 制度演化经济学的理论发展与建构[J]. 中国社会科学(5):65-78.

黄群慧,2021. 新发展格局的理论逻辑、战略内涵与政策体系:基于经济现代化的视角[J]. 经济研究,56(4):4-23.

黄仁宇,1997. 资本主义与二十一世纪[M]. 北京:生活·读书·新知三联书店.

黄仁宇，2001. 放宽历史的视界[M]. 北京:生活·读书·新知三联书店.

黄少安,孙圣民,宫明波，2005. 中国土地产权制度对农业经济增长的影响:对1949—1978年中国大陆农业生产效率的实证分析[J]. 中国社会科学(3):38-47.

黄阳华,2020. 战后发展经济学的三次范式转换:兼论构建迈向高质量发展的发展经济学[J]. 政治经济学评论(2):109-136.

霍奇逊，2008. 经济学是如何忘记历史的:社会科学中的历史特性问题[M]. 高伟,马霄鹏,于宛艳,译. 北京:中国人民大学出版社.

霍影，2010. 中国经济体制改革及经济增长路径分析(1949—2009)(上):制度经济学层面[J]. 生态经济(3):37-40.

纪明,刘志彪，2014. 中国需求结构演进对经济增长及经济波动的影响[J]. 经济科学(1):10-22.

简泽,2011. 国际贸易、技术变迁与中国经济的非线性增长[J]. 科学学研究(3):366-372.

江小涓，2021. 加强顶层设计 解决突出问题 协调推进数字政府建设与行政体制改革[J]. 中国行政管理(12):9-11.

金碚,2019. 论经济学域观范式的识别发现逻辑[J]. 中国工业经济(7):5-23.

金观涛,刘青峰，2010. 兴盛与危机:论中国社会超稳定结构[M]. 北京:法律出版社.
靳涛,踪家峰, 2005. 中国转型期粗放式经济增长模式探讨[J]. 改革(8): 18-22.
靳涛, 2005. 经济体制转型中的演进与理性[M]. 厦门:厦门大学出版社.
景维民,张炜, 2011. 中俄转型进程中制度变迁方式演进与分化比较[J]. 天津社会科学(5): 91-94.
科尔奈, 2003. 后社会主义的转轨思索[M]. 肖梦,译. 长春:吉林人民出版社.
克拉格, 2006. 制度与经济发展:欠发达和后社会主义国家的增长与治理[M]. 余劲松,李玲,张龙华,译. 北京:法律出版社.
寇宗来, 2005. 专利制度的功能和绩效[M]. 上海:上海人民出版社.
雷江梅, 2016. 经济转型语境下中国道路的世界意义[J]. 华中师范大学学报(人文社会科学版)(4):54-62.
李伯重, 2012. 理论、方法、发展、趋势:中国经济史研究新探[M]. 杭州:浙江大学出版社.
李成瑞, 1984. 十年内乱期间我国经济情况分析:兼论这一期间统计数字的可靠性[J]. 经济研究 (1):23-31.
李飞跃, 2012. 技术选择与经济发展[J]. 世界经济 (2):45-62.
李燕凌, 2016. 农村公共产品供给侧结构性改革:模式选择与绩效提升:基于5省93个样本村调查的实证分析[J]. 管理世界(11):81-95.
李运元, 1957. 中国民族资本主义近代工业的产生[J]. 财经科学(3):93-113.
厉以宁, 2003. 资本主义起源研究:比较经济史研究[M]. 北京:商务印书馆.
梁柏力, 2010. 被误解的中国:看明清时代和今天[M]. 北京:中信出版社.
列文森, 2000. 儒教中国及其现代命运[M]. 郑大华,任菁,译. 北京:中国社会科学出版社,
林毅夫, 任若恩,2007. 东亚经济增长模式相关争论的再探讨[J]. 经济研究 (8): 4-12.
林毅夫,苏剑, 2007. 论我国经济增长方式的转换[J]. 管理世界(11):5-13.
林毅夫,姚洋, 2010. 中国奇迹:回顾与展望[M]. 北京:北京大学出版社.
林毅夫,张鹏飞, 2006. 适宜技术、技术选择和发展中国家的经济增长[J]. 经济学(季刊) (3): 985-1006.
林毅夫, 1994. 90年代中国农村改革的主要问题与展望[J]. 管理世界(3): 139-144.
林毅夫, 2007. 李约瑟之谜、韦伯疑问和中国的奇迹:自宋以来的长期经济发展[J]. 北京大学学报(哲学社会科学版)(4):5-22.
林跃勤,刘霞辉,2008. 转型路径与经济增长:中俄经济转型与经济增长比较研究[J]. 江苏社会科学(6):78-88.

刘欢，2017.从绝对到相对转变视域下的中国农村脱贫新探析：基于精准扶贫背景的分析[J]. 软科学（5）：11－15.

刘建飞，2015. 构建新型大国关系中的合作主义[J]. 中国社会科学（10）：189－202.

刘军梅，孙宗佩，2006. 清代前中期中国的经济发展与制度变迁[G]//制度变迁与长期经济发展，上海：复旦大学出版社.

刘世锦，2012. 中国经济增长模式评估与转型选择[J]. 改革（1）：5－11.

刘世锦，2014. 中国经济增长十年展望（2014－2023）：在改革中形成增长新常态[M]. 北京：中信出版社.

刘树成，2009. 中国经济增长与波动60年：繁荣与稳定Ⅲ[M]. 北京：社会科学文献出版社.

刘伟，张辉，2008.中国经济增长中的产业结构变迁和技术进步[J]. 经济研究（11）：4－15.

刘伟，2017. 现代化经济体系是发展、改革、开放的有机统一[J]. 经济研究（11）：6－8.

刘文波，柯华，2013. 制度变迁、政府管理与近代中国经济发展[J]. 经济问题（8）：28－32.

刘文革，高伟，张苏，2008.制度变迁的度量与中国经济增长：基于中国1952－2006年数据的实证分析[J]. 经济学家（6）：48－55.

刘新成，2013. 文明互动：从文明史到全球史[J]. 历史研究（1）：4－10.

刘亚琳，申广军，姚洋，2022. 我国劳动收入份额：新变化与再考察[J]. 经济学（季刊），22（5）：1467－1488.

卢现祥，2004. 新制度经济学[M]. 武汉：武汉大学出版社.

鲁特，刘宝成，2022. 全球经济的颠覆性变革[M].刘宝成，译. 北京：中信出版社.

陆铭，2008. 适宜制度、经济增长与发展平衡：中国的大国发展道路及其世界意义[J]. 学术月刊（6）：18－26.

罗斯基，2009. 战前中国经济的增长[M]. 杭州：浙江大学出版社.

罗斯基，2009. 战前中国经济的增长[M]. 唐巧天，毛立坤，姜修宪，译. 杭州：浙江大学出版社.

罗斯托，李公绰，1984. 世界经济的长周期和环太平洋时代[J]. 国际经济评论（1）：9－14.

罗斯托，1997.这一切是怎么开始的：现代经济的起源[M]. 黄其祥，纪坚博，译. 北京：商务印书馆.

罗斯托，2001. 经济增长的阶段：非共产党宣言[M]，郭熙保，王松茂，译. 北京：中国社会科学出版社.

罗兹曼，2014. 中国的现代化[M]. 比较现代化课题组，译. 南京：江苏人民出版社.
吕捷，胡鞍钢，鄢一龙，2013. 惯性约束下的中国经济增长转型[J]. 经济理论与经济管理(6)：31-43.
迈耶，1988. 发展经济学的先驱[M]. 北京：经济科学出版社.
麦迪森，2011. 中国经济的长期表现[M]. 吴晓鹰，马德斌，译. 上海：上海人民出版社.
纳尔逊，温特，1997. 经济变迁的演化理论[M]. 胡世凯，译. 北京：商务印书馆.
努斯鲍姆，2011. 现代欧洲经济制度史[M]. 罗礼平，秦传安，译. 上海：上海财经大学出版社.
诺思，托马斯，2009. 西方世界的兴起[M]. 厉以平，译. 北京：华夏出版社.
欧阳尧，2019. 大国发展经济学[M]. 北京：中国人民大学出版社.
欧阳峣，汤凌霄，2017. 大国创新道路的经济学解析[J]. 经济研究 (9)：11-23.
潘珊，龚六堂，李尚骜，2017. 中国经济的"双重"结构转型与非平衡增长[J]. 经济学(季刊)，(1)：97-120.
庞松，2004. 毛泽东时代的中国(1949—1976)第1卷[M]. 北京：中共党史出版社.
彭慕兰，2008. 大分流：欧洲、中国及现代世界经济的发展[M]. 南京：江苏人民出版社.
彭南生，2007. 日本侵华战争与近代乡村手工业发展进程的中断：以近代乡村织布业、缫丝：丝织业为讨论中心[J]. 江汉论坛 (9)：98-107.
皮建才，2009. 权威委托机制与李约瑟之谜：基于文献的批判性思考[J]. 经济科学(6)：58-70.
皮凯蒂，2014. 21世纪资本论[M]. 巴曙松，译. 北京：中信出版社.
皮亚杰，1984. 结构主义[M]. 北京：商务印书馆.
平飞，2011. 论马克思主义制度化的中国经验[J]. 马克思主义研究 (7)：68-76.
钱穆，1988. 中国文化史导论[M]. 上海：上海三联书店.
钱颖一，2015. 新常态下的经济学创新[J]. 经济研究 (12)：17-19.
钱运春，2012. 经济发展与陷阱跨越：一个理论分析框架[J]. 马克思主义研究 (11)：87-94.
乔榛，焦方义，李楠，2006. 中国农村经济制度变迁与农业增长：对1978—2004年中国农业增长的实证分析[J]. 经济研究 (7)：73-82.
青木昌彦，2016. 比较制度分析[M]. 周黎安，译，上海：上海远东出版社.
权衡，2022. 世界经济增长分析框架：新变量及其创新发展[J]. 学术月刊，54(7)：43-52.
任保平，甘海霞，2016. 中国经济增长质量提高的微观机制构建[J]. 贵州社会科学

(5):111－118.

任保平,洪银兴,2004. 发展经济学的工业化理论述评[J]. 学术月刊(4):43－49.

任保平,魏婕,郭晗,等. 2017. 超越数量:质量经济学的范式与标准研究[M]. 北京:人民出版社.

任保平,2022. 中国“两大奇迹”形成逻辑的政治经济学阐释[J]. 经济理论与经济管理,42(2):4－11.

任崇强,翟国方,吴云清,2015. 基于制度变迁的中国经济增长系统脆弱性演变过程及其影响因子研究[J]. 经济问题探索 (10):11－19.

Sachs J. ,胡永泰,杨小凯,2003. 经济改革和宪政转轨[J]. 经济学(季刊) (3):961－988.

单豪杰,沈坤荣,2007. 制度与增长:理论解释及中国的经验[J]. 南开经济研究(5):3－18.

时晓虹,耿刚德,李怀,2014. “路径依赖”理论新解[J]. 经济学家 (6):53－64.

史琳琰,张彩云,胡怀国,2023. 消费驱动型发展的理论逻辑、生成路径及对中国式现代化的启示[J]. 经济学家 (2):35－44.

舒元,才国伟,2007. 我国省际技术进步及其空间扩散分析[J]. 经济研究 (6):106－118.

斯宾塞,2011. 下一次大趋同:多速世界经济增长的未来[M]. 王青,刘其岩,译. 北京:机械工业出版社.

斯蒂格利茨,格林沃尔德,2017. 增长的方法:学习型社会与经济增长的新引擎[M]. 陈宇欣,译. 北京:中信出版社.

宋丽萍,杨大威,2016. 开放经济下中国产业结构特征与技能偏向性技术进步[J]. 世界经济研究(5):112－124.

宋玉华,2012. 世界经济失衡研究[M]. 北京:人民出版社.

宋则行,樊元,1998. 世界经济史:下卷[M]. 北京:经济科学出版社.

孙景宇,2005. 开放体系下的转型经济研究[J]. 南开经济研究(3):12－19.

孙景宇,2009. 中国的经济转型与国家治理模式演变[J]. 江苏社会科学 (1):45－50.

孙圣民,2009. 工农业关系与经济发展:计划经济时代的历史计量学再考察:兼与姚洋、郑东雅商榷[J]. 经济研究 (8):135－147.

汤因比,2000. 历史研究[M]. 刘北城,郭小凌,译. 上海:上海人民出版社.

汤吉军,郭砚莉,2009. 历史沉淀成本与经济转型的路径依赖及其超越[J]. 经济学家 (7):31－37.

唐浩,2014. 中国特色新型工业化的新认识[J]. 中国工业经济 (6):5－17.

田国强,陈旭东,2022. 中国经济如何稳中求进和高质量发展[J]. 学术月刊,54

(6):34－46.
田友春,卢盛荣,李文溥,2021. 中国全要素生产率增长率的变化及提升途径:基于产业视角[J]. 经济学(季刊),21(2):445－464.
涂成林,2017. 历史阐释中的历史事实和历史评价问题:基于马克思唯物史观的基本理论和方法[J]. 中国社会科学 (8):4－23.
汪川,赵亚奎,2011. 重视"李约瑟之谜":"统一增长理论"的视角[J]. 经济学动态(12):61－66.
汪敬虞,2000. 中国近代经济史(1895—1927)[M]. 北京:人民出版社.
汪立鑫,2004. 关于向计划经济转型动力的经济学解释[J]. 财经研究(9):103－112.
汪立鑫,2005. 李约瑟之谜的思考和探讨:系统动力学的解释[J]. 财经研究(7):51－59.
王斌,2013. 转变经济发展方式:从"引进式技术进步"到"原发性技术创新":基于知识产权制度视角[J]. 生产力研究 (2):19－21.
王冬,孔庆峰,2013. 资源禀赋、制度变迁与中国科技兴衰:李约瑟之谜的科技加速进步假说[J]. 科学学研究(3):321－329.
王海龙,2004. 有效制度供给不足、制度变迁困境与制度创新的路径选择:转型期我国公用事业市场化改革的制度分析[J]. 制度经济学研究(4): 194－205.
王津津,任保平,2016. 历史大转型视域下的经济发展新常态[J]. 财经科学(11):47－58.
王津津,任保平,2016. 中国经济衰微与复兴的历史大转型分析[J]. 中国经济问题 (4):3－16.
王津津,任保平,2016a. 重释李约瑟之谜:经济转型路径演化视角下的兴盛与衰落[J]. 经济学家(6):5－14.
王津津,任保平,2017. 路径演化视角下的中国经济大转型:兴衰探源与历史比较[J]. 江苏社会科学(1):1－11.
王晋立,2023. 绿色发展战略、技术选择与低碳经济转型:基于新结构经济学视角[J]. 首都经济贸易大学学报,25(3):3－17.
王军,邹广平,石先进,2013. 制度变迁对中国经济增长的影响:基于VAR模型的实证研究[J]. 中国工业经济(6):70－82.
王强,王健,车维汉,2015. 适宜制度对要素配置效率的影响:基于跨国数据的实证分析[J]. 财经研究(12):107－117.
王姝楠,陈江生,2019. 数字经济的技术-经济范式[J]. 上海经济研究(12):80－94.
王庭东. 2015. 中日经济追赶过程中的要素集聚、经济增长与经济泡沫:比较与借鉴[J]. 现代日本经济 (5):1 - 18.
王跃生,马相东,刘丁一,2022. 建设现代化经济体系、构建新发展格局与推进中国式现代化[J]. 改革(10):12 - 23.
韦森,2006. 斯密动力与布罗代尔钟罩:研究西方世界近代兴起和晚清帝国相对停滞之历史原因的一个可能的新视角[J]. 社会科学战线 (1):72 - 85.
魏枫,2015. 新常态的技术进步视角解读[J]. 经济学家 (8):30 - 37.
魏金玉,2003. 高峰、发展与落后:清代前期封建经济发展的特点与水平[J]. 中国经济史研究(2): 3 - 13.
温铁军,2013. 八次危机:中国的真实经验:1949—2009[M]. 上海:东方出版社.
文贯中,2005. 中国的疆域变化与走出农本社会的冲动:李约瑟之谜的经济地理学解析[J]. 经济学(季刊) (1):519 - 540.
沃勒斯坦,1998. 现代世界体系(第 1 卷):16 世纪的资本主义农业与欧洲世界经济体的起源[M]. 罗荣渠,译. 北京:高等教育出版社.
巫宝三,2011. 中国国民所得(一九三三年)[M]. 北京:商务印书馆.
吴承明,1992. 中国经济史研究的方法论问题[J]. 中国经济史研究(1):1 - 21.
吴承明,2001. 中国的现代化:市场与社会[M]. 北京:生活·读书·新知三联书店.
武力,2003. 中国计划经济的重新审视与评价[J]. 当代中国史研究(4):37 - 46.
习近平,2001. 发展经济学与发展中国家的经济发展:兼论发展社会主义市场经济对发展经济学的理论借鉴[J]. 福建论坛(经济社会版)(9):4 - 9.
夏旺斯,1999. 东方的经济改革:从 50 年代到 90 年代[M]. 吴波龙,译. 北京:社会科学文献出版社.
熊彼特,1990. 经济发展理论[M]. 何畏,易家详,张军扩,等,译. 北京:商务印书馆.
熊彼特,2001. 经济分析史:第一卷[M]. 朱泱,孙鸿敬,李宏,译. 北京:商务印书馆.
熊金武,2019. 现代经济学起源的伦理基础:经济思想史上“李约瑟之谜”的一种解释[J]. 学习与探索(5):97 - 105.
徐朝阳,林毅夫,2010. 发展战略与经济增长[J]. 中国社会科学 (3):94 - 108.
徐宏潇,2016. 双重结构失衡困境与破解路径探索:供给侧结构性改革的政治经济学分析[J]. 经济问题探索 (6):171 - 174.
徐秀军,2015. 金融危机后的世界经济秩序:实力结构、规则体系与治理理念[J]. 国际政治研究(5):82 - 101.
徐勇,2016. 历史延续性视角下的中国道路[J]. 中国社会科学 (7):4 - 25.
许涤新,吴承明,2007. 中国资本主义发展史(第二卷)[M]. 北京:社会科学文献出版社.
许佳琪，汪雪锋，雷鸣，等. 2023. 从突破性创新到颠覆性创新：内涵、特征与演化[J]. 科研管理，44(2)：1－13.
轩传树，2014. 从制度手段到价值目标：中国道路研究的视角与范式[J]. 学术月刊(9)：165－170.
薛尔顿，1991. 中国社会主义的政治经济学[J]. 台湾社会研究丛刊 (1)：27－28.
严中平，2007. 中国近代经济史[M]. 北京：经济管理出版社.
杨德才，2004. 中国经济史新论(1840—1949)[M]. 北京：经济科学出版社.
杨虎涛，陈国涛，2010. 新部门创生、结构变迁与经济增长：SP 演化增长理论述评[J]. 经济学家(8)：32－39.
杨虎涛，2022. “看经济”有何不同：以短视频和直播平台为例[J]. 财经问题研究(11)：38－47.
杨继国，2021. “李约瑟难题”官僚政治解的“悖论”及其方法论启示[J]. 当代经济研究(3)：54－60.
杨君，龚玉池，2001. 有效制度供给不足与中国经济增长[J]. 经济学家 (1)：16－20.
杨万平，赵金凯，2018. 新常态下中国经济长期增长与短期波动的动态解析[J]. 审计与经济研究，33(3)：103－118.
杨小凯，黄有光，2000. 新兴古典经济学和超边际分析[M]. 北京：中国人民大学出版社.
杨雪锋，2013. 经济增长方式转型：范式困境与破解路径[J]. 学术月刊，45(8)：92－100.
姚贱苟，刘素霞，2015. 略论有效制度的创制与均衡[J]. 理论导刊(8)：49－51.
姚洋，郑东雅，2008. 重工业与经济发展：计划经济时代再考察[J]. 经济研究(4)：26－40.
姚洋，2003. 高水平陷阱：李约瑟之谜再考察[J]. 经济研究(1)：71－79.
姚洋，2009. 中性政府：对转型期中国经济成功的一个解释[J]. 经济评论(3)：5－13.
姚震宇，2011. 特殊的转型与不特殊的增长：对中国经济两个宏观变化的一个评述[J]. 中国经济问题(2)：3－12.
叶初升，赵锐，李慧，2014. 经济转型中的贫困脆弱性：测度、分解与比较：中俄经济转型绩效的一种微观评价[J]. 经济社会体制比较(1)：103－114.
叶初升，孙薇，2023. 中国“科技创新困境”再审视：技术创新质量的新视角[J]. 世界经济，46(8)：80－107.
袁富华，张平，陆明涛，2015. 长期经济增长过程中的人力资本结构：兼论中国人力资本梯度升级问题[J]. 经济学动态(5):11－21.
袁富华,张平,2016a. 中等收入阶段的增长停滞与增长跨越:兼论中国经济结构的调整方向[J]. 中共中央党校学报 (5):82－91.
袁富华,张平,2016b. 中国经济二次转型的理论分析[J]. 中国特色社会主义研究(2):33－39.
袁渊,左翔,2011. “扩权强县”与经济增长:规模以上工业企业的微观证据[J]. 世界经济(3):89－108.
张斌,茅锐,2016. 工业赶超与经济结构失衡[J]. 中国社会科学 (3):80－98.
张慧君,2011. 全球化与转型国家治理模式重构:基于国家—市场—社会的三维分析视角[J]. 中共中央党校学报 (4):78－80.
张建辉,靳涛,2011a. 中国转型式制度冲击与宏观经济波动:基于改革开放 30 年数据的实证研究[J]. 经济学动态 (8):63－69.
张建辉,靳涛,2011b. 转型式经济增长与城乡收入差距:中国的经验(1978—2008)[J]. 学术月刊 (7):79－86.
张建新,2012. 后西方国际体系与东方的兴起[J]. 世界经济与政治(5): 4－20.
张杰,1998. 二重结构与制度演进:对中国经济史的一种新的尝试性解释[J]. 社会科学战线(6):12－25.
张军,施少华,2003. 中国经济全要素生产率变动:1952—1998[J]. 世界经济文汇(2):17－24.
张培刚,1984. 农业与工业化:农业国工业化问题初探[M]. 武汉:华中工学院出版社.
张平,袁富华,2019. 宏观资源配置系统的失调与转型[J]. 经济学动态(5):18－27.
张平,2020. 中国经济增长路径转变中经济与非经济因素共同演进机制构建[J]. 社会科学战线(10):37－49.
张四灿,张云,2018. 政府干预、总需求结构失衡与中国经济波动[J]. 中央财经大学学报(7):89－100.
张宇,2015. 中国经济改革的经验及其理论启示[M]. 北京:中国人民大学出版社.
张宇燕,高程,2005. 海外白银、初始制度条件与东方世界的停滞:关于晚明中国何以“错过”经济起飞历史机遇的猜想[J]. 经济学(季刊) (1):491－518.
赵冈,1995. 评黄宗智过密型增长的理论[J]. 中国经济史研究(2):111－114.
赵红军,尹伯成,2006. 论交易效率与中国的城乡差距[J]. 复旦学报(社会科学版),(1):90－97.
赵红军,2005. 半个世纪中国城乡差距的历史考察:交易效率视角分析[J]. 中国经济问题 (2): 52－58.

赵红军，2010．小农经济、惯性治理与中国经济的长期变迁[M]．上海：格致出版社、上海人民出版社．
赵林栋，2013．转型时期的政府社会规制改革：外部环境、内在动因和约束条件[J]．经济研究参考（15）：50－58．
赵凌云，2009．1949—2008年间中国传统计划经济体制产生、演变与转变的内生逻辑[J]．中国经济史研究（3）：24－33．
赵领娣，张磊，2013．财政分权、人口集聚与民生类公共品供给[J]．中国人口资源与环境(12)：136－143．
赵农，2014．中国经济发展阶段及其演化：关于计划经济历史分析的一种新视角[J]．学术界(9)：5－19．
赵亚奎，汪川，2012．技术抵制：理解“李约瑟之谜”的一个新视角[J]．当代经济研究（1）：19－23．
赵彦云，刘思明，2011．中国专利对经济增长方式影响的实证研究：1988—2008年[J]．数量经济技术经济研究（4）：34－48．
郑杭生，2009．改革开放三十年：社会发展理论和社会转型理论[J]．中国社会科学（2）：10－19．
郑维伟，瞿茜，刘耀彬，等，2023.新时代中国区域发展新格局形成机制：基于“动力—效率—质量”三元体系的演化经济分析[J].南开经济研究(8)：24－42．
郑学檬，2003．中国古代经济重心南移和唐宋江南经济研究[M]．长沙：岳麓书社．
中共中央马恩列斯著作编译局，1972．马克思恩格斯选集(第1卷)[M]．北京：人民出版社．
中共中央马恩列斯著作编译局，2009．马克思恩格斯文集(第1卷)[M]．北京：人民出版社．
中共中央马恩列斯著作编译局，2009．马克思恩格斯文集(第2卷)[M]．北京：人民出版社．
中共中央马恩列斯著作编译局，2009．马克思恩格斯文集(第4卷)[M]．北京：人民出版社．
中国产业体系的制度结构研究课题组，2015．建国初期的计划经济效率：基于制度变迁理论与DEA检验的经济史研究[J]．当代经济科学(5)：116－123．
中国经济增长前沿课题组，张鹏，张平，等．2022．绿色优先战略下的增长路径探索与治理实践[J].经济研究，57(9)：27－45．
中国经济增长前沿课题组，张平，刘霞辉，等，2013．中国经济转型的结构性特征、风险与效率提升路径[J]．经济研究（10）：4－17．
钟祥财，2012．计划经济的技术和市场经济的价值[J]．学术月刊（4）：81－89．
周冰，2004．中国转型期经济改革理论的发展[J]．南开学报（2）：30－43．

周建,周杨雯倩,叶梁,2022. 两类创新及其与经济增长的协同演化机理[J]. 管理科学学报 ,25(3):1 - 21.

周立群,张红星,2010. 经济史上的技术变迁:以江南农业为例[J]. 江苏社会科学(5):53 - 60.

周燕,佟家栋,2012. "刘易斯拐点"、开放经济与中国二元经济转型[J]. 南开经济研究 (5):3 - 17.

周振华,1999. 中国工业化发展进程及近阶段重点内容[J]. 江汉论坛(3):5 - 10.

朱荫贵,2012. 辛亥革命与近代中国市场经济的发展[J]. 学术月刊 (7):148 - 155.

左峰,2010. 基于制度变迁和技术进步视角的近代中国工业化研究[J]. 北京工商大学学报(社会科学版) (1):115 - 121.

ACEMOGLU D, 2008. Introduction to modern economic growth [J]. Levines Bibliography,147(2):89 - 94.

ACEMOGLU D,GUERRIERI V, 2008. Capital deepening and nonbalanced economic growth [J]. Journal of Political Economy,116(3):467 - 498.

ACEMOGLU D,JAMES A,ROBINSON K, 2004. Institutions as the fundamental cause of long run growth [J]. NBER: Working Paper.

ACEMOGLU D,JOHNSON S,ROBINSON J, 2005. The rise of Europe: Atlantic trade,institutional change,and economic growth [J]. American Economic Review,95(3):546 - 579.

ACEMOGLU D,ZILIBOTTI F,2001. Productivity differences [J]. Quarterly Journal of Economics,116(2):563 - 606.

AGHION P,HOWITT P, 1998. On the macroeconomic effects of major technological change [J]. Annales Déconomie Et De Statistique,(50):53 - 75.

ARASARATNAM S, 1995. Maritime trade,society and European influence in South Asia,1600 - 1800 [M]. London:Routledge.

BAIROCHP, 1982. International industrialization levels from 1750 to 1980[J]. Journal of European Economic History,11(2):269 - 333.

BARRO R J, 1997. Determinants of economic growth: a cross-country empirical study[J]. New York: Cambridge MIT Press.

BASU S,WEIL D W, 1998. Appropriate technology and growth [J]. Quarterly Journal of Economics, 113 (4) :1025 - 1054.

BERNANKE B S, 2024. The great moderation [J]. Taylor Rule & the Transformation of Monetary Policy, 63(1):278 - 289.

BHALLA A, SURJIT S, 1997. Freedom and economic growth: a virtuous circle? [M]. New York:Cambridge University Press.

BLUNDELL R,CHEN X,KRISTENSEN D, 2003. Semi-nonparametric iv estimation of shape-invariant engel curves [J]. Cemmap Working Papers,75(6):1613 - 1669.

BONATTI L,FELICE G, 2008. Endogenous growth and changing sectoral composition in advanced economies [J]. Structural Change and Economic Dynamics, 19(2):109 - 131.

BUERA F J,KABOSKI J P, 2006. The rise of the service economy[J]. NBER Working Paper 14822.

CARMAN J M, 2002. Transaction,the first ten years analysis and lessons for eastern Europe and the Former Soviet Union [M]. DC: World Bank.

CHANG J K, 1969. Industrial development in Pre-Communist China: a quantitative analysis [M]. Edinburgh: Edinburgh University Press.

CHAOK, 1986. Man and land in Chinese history: an economic analysis[M]. Stanford: Stanford University Press.

CHENERY H B,1960. Patterns of industrial growth [J]. American Economic Review,50(4):624 - 654.

CHUNG K W, 1998. Strategies for promoting Korean design excellence [J]. Design Issues,14(2):3.

CLARK D P,WALKER D A, 1997. Do outward-oriented developing economies industrialize faster? [J]. International Economic Journal,11(3):75 - 83.

DAVIS L, 1970. Institutional change and American economic growth: a first step towards a theory of institutional innovation [J]. Journal of Economic History, 30(1):131 - 149.

DODGSHON R A, 1983. The European miracle: environment,economies and geopolitics in the history of Europe and Asia [J]. History of European Ideas,4(3):344 - 346.

DWIGHT A,PERKINS H, 1975. China's modern economy in historical perspective [M]. New York: Stanford University Press.

ECHEVARRIA C, 1997. Changes in sectoral composition associated with economic growth [J]. International Economic Review,38(2):431 - 452.

ECKSTEIN A, 1977. China's economic revolution[M]. London:Cambridge University Press.

ELVIN M, 1975. The pattern of the Chinese past [J]. History Reviews of New Books,1(9):214 - 214.

ESTERB, 1981. Population and technology change: a study of long-term trends [M]. Chicaqo: The University Chicaqo Press.

FOELLMI R,ZWEILMUELLER J, 2002. Structural change and the kaldor facts of economic growth[J]. IEW Working Paper 111.

FOSTER J,METCALFE J S, 2009. Evolutionary growth theory [M]. CRAE Working Paper 200903.

GALOR O, 2011. Unified growth theory [M]. Princeton: Princeton University Press.

GALOR O, WEIL D N, 2000. Population, technology, and growth: from malthusian stagnation to the demographic transition and beyond [J]. The American Economic Review,90(4):806 - 828.

GERSCHENKRON A,1962. Economic backwardness in historical perspective: a book of essays [M]. Boston: Harvard University Press.

GOLLIN D, PARENTE S, ROGERSON R, 2002. The role of agriculture in development [J]. American Economic Review,92(2):160 - 164.

GORDON R J, 2010. Revisiting U. S. productivity growth over the past century with a view of the future [J]. NBER Working Paper. No. 15834.

GORDON R J, 2005. The 1920s and the 1990s in mutual reflection [J]. NBER Working paper.

GROSSMAN G M,HELPMAN E, 1994. Endogenous innovation in the theory of growth [J]. Journal of Economic Perspectives,8(1):23 - 44.

HANSEN G D, PRESCOTT E C, 2002. Malthus to solow [J]. American Economic Review,92(4):1205 - 1217.

HUANG P C, 1991. The paradigmatic crisis in Chinese studies: paradoxes in social and economic history[J]. Modern China, 17(3):299 - 341.

KAUFFMAN S A, 1992. The origins of order: self-organization and selection in evolution[M]. New York: Oxford University Press.

KABOSKI J P, 2008. Code files for "education, sectoral composition and growth"[J]. Computer Codes,12(1):168 - 182.

KOHLI A, 2004. State-directed development: political power and industrialization in the global periphery [M]. London:Cambridge University Press.

KONGSAMUT P, REBELO S, XIE D, 2001. Beyond balanced growth [J]. Review of Economic Studies,68(4):869 - 882.

LANDESS, 1994. What room for accident in history? : explaining big changes by small events [J]. Economic History Review,47(4):637 - 656.

LEVINER, 2004. Finance and growth: theory and evidence [J]. NBER: Working Paper.

LIP. 1998. Agricultural development in Jiangnan, 1620 – 1850[M]. London: Macmillan Press.

LIPPIT V D, 1978. The development of underdevelopment in China [J]. Modern China, 4(3): 251 – 328.

LIPSET S M, 1959. Some social requisites of democracy: economic development and political legitimacy [J]. American Political Science Review, 53 (1): 69 – 105.

LIU T D, YEH K C, TWANMO C, 1963. The economy of the Chinese mainland: national income and economic development, 1933 – 1959, Volume Ⅰ [M]. Priceton: Princeton University Press.

MATSUYAMA K, 1992. Agricultural productivity, comparative advantage, and economic growth [J]. Journal of Economic Theory, 58(2): 317 – 334.

MATSUYAMA K, 2002. The rise of mass consumption societies [J]. Journal of Political Economy, 110(5): 1035 – 1070.

MOKYR J, 2003. The riddle of "The Great Divergence": intellectual and economic factors in the growth of the west [J]. Historically Speaking, 5(5): 2 – 6.

NEEDHAM J, 1969. The great titration: science and society in China and West [M]. London: Allen and Unwin.

NGAI L R, PISSARIDES C A, 2007. Structural change in a multisector model of growth [J]. American Economic Review, 97(1): 429 – 443.

NGAI L R, PISSARIDES C A, 2008. Trends in hours and economic growth [J]. Review of Economic Dynamics, 11(2): 239 – 256.

NORTHOVERP, 1999. Evolutionary growth theory and forms of realism [J]. Cambridge Journal of Economics, 23(1): 35 – 43.

PARENTE S L, PRESCOTT E C, 1999. Monopoly rights: a barrier to riches [J]. American Economic Review, 89(89): 1216 – 1233.

PERKINS D H, RAWSKI T G, 2008. Forecasting China's economic growth to 2025[J]. China Business Review, 207 – 239.

PERSSON T, TABELLINI G, 2009. Democratic capital: the nexus of political and economic change [J]. American Economic Journal Macroeconomics, 1(2): 88 – 126.

PRITCHETT L, SUMMERS H, 2014. Asiaphoria meets regression to the mean [J]. NBER Working Papers, 20573.

QUYANG M,PENG Y, 2015. The treatment effects estimation: a case study of the 2008 economic stimulus plan of China[J]. Journal of Econometrics, 188 (2),545 - 557.

RIP A,SCHOT J W, 2001. Constructing transition paths through the management of niches[C]. Path Dependence and Creation,Lawrence Erlbaum Associates Publishers.

ROGERSONR, 2008. Structural transformation and the deterioration of European labor market outcomes [J]. Journal of Political Economy,116(2):235 - 259.

SAVIOTTI P P,PYKA A, 2004. Economic development by the creation of new sectors [J]. Journal of Evolutionary Economics,14(1):1 - 35.

SAVIOTTI P P,PYKA A,2008. Product variety,competition and economic growth [J]. Journal of Evolutionary Economics,18(4):323 - 327.

SHIUE H,KELLER W, 2007. Markets in China and Europe on the eve of the industrial revolution [J]. American Economic Review, 97(4):1189 - 1216.

STOCK J H,WATSON M W, 2002. Has the business cycle changed and why? [J]. NBER Macroeconomics Annual,17(17):159 - 218.

SYDOW J,KOCH J, 2009, Organizational path dependence: opening the black box [J]. Academy of Management Review,34 (4):689 - 709.

TEIGNIER M, 2017. The role of trade in structural transformation [J]. Journal of Development Economics.

WILLIAMSONR, 2009. Informal institutions rule: institutional arrangements and economic performance [J]. Public Choice,139(3 - 4):371 - 387.

YOUNG A, 1991. Invention and bounded learning by doing [J]. NBER Working Paper 3712.

YUKI K, 2008. Sectoral shift,wealth distribution and development [J]. Macroeconomic Dynamics,12(4):527 - 559.